LECTURE KARMIQUE DU THÈME NATAL

DU MÊME AUTEUR
Aux éditions du Rocher

Histoire des enfants de l'an 2000
Lecture karmique du zodiaque
Techniques de base de l'astrologie

IRÈNE ANDRIEU

LECTURE KARMIQUE DU THÈME NATAL

Astrologie

ÉDITIONS DU ROCHER
Jean-Paul Bertrand

Responsable de collection
Fanchon Pradalier-Roy

ISBN 2 268 03259 0

INTRODUCTION

LE SENS DES PROJETS DE VIE DANS LE THÈME NATAL

La vision karmique de l'existence, qui était universellement répandue dans l'Antiquité, et demeure le credo philosophique de plus d'un milliard d'individus suppose que nos tendances individuelles ne jaillissent pas du vide pour s'éteindre comme une bougie que l'on souffle, l'heure venue.

Selon les doctrines bouddhistes et hindouistes, elles appartiendraient à une vaste bibliothèque d'informations constituées par les survivances mémorielles de personnes disparues qui n'ont pas su ou pas voulu s'en détacher de leur vivant. Nous présumerons qu'il s'agit uniquement de processus d'acquisition, animés par des désirs particuliers, des projets, car bien rares sont les preuves qu'une entité soit revenue, en tant que personnalité distincte, pour en revendiquer l'appartenance. Qu'elles s'inscrivent dans la chaîne de l'ADN, comme un potentiel héréditaire ou relèvent des ressorts de l'invisible, les tendances latentes n'en sont pas moins agissantes dans nos comportements et dans nos choix de vie.

On peut se les représenter sous forme de réponses préconçues, chargées d'énergie bipolaire, qui conditionnent notre adhésion (ions positifs) ou nos refus (ions négatifs) aux multiples situations sensorielles qui sollicitent notre attention dès notre naissance. L'action (voir, entrer en contact) se traduit par une réaction psychique égale (adhésion des tendances latentes) ou opposée (désaccord, refus) en fonction des informations préconçues contenues dans notre banque de données. C'est pourquoi l'on peut dire que le mental est attiré en priorité vers les circonstances et les rencontres qui favorisent la résurgence des impressions passées, autrement dit de notre hérédité personnelle.

Au départ, l'enfant dispose d'une structure mentale vierge, qui relève du corps physique, et dont le siège se situe astrologiquement dans le Taureau. Vous pouvez l'imaginer sous la forme d'une coupe tournée vers l'extérieur et qui se remplit au fur et à mesure que le résultat de la confrontation entre les anciennes certitudes et celles qui naissent des sollicitations sensorielles de l'environnement laisse des empreintes dans la conscience.

Durant ses premières années, l'être humain ne fait qu'accumuler ces informations subjectives, au gré des perceptions, des sensations et des sentiments qui peu à peu évoluent en jugements de valeur sur les choses (Vierge). Lorsqu'il atteint l'âge de dix-neuf ans, il dispose d'une image mentale complète du milieu dans lequel il va évoluer et des projets de vie qui peuvent en découler. Sa vie personnelle commence alors par l'expérimentation sur le terrain des réponses qu'il a accumulées depuis sa naissance. Il opère des choix, sélectionne des partenaires à l'image de ses premières conclusions et définit les conditions de sa vie affective et sociale. Le bol mémoriel continue à se remplir du résultat de ses expérimentations.

Son contenu peut aussi bien conforter les résidus d'opinions et de certitudes venant des vies antérieures que les remettre en cause. Lorsque le bol est plein, la formation mentale est terminée et la structure de l'ego est en place. Ainsi, le Karma ne concerne pas que notre passé : nous disposons de tous les instruments nécessaires pour engendrer de nouvelles orientations karmiques à chaque instant de notre vie.

On peut en conclure que l'ouverture ou la fermeture de la nouvelle personnalité qui se construit dans cette expérience, dépend en grande partie de la qualité de souplesse ou de résistance des anciennes tendances. Si nous voulons évoluer dans cette vie, il nous faudra donc apprendre à ne pas nous jeter, comme un enfant s'empare de ce qui brille, sur toutes les informations sensorielles qui nous attirent ou nous repoussent, et à éliminer les formes mentales du passé que nous estimons périmées en prenant le temps d'en opérer le nettoyage lorsque les transits en sonnent l'heure dans le thème natal.

La part de libre arbitre conscient dans les premières années de notre existence semble donc bien réduite. Et nos projets n'auraient guère de sens s'ils n'étaient accordés sur une volonté de les mettre en œuvre qui préexiste à la naissance. C'est le rôle de l'axe des nœuds lunaires que de révéler leur contenu et d'attirer vers nous les moyens concrets de leur réalisation.

L'Axe du dragon

Tous les projets issus des tendances latentes sont, selon l'astrologie indienne, gouvernés par un axe qui traverse le cercle du zodiaque de part en part. Sa direction est accordée sur les points d'intersections Sud et Nord des plans du Soleil (écliptique) et de la Lune (nœuds lunaires). On peut considérer ces derniers comme le lieu de rencontre entre les énergies du ciel et de la Terre, de la conscience et de la psyché, le point d'orgue de notre évolution.

Les Indiens associent les nœuds lunaires à l'image d'un dragon dont la tête serait orientée vers le nœud Nord. Cet animal mythique, toutes les traditions l'indiquent, vit dans des grottes ou des mondes souterrains. Il est toujours fils d'une déesse de la Lune, donc de la pénombre ou de la nuit. C'est pourquoi la clarté de la réalité solaire lui est fatale.

Les nœuds lunaires représentent ainsi la force tellurique sur laquelle prend appui l'énergie de feu qui anime nos pulsions et nos désirs d'action. Les projets qu'ils contiennent sont exclusivement de nature terrestre et leurs objectifs purement émotionnels ne survivent qu'en projetant leur ombre réactive sur la lumière de la Conscience. Que cette dernière nous éclaire et toute la construction mentale (toute l'illusion de l'ego) par laquelle nous prolongeons nos espérances vole en éclat.

L'image du dragon qui ne meurt que si on lui coupe la tête évoque avec précision la nature de l'énergie du désir. Cette dernière est éternelle et c'est en se greffant sur elle que les pulsions antérieures survivent, comme dans un rêve qui ne veut pas connaître de fin. Ainsi, tous les vœux non réalisés, les choix et les décisions repoussés vers un temps indéterminé, les regrets ou les attachements demeurent consignés dans la trame énergétique du devenir. Il suffira que les circonstances extérieures soient réunies, pour que ces « projets » se manifestent de nouveau dès lors qu'ils trouvent un corps pour s'incarner. Le problème de la sélection d'une famille cohérente ne semble pas bien difficile : dès lors qu'il existe plus d'un milliard de couples sur la Terre, il s'en trouvera toujours un ou deux pour prêter asile à notre besoin de devenir, avec toute la vraisemblance voulue pour que nos tendances latentes puissent s'y épanouir. C'est ainsi que les formes mentales qui vont s'animer tout au long de l'existence prennent place dans l'esprit du fœtus dès le sixième mois de grossesse.

Vient l'heure de la naissance. La tête du dragon entre en activité dès que la fontanelle du bébé est éclairée par la lumière extérieure. Les planètes, composantes de la future personnalité, se répartissent alors en cercle, à partir du nœud Nord, pour occuper leurs territoires de réalisation dans les maisons. Chaque astre du thème natal inclut ainsi dans son activité des tendances latentes (le résultat du vécu antérieur de cette planète le plus souvent dans la même maison) et des projets personnels (rêves et attentes non réalisées) cohérents avec le projet général de la tête du dragon.

Lors du premier cycle qu'elle décrit autour du zodiaque en dix-neuf ans environ, la tête du dragon réveille les inscriptions énergétiques du passé et du devenir consignées dans les planètes natales. Ces inscriptions s'intègrent au fur et à mesure dans la personnalité qui s'organise autour de la structuration de l'ego. Ni l'une ni l'autre n'existe à la naissance et il est totalement fallacieux d'affirmer que nous serions la réincarnation d'un personnage précis. Tout au plus pouvons-nous être détenteurs, comme un héritier le serait de ses parents, de ses qualités d'esprit, de ses orientations mentales et surtout des espérances qu'il a projetées dans ses rêves. On considérera donc que le vécu de l'ensemble du thème natal est la résultante des tendances d'un passé indéterminé dont les images ne sont pas étrangères à la position des planètes dans le thème natal.

De son côté, l'énergie du nœud Nord intervient comme un pôle énergétique favorisant par son action l'expression et la réalisation d'un projet dominant, que nous désignons dans cet ouvrage sous le nom de « projet de vie ». On lui rattachera, en conséquence, les planètes gouvernant les signes dans lesquels se trouvaient les nœuds lunaires à la naissance. On peut considérer ces dernières comme des régentes karmiques ou des agents exécuteurs du projet dans les maisons où elles se trouvent. Il en résulte une dynamisation des choix de vie accordés sur plusieurs facteurs astrologiques du thème natal évoluant dans la même direction. C'est sur ces facteurs que porte en priorité une lecture karmique, l'ensemble des autres tendances faisant partie des bases du comportement mais n'ayant pas le même impact dans le sentiment d'avoir accompli son destin.

On peut se demander comment ces projets ont pris naissance et s'ils ont été formulés consciemment par la personne qui les a émis. Selon la tradition bouddhiste, ils résultent directement des pensées, des paroles et des actes passés qui nous reviennent en héritage. Tout se passe comme si notre dragon personnel avait consigné dans son énergie les attachements à des biens (intellectuels, physiques, psychiques) considérés comme assez précieux pour y investir des projets d'avenir. Ces résultats karmiques évolueront dans cette existence sur les mêmes terrains de développement que ceux qui leur ont donné naissance : résultat physique, qualité mentale, niveau psychologique ou capacité et expression conceptuelle. Observer comment leur contenu vient à échéance dans nos projets de vie, permet de comprendre la nature de l'enchaînement karmique et de mieux mesurer la portée de nos actes et réactions quotidiens dans la création de nos futurs résultats.

L'action des nœuds lunaires

Une légende indienne dit que, lorsque Dieu créa la Terre, il réunit les légions du ciel pour décider à qui en serait confié le gouvernement. Deux groupes d'anges postulèrent notre régence : les *dévas* et les *asuras*. Les premiers, que l'on peut considérer comme nos anges gardiens, résident dans un paradis blanc argent. Ce sont des entités bienveillantes qui ne pensent qu'à vivre dans le bonheur, l'amour et l'harmonie. Les seconds sont des guerriers redoutables, les samouraïs du ciel, qui ne cessent de se battre pour posséder les pommes d'or d'un arbre situé dans un jardin éclairé par une lumière rouge. La même légende existe chez les Grecs avec le jardin des Hespérides et la conquête de la Toison d'or. Signalons que le combat d'un *asuras* ne peut s'arrêter que s'il décide de présenter volontairement sa tête à couper à l'imperturbable gardien du jardin. Ne rêvons donc pas, nos désirs renaîtront aussi longtemps que nous n'aurons pas décapité le dernier.

Le maître du ciel, neutre par nature, proposa que chacune des deux légions se place à l'extrémité d'une corde. Celle qui l'emporterait régnerait sur la nouvelle planète. La force des deux groupes d'anges étant égale, la corde se rompit en son milieu, provoquant la chute des deux légions sur la Terre. Chacune d'elle reçut le territoire où elle était tombée. Ainsi, les *dévas*, créatures pacifiques et très conservatrices, veillent sur la continuité des tendances latentes au nœud Sud. Elles contrôlent les formes d'expression et de réalisation du passé pour mieux les protéger de la puissance active de nos comportements *asuras*. C'est pourquoi les énergies planétaires situées dans la zone du nœud Sud semblent opposer, le plus souvent, une grande résistance au changement comme si l'une de leur fonction était de garantir la pérennité des images et des désirs qu'elles contiennent. Mais leur action conservatrice ne s'arrête pas là. À tout instant de notre vie, le nœud Sud engrange les résultats de nos pensées aussi bien que les projets dont nous avons différé la réalisation. On peut dire qu'elle les archive pour qu'ils s'éveillent, telle la Belle au bois dormant, quand les circonstances nécessaires seront réunies. Ainsi, le nœud Sud, dont toute l'activité semble gouvernée par Saturne, le mental, parcourt inlassablement le thème de naissance et collecte dans les planètes et les maisons nos projets de devenir. En résumé, son action est particulièrement efficace pour entretenir nos histoires, nous faire tourner en rond dans les méandres de notre mémoire et combattre toute émergence de la nouveauté dans notre existence.

Les *asuras*, pour leur part, animent le nœud Nord de leur volonté martienne. Leur action est dominée, nous l'avons vu, par l'envie. Ils sont de la nature du désir et du rêve, comme le corps astral dont ils relèvent. Ainsi, l'énergie du nœud Nord intervient surtout pour activer les conditions physiques nécessaires à la réalisation des vœux en attente dans notre bol de tendances latentes. Elle impulse dans notre comportement le désir d'aller toujours de l'avant et de ne jamais renoncer à nos espérances. Le contenu de ces dernières n'a aucune importance car l'énergie de la tête du dragon est réalisatrice, dans tous les cas. Il n'est donc pas question ici de réalisation, mais de conservation et de réalisation de projets. Les décisions d'évolution et de réorientation de vie, si elles doivent être prises, nous appartiennent entièrement.

Refuser les échéances karmiques activées par le nœud Nord ne sert à rien. Nous pouvons les différer pendant des années mais, consignées dans le bastion conservateur du Sud, elles resurgiront de nouveau à la moindre circonstance qui en favorisera l'émergence. Nous sommes venus sur Terre pour les expérimenter, et elles représenteront un jour ou l'autre la solution implicite à nos difficultés quand nos autres tendances latentes ne nous offriront plus d'issue.

Le sens des projets de vie

Un projet de vie n'implique pas, contrairement à une croyance assez répandue, de conditions de réalisation très spécifiques ou très coercitives. Il contient rarement des conditions suspensives telles qu'on pourrait les croire imposées par quelque force extérieure à notre volonté. Bien au contraire : son action intervient le plus souvent dans le domaine de la vie quotidienne et bouleverse rarement nos conceptions de l'existence. Ainsi, lorsque quelque chose nous semble souhaitable et que cela arrive, nous allons spontanément dans sa direction et le vivons en l'intégrant dans notre volonté consciente. Les enfants, en particulier, ne sont pas surpris par la réalisation de leurs rêves : c'est naturel, c'est bien ainsi que cela doit se passer, parce qu'ils le souhaitent. Le Karma procède de la même façon : les certitudes inscrites dans la mémoire des vies antérieures engendrent des répétitions, pour le meilleur pour le pire (nœud Sud) aussi bien qu'elles orientent notre volonté vers les objectifs pour lesquels nous sommes nés (nœud Nord).

On peut constater ainsi, lors de lectures karmiques, que la banalité de la plupart des projets de vie suggère une origine humaine qui n'implique pas, le plus souvent, un bien haut niveau d'interrogation vitale ou d'élévation spirituelle. Vouloir un enfant quand on a vécu dans la solitude, s'éloigner d'un foyer trop fusionnel pour regagner son autonomie, vivre enfin en sécurité, se rendre utile, se trouver confronté aux conséquences de notre avidité ou de nos certitudes, apprendre à aimer, voilà des projets tout à fait courants. Au point que l'on peut se demander si le temps de l'intervalle entre deux vies (s'il existe) oriente les aspirations d'un individu vers des réalisations personnelles ou spirituelles de plus haut niveau ou si, une fois le voile de la connaissance retombé, nous ne reprenons pas simplement notre bagage là où nous l'avions laissé. Le fait que les informations inscrites dans le thème se révèlent et se répètent à l'identique aussi longtemps que nous ne les avons pas transformées volontairement, laisse plutôt penser que tout se joue ici bas.

Certains projets, cependant, semblent cohérents et organisés autour d'un plan de vie significatif, qui ne peut que faciliter l'évolution d'une personnalité dans des directions bien maîtrisées. Ils permettent à la personne de comprendre, par étapes successives, le sens profond de son incarnation et de s'orienter avec bonheur vers un niveau d'équilibre psychologique satisfaisant.

D'autres projets, enfin, portent à de réelles prises de conscience spirituelles sans qu'il soit possible de préjuger de leur efficacité dans le plan d'une vie.

On peut certes aspirer à un destin plus exceptionnel, et l'astrologue recherchera dans ce cas les indices y prédisposant, notamment dans la position des régents en aspects aux nœuds lunaires. Il s'agit, le plus souvent, d'une étape dans le parcours de l'évolution, un test de pouvoir ou d'image de soi, qui n'ont pas intrinsèquement de valeur supérieure à celle d'un projet relationnel ou de développement émotionnel dans la vie quotidienne. Seul l'ego, dont la construction est basée sur les images de soi, se gratifie d'une telle différence, tout aussi karmique dans ses résultats que n'importe quel autre acte mineur quotidien.

Sur la base de cette réflexion, on comprendra mieux pourquoi les exemples donnés dans cet ouvrage excluent toute notion de mission particulière, au profit de celle de choix individuel. Car une mission laisse encore supposer un projet, et le pire de tous : celui qui nous serait délégué par une entité supérieure sur laquelle nous n'aurions pas de prise et qui nous ôterait tout libre arbitre dans la direction de notre existence.

Tels qu'énoncés, ces projets de vie semblent conditionner notre existence par un quasi-déterminisme des relations de causes et d'effets, et pourtant il n'en est rien. Lorsqu'ils se réalisent, la personne éprouve, le plus souvent, un grand soulagement comme si toute sa volonté avait tendu dans cette direction et qu'elle était parvenue à bon port. On considérera ainsi, sans minimiser la portée de nos vœux inconscients, que leur réalisation permet de libérer l'énergie consignée à leur profit et d'accéder à un plus haut niveau de liberté intérieure. Libre à la personne, ensuite, d'utiliser l'énergie du nœud Nord pour approfondir la nature psychologique et spirituelle des raisons de son incarnation ou de se fixer des objectifs plus subtils. C'est sur cette base qu'ont été établis notamment les conseils de vie et les réflexions sur la validité de chaque projet.

Y a-t-il quelque chose à payer dans le karma ?

Cette question étant très souvent posée en consultation, il est important d'établir les parts respectives de responsabilité et de culpabilité contenues dans n'importe quelle réaction karmique.

Pour bien des personnes, ce qui déplaît et fait l'objet d'une réaction de refus de leur part est karmique. Elles n'ont pas tendance à relier le reste à l'enchaînement des causes et d'effets et sont le plus souvent étonnées d'apprendre que les dons, les talents, les avantages sociaux dont elles peuvent jouir dans cette vie relèvent tout autant de résultats karmiques du passé que les souffrances qu'elles s'infligent. Ainsi, la plupart des épisodes de la vie quotidienne ne semblent dramatiques qu'à ceux qui désirent transformer leur vécu en saga du malheur. On peut être attaché à la souffrance aussi bien qu'au bonheur et il suffit le plus souvent de changer d'attitude mentale pour que ce qui semblait relever d'une damnation cesse immédiatement. Dans ce contexte, une thérapie émotionnelle fait mieux l'affaire que l'appel à un exorciste karmique... s'il en existe.

Un tel discours peut induire des changements notables dans une existence conduite jusqu'alors sur le mode de la souffrance ou de la renonciation « obligatoire ». Beaucoup de personnes sont soulagées d'apprendre que leurs aspirations intimes ou secrètes ne sont pas aberrantes ou anormales et qu'elles avaient raison de croire en leurs rêves, même si elles redoutaient les jugements de leur environnement.

On peut déduire de ce qui précède que nulle force extérieure à notre volonté ne nous contraint à quoi que ce soit et que seuls les automatismes de pensée prolongent en nous les impressions du passé. Il semble exister pourtant certains actes plus « karmiques » que d'autres, dans la mesure où leurs résultats sont plus frappants pour l'esprit. On associe ces derniers au « karma rétributif direct ».

Sans présumer de la part personnelle de comportement qui peut intervenir dans leurs effets, on peut ainsi considérer que certaines planètes comme Mercure, Mars ou Vénus rétrogrades y prédisposent plus que d'autres. Elles induisent des chocs en retour qui évoquent des crimes contre l'esprit ou contre le corps, et dont l'action se manifeste en égal, dans tous les cas. Il existe sur ce plan un bon repère : les échéances de ce type de karma sont très rarement répétitives. Soit, elles se manifestent dès la naissance (quel crime cet homme a-t-il commis pour qu'il soit né aveugle ? demandait un disciple du Christ), soit elles interviennent dans le courant de l'existence sous une forme qu'on peut estimer spectaculaire. C'est ainsi qu'un ancien terroriste, devenu chef d'État, risque d'être assassiné par un anonyme dans la foule, même si, dans cette vie, il a acquis une réputation exemplaire de non-violence. Justice est faite : la mesure de la rétribution est accordée sur la nature des actes antérieurs en durée aussi bien qu'en intensité. Quand l'équilibre est rétabli, la réaction karmique s'arrête d'elle-même. Cependant, il nous appartient de ne pas activer de nouveau la « Balance » par nos réactions, et tout dépend en fait du niveau de conscience de la personne concernée. La même expérience peut être ressentie comme une injustice criante dont il importe d'exiger réparation durant toute une existence, aussi bien que comme une occasion de méditer sur les aléas et les finalités du destin, de la naissance à la mort.

Nous exclurons, en revanche, du concept de karma rétributif ce qui relève de la prédisposition de la personne – avertie à l'avance par les résultats de ses choix précédents – d'aller se jeter les yeux fermés dans certaines expériences dommageables. Il n'est pas « rétributif », par exemple, d'être interdit bancaire à répétition. Mieux vaut, dans ce cas, interroger les tendances latentes dispendieuses de certains jupitériens ou plutoniens rétrogrades, qui semblent défier à plaisir la justice ou la chance.

Peut-on se libérer du karma ?

Si l'on devait réduire à une base minimale les facteurs qui induisent l'enchaînement dans le cycle des renaissances, on pourrait les résumer en trois mots : envie, aversion, attachement. Ce sont des réactions caractéristiques du mental humain, que les bouddhistes considèrent comme les moteurs du karma individuel (les Trois Poisons), parce qu'ils entretiennent l'ignorance dont découlent pratiquement tous nos choix de vie et toutes nos « erreurs ». C'est pourquoi l'on peut considérer que le processus d'enchaînement karmique est totalement neutre : une cause produit un effet, une action engendre une réaction, en égal et/ou opposé, c'est tout. La cause trouve toujours son origine dans la façon dont nos tendances latentes s'emparent des fonctionnements universels de l'esprit à leur profit. La chaîne sans fin se nourrit de la moindre de nos intentions et du moindre de nos projets.

On peut, ainsi, considérer qu'il existe un lien karmique entre notre histoire et n'importe quelle situation, dans la mesure où il se produit une réaction. Dès lors que notre intérêt a été éveillé, nous ne pouvons rejeter notre responsabilité en la matière, mais responsable ne veut pas dire coupable.

Dans ce contexte, il est donc toujours possible de se libérer des liens karmiques ordinaires, ceux qui sont entachés d'inconscience et ne se répètent que parce que nous préférons nos menus attachements au sentiment de vide qui surgit face à une expérience inconnue. Mais attention à la réaction inverse. Sauter le pas de l'autre côté du thème natal ou rejeter une situation qui nous gêne, n'a jamais été la solution. Au contraire, si les bouddhistes placent la sagesse des Moyens habiles (gouvernée par Mercure) à la septième place sur l'échelle qui mène à la Libération, cela veut sûrement dire que l'intelligence est plus agissante pour régler nos problèmes de répétition que de renvoyer le fardeau de notre karma personnel vers des futurs indéterminés.

On peut pourtant se demander pourquoi certains individus semblent disposer d'un pareil potentiel de chance ou de conscience, et d'autres semblent condamnés à un tel manque de ressources pour prendre en charge leur existence ?

Quand on constate la parfaite adéquation entre la position du régent Nord et les orientations vitales prioritaires d'un individu, l'interrogation d'Einstein revient immédiatement à l'esprit : « Dieu joue-t-il aux dés ? » Autrement dit : la distribution du thème autour d'un projet de vie est souvent trop cohérente pour n'être que le résultat d'un hasard prodigieux. Ou bien elle dépend de la volonté d'un démiurge atteint d'autant d'esprit de manipulation que de perversité et nul ne peut être responsable de son destin. Ou bien l'origine des projets relève d'une volonté personnelle tellement organisée qu'elle se passe aisément de toute intervention extérieure pour parvenir à bonne fin.

Nous serions dans ce cas simplement les auteurs de tous nos choix, un mot d'ordre initial suffisant à lancer le projet global dans lequel tous les projets personnels viennent s'inscrire. Dans la tradition grecque, Zeus (Jupiter), lorsqu'il a partagé l'univers entre ses frères, en se réservant le sens de la Justice et de la Loi, leur a dit : « Faisons de la Terre l'univers de tous les possibles. » Si chaque être humain participe à la création d'un monde possible, il est bien évident que certaines créations sont nettement plus viables que d'autres.

Il semble que nous ne puissions faire autrement que de jouer la partie car la volonté d'ignorer l'enjeu nous transformerait en esclave de l'enchaînement. Pourtant, certains sages ont trouvé l'issue en décidant d'arrêter de jouer en aveugle pour s'interroger sur la nature des dés. Dans ce cas, le meilleur joueur est celui qui cesse de demander qui a créé une règle aussi absurde, pour reconnaître l'ensemble de l'échiquier (du labyrinthe) comme sa propre représentation du monde : ni gagnant, ni perdant, simple observateur de ce qui ressemble, à la fin de l'histoire, à un énorme gag. C'est alors que retentit, dans toutes les traditions, le rire homérique des dieux, auquel se joint le héros ayant opéré le sacrifice final (couper la tête du grand organisateur du jeu : l'ego) pour retrouver le sens de sa propre réalité. Fin de toute idée d'enchaînement ou d'obligation à quoi que ce soit.

J'ai ainsi pris conscience au fil des années que les détours du karma pour ramener une personne dans le droit fil du projet de vie qu'elle aurait tendance à rejeter, n'étaient pas dépourvu d'humour. C'est à ce sourire et à cette compassion en face de nos aberrations mentales que j'invite les astrologues qui voudront utiliser les nombreux instruments de lecture karmique présentés dans cet ouvrage.

PREMIÈRE PARTIE

LES LIGNES CONDUCTRICES DU PROJET DE VIE

1

LE NŒUD NORD EN SIGNE

En signe zodiacal, l'Axe du dragon concerne directement le niveau de conscience de l'individu et les comportements psychologiques qui en découlent. Les orientations ou les transformations personnelles qu'il contient constituent la trame de fond de l'ensemble des autres directions du thème. On peut dire qu'il guide insensiblement la personne vers la conclusion qu'elle tirera de son existence à l'âge de la maturité ou de la vieillesse.

Pour comprendre le vrai sens du projet, il faut tenir compte du fait que le zodiaque est d'abord un chemin initiatique. Le héros y effectue le parcours d'obstacles de sa légende personnelle et l'on peut considérer le nœud Nord comme le dragon qui, dans toute quête intérieure, garde la porte du trésor promis au vainqueur.

Le gardien dispose d'une échelle de réponses variables selon le niveau d'interrogation du quêteur. Ainsi, lorsque le projet conduit à conquérir des biens matériels ou à développer des situations particulières, le nœud Nord en signe ne fait pas l'affaire. Sa position en maison et les planètes associées en aspects fourniront des réponses plus cohérentes. Dans ce cas, le nœud Nord livrera ses trésors terrestres, qui relèvent de l'attachement au monde des formes. Si, poussant plus loin l'interrogation, la personne s'enquiert du sens global de son existence, on se référera au signe nodal et dans ce cas, c'est surtout l'expérience karmique de l'interprète qui entrera en jeu. À quoi sert un signe ? N'est-il qu'un indicateur d'un certain niveau de réponse, physique ou psychologique, ou une étape sur un itinéraire qu'il appartient au praticien de décoder ? Peut-il contenir des informations sur le comportement spirituel de la personne et ses interrogations intimes ? L'astrologie traditionnelle occidentale n'apporte guère de réponses sur ce dernier point.

Seuls l'Inde et le Tibet ont développé une astrologie du sens qui considère l'être humain global dans sa continuité intérieure, en incluant les circonstances conditionnant sa croissance personnelle dans le passé et les futurs plausibles qui en découlent. C'est pourquoi les nœuds lunaires en signes ont été interprétés, dans cet ouvrage, à partir du chemin de l'évolution sur Terre figurant dans la Roue de la vie tibétaine, qui inclut les représentations planétaires et zodiacales.

Selon cette connaissance plusieurs fois millénaire, chaque signe du zodiaque est le siège, en succession du Bélier aux Poissons, de diverses fonctions vitales, sensorielles, biologiques et intellectuelles dont il assure la gestion. Ces fonctions sont universelles et c'est sur leur activité que viennent se greffer les tendances latentes résultant des vies antérieures.

Résumons rapidement ces diverses fonctions, telles qu'elles ont été décrites par l'un des plus grands sages du Tibet, Milarepa.

Conception

Le désir de naître dans le Bélier résulte d'une volonté inconsciente de passer de la mort à la vie, du fait des attachements que nous avons développés dans d'autres existences.

Les anciennes tendances latentes se mettent en place, dans le Taureau, au septième mois de conception. L'activité mentale qui en résulte se développe dès le huitième mois de conception dans les Gémeaux. Dès lors, les mécanismes de reconnaissance intellectuelle sont en place. Ils s'établissent sur la base des anciens acquis. C'est ainsi que la conscience phénoménale est présente dès la naissance.

Naissance

Dans le signe du Cancer, au neuvième mois, l'enfant entre dans l'univers des formes et on lui donne un nom. On lui apprend à nommer les choses pour les reconnaître. C'est le début du processus d'identification, à l'origine de l'illusion. Dans le Lion, la conscience sensorielle synthétise les perceptions des cinq sens. Le sens des surfaces s'organise et la conscience de soi surgit des rapports avec le monde extérieur. C'est ainsi que l'univers kinesthésique se développe dans la Vierge, par le contact qui permet d'exercer les organes des sens. La discrimination apparaît et avec elle l'activité intellectuelle qui porte à se forger une opinion sur les choses.

La sensation établit la relation entre le monde intérieur et le monde extérieur dans la Balance. La différenciation donne naissance au sentiment et à la relation (septième mois de vie).

Développement de l'ego

L'expérience des sensations provoque dans le Scorpion un désir de les prolonger. Nous commençons à imaginer un univers à la mesure de nos envies et de nos conceptions. Nous engendrons ainsi des causes actuelles que nous retrouverons comme autant de tendances latentes (effets) dans l'existence actuelle aussi bien que dans les vies futures.

Le désir de continuité de la sensation évolue maintenant, dans le Sagittaire en prédisposition à s'emparer des choses, à se les approprier pour entretenir la continuité de la sensation.

L'attachement se transforme en désir de devenir, dans le Capricorne. La vie s'accomplit alors dans la maturité et la vie conjugale, avec l'intention d'obtenir un héritier, pour prolonger l'existence dans le monde des formes.

Renaissance

Ces dix premières causes engendrent alors des effets dans le devenir. Les conceptions du monde se figent dans le Verseau et détermineront les conditions des futures renaissances. Parce que l'ego veut se prolonger, la naissance aura lieu de nouveau. Il y aura vieillesse et mort (Poissons). Le désir de renouveler les sensations connues provoque une nouvelle naissance dans l'ignorance du Bélier qui continuera à s'entretenir d'elle-même. C'est pourquoi le bouddhisme appelle le zodiaque les douze causes interdépendantes ou les douze liens.

C'est donc sur cette base commune à tous les êtres humains que se construit l'expression individuelle (ego), représentée par la position de l'Ascendant. Nous avons déjà vu comment les tendances latentes, consignées dans l'énergie de la mémoire karmique, y participent pour une grande part en s'animant et en s'inscrivant dans la personnalité au fur et à mesure qu'elles sont sollicitées par les événements[1]. Nous pouvons ainsi percevoir le zodiaque comme un

1. Pour plus de détails, lire « Lecture karmique du zodiaque », même auteur, éditions du Rocher.

système dans lequel les fonctions universelles de la conscience aussi bien que les tendances personnelles s'enchaînent à la vitesse de l'éclair de signe en signe pour élaborer les pensées et les réactions.

Les signes de la Roue de la vie, selon l'enseignement d'Aryadéva[1], indiquent également sur quel comportement bipolaire spécifique se fonde le développement psychologique d'un individu. On le comprendra mieux en observant comment le mental s'exprime systématiquement en termes binaires de comparaison : « Je veux ceci ou cela », les deux options appartenant toujours au domaine du connu. Ce qui conduit à reproduire, quand nous pensons changer d'expérience, des variantes de la même situation en termes de semblable et de différent, d'égal ou d'opposé. Cela entretient non seulement la dualité, toujours vécue de façon déchirante par les personnes peu conscientes d'elles-mêmes, mais également le sentiment que nos options personnelles restent, dans tous les cas, très limitées.

L'objectif fondamental de toute recherche personnelle devrait donc être de découvrir comment nous ne cessons de renforcer ces liens du cœur, du corps et de l'esprit dans l'objectif de nous en libérer. En astrologie, nous disposons d'un fil d'Ariane pour les décoder : l'axe des nœuds lunaires qui, par la continuité karmique qu'il manifeste, permet de reprendre possession de notre passé, d'accomplir le vœu qui conditionne l'ensemble de notre vécu et, si nous le voulons, d'arrêter de projeter de nouveaux projets pour le futur, dans l'énergie créatrice du vide.

La position du nœud Nord en signe peut être également significative de certains troubles en matière de santé. Lorsqu'ils figurent en maisons VI et XII en particulier, ils indiquent que les problèmes rencontrés dans ce domaine représentent des conditions d'expériences nécessaires à l'intégration consciente du projet de vie. Cependant, l'analyse de ces tendances ne peut être considérée comme un diagnostic. Elle vise uniquement à favoriser la détection de signaux avertisseurs de dérapages éventuels dans le cadre du projet de vie, pour redresser la barre dans le sens d'un état énergétique optimal.

1. Paul Adam, dit Aryadéva, qui dirigea la communauté tibétaine en exil à Dharamsala en Inde du Nord, durant les années 60. Une partie de la correspondance suivie qu'il entretint avec sa disciple, Nelly Kauffmann, qui m'a transmis son enseignement, a été publiée aux éditions Tchou, sous le nom de *La Clé*.

Bélier

La vie qui est à l'origine des choix de la présente existence s'est déroulée dans un pays différent de celui de votre milieu natal. Sans doute aurez-vous tendance à franchir les mers et les continents pour le retrouver. Car les souvenirs inconscients qui vous habitent sont synonymes de relations heureuses, de couples réussis et d'insertion sociale facile tout autant que de bon équilibre personnel. Bref, cela ressemblait à des vacances bien méritées, axées sur l'expérience des relations et l'épanouissement de vos sentiments dans un contexte particulièrement favorable.

Sans doute avez-vous gardé de l'époque où votre projet de vie actuel a été formulé (souvent à l'instant de la mort), la nostalgie d'une vie plus calme, à laquelle vous aspirez parfois pour sortir des rebondissements perpétuels qui peuplent aujourd'hui vos journées. Souvent l'esprit conserve des images de ces périodes anciennes qui prennent la forme d'une attirance pour certains pays ou pour certaines formes d'architecture ou d'art ou certains modes de vie. Ainsi, vous pouvez être attiré spontanément vers l'Afrique de l'Est (y compris l'Égypte), le Canada, les montagnes himalayennes, ou les rivages du Sud-Est asiatique. Dans votre inconscient, les images de hautes montagnes se disputent avec l'attrait pour les vastes plaines, les pays plats. La France démocratique correspond également à certains souvenirs de bonheur quotidien, et vous disposez d'affinités particulières avec les régions du Languedoc, de la Savoie et du Poitou. Dans tous les cas, ce sont des souvenirs qui vous portent à vous intéresser à ces lieux et si vous désirez les visiter, vous y rencontrerez un mode de pensée compatible avec le vôtre et qui vous permettra de nouer des amitiés ayant un goût de « déjà vu ». Vous apprécierez cette reconnaissance spontanée qui vous rend l'âme d'un pays ou d'une province familière au premier abord.

Vous comprendrez alors quel contraste existe entre le climat de certaines de vos vies passées et votre désir actuel d'affirmation et de liberté. Si vous avez choisi ce projet, c'est que vous aviez besoin d'action et de vous détacher de relations conventionnelles ou d'un milieu dont l'horizon était trop borné par des traditions considérées, à tort ou à raison, comme des valeurs universelles. Vous aviez vous-même trop besoin de sécurité et d'amour pour transcender les règles et les lois de votre milieu, et il vous reste quelque chose de ces anciens comportements. Mais vous disposez d'assez de courage et de sens de l'amitié pour aborder cette difficulté et éviter de vous exclure devant les réactions provoquées par votre besoin, parfois excessif, de liberté.

La qualité de vos sentiments et de votre attention aux autres vous permettra d'attirer leur reconnaissance quel que soit le lieu où vous irez à leur rencontre. Cependant, cette vie vous offrira peu d'occasions de contemplation. Votre besoin d'action, d'affirmation personnelle, de conquêtes et de découvertes peut, en outre, vous porter à fuir des relations trop fusionnelles dans lesquelles vous avez le sentiment de vous perdre. Vous les éviterez en vous persuadant de votre spécificité et de votre originalité, sans vous retrancher pour autant dans des comportements séparatistes qui ne sont qu'une façon de vous affirmer. Vous parviendrez un jour à la conclusion que votre sentiment d'existence ne dépend pas des réponses de votre environnement. Vous cesserez alors d'attendre les avis et les jugements des autres et prendrez sans hésiter des décisions individuelles.

La recherche d'une aventure personnelle constitue le moteur de votre existence, et vous disposez de toute l'énergie et de tout le courage nécessaires pour la réaliser. Les circonstances de votre vie actuelle vous portent à vous engager comme un cavalier seul et à prendre des risques physiques ou psychologiques importants. Ainsi parviendrez-vous à développer une agressivité bien maîtrisée car vous avez conservé de vos anciennes expériences relationnelles le sens de l'équilibre et de la juste mesure des choses.

Une telle position porte parfois à envisager une carrière militaire ou un métier de défense de la collectivité, ce qui vous conviendrait parfaitement. La transmutation de vos convictions en actions et de vos idéaux et rêves en réalité quotidienne fait partie de ce projet de vie. Plus vous avancerez en âge, plus vous reconnaîtrez la nécessité de vous montrer tel(le) que vous êtes, directement et franchement, et le bien-fondé d'expériences vitales menées tambour battant sur le terrain. Ainsi passerez-vous progressivement d'un vécu intense dans le monde extérieur à une recherche spirituelle d'autant plus réelle que vous aurez vaincu votre peur du rejet des autres.

Les comportements anciens subsistent longtemps dans les racines de la personnalité. C'est normal. Votre projet s'inscrira en vous avec le temps, même si, dans votre cas, l'impulsion combative était assez naturelle pour s'éveiller dès l'enfance. Cependant, le regret des facilités sociales du passé peut subsister encore dans vos tendances latentes. Cela vous conduit à manifester une certaine impatience si les autres ne répondent pas assez rapidement à vos exigences et à vos désirs. Vous comprendrez avec le temps que vous ne pouvez exiger des autres qu'ils vous ressemblent ni vous suivent dans un itinéraire qu'ils peuvent juger assez escarpé ou trop aventureux. Votre bonheur, dans cette vie, passe par l'aptitude, dont vous disposez, de larguer les amarres sans rien perdre de la sympathie de vos proches. N'hésitez pas à le faire pour développer dans les meilleures conditions cette spontanéité qui vous dotera d'une belle confiance dans vos propres possibilités.

Votre projet de vie a conduit bien des personnes sur le chemin de la liberté intérieure ou de la Libération (la fin des renaissances). Ne perdez pas une seconde de cette chance, rare dans le fil des vies successives, de suivre l'impulsion de ce choix de vie dynamique qui vous incite à manifester votre intelligence dans l'intensité d'une vie pleinement assumée. Mais sans doute le savez-vous déjà ?

Votre interrogation spirituelle porte dans cette vie sur l'origine et la fin des choses. Vous aspirez à percer les mystères de l'univers, le sens de votre propre incarnation et des événements qui viennent à votre rencontre. Pour éviter des interrogations stériles, demandez-vous ce que les multiples péripéties, qui semblent rebondir sans cesse autour de vous, vous apprennent de vous-même dans le présent. Car la finalité de toutes ces aventures n'a pas d'autres objectifs que de vous rencontrer vous-même. Vous découvrirez ainsi que vous êtes à l'origine de tous vos choix, toutes vos pensées et que personne d'autre que vous n'a fixé votre destin.

Karma physique

Le risque associé à votre karma actuel concerne surtout les risques accidentels aux yeux et à la tête.

Essayez d'aborder la vie et les choses avec une vision plus sereine, en partant toujours des faits réels, et évitez de foncer tête la première dans les obstacles, au risque de vous blesser. D'éventuels problèmes visuels seraient liés au refus de tenir compte de vos propres désirs en privilégiant les autres dans vos choix, au détriment de vos intérêts. Par ailleurs, il peut exister une tendance aux lésions rénales et lombaires, associée psychologiquement à un manque d'autonomie personnelle et une trop grande recherche d'approbation.

Plus vous vivrez activement votre vie et prendrez le risque d'expériences personnelles, plus vous demeurerez dans un état satisfaisant de santé et d'activité. Évitez, si possible, de vous retourner pour voir si les autres vous suivent ou vous contrôlent, ce qui peut finir par vous donner des « tours de rein ».

Taureau

Les conditions d'existence des vies antérieures qui ont présidé à votre choix actuel étaient particulièrement difficiles sur le plan des chances sociales. Vous avez vécu autrefois dans les dures nécessités de la survie quotidienne, au milieu des dangers et des aléas d'un univers mouvant. Si ces expériences ne sont plus que des fantômes, elles animent encore de façon particulièrement vivace vos réactions psychologiques et ont pu hanter vos rêves d'enfant de cauchemars incompréhensibles.

Souvent l'esprit conserve des images de ces périodes anciennes. Elles prennent la forme d'une attirance pour certains pays ou pour certaines formes d'architecture ou d'art ou certains modes de pensée. Vous pouvez ainsi vous intéresser aux populations esquimaudes, aux souks de l'Afrique du Nord, aux paysages de toundra ou aux rivages du Sud-Est asiatique. En les visitant, vous retrouverez certainement ces impressions de déjà vu et cette reconnaissance spontanée qui vous rendent l'âme d'un pays ou d'une province familière au premier abord.

Il est douteux, cependant, que vous ayez la tentation de retourner vers ces terres, peu accueillantes pour un Occidental. Si vous le faites, vous saurez vite que les passions et les grands combats qu'elles évoqueront pour vous n'appartiennent plus aux expériences que vous souhaitez rencontrer aujourd'hui.

Vous avez décidé d'orienter vos choix vers des projets plus constructifs et de vivre dans la quiétude d'une existence relativement sédentaire ou terrienne. Une maison qui vous appartient, des relations stables et fidèles, un bout de jardin, une profession solide et sécurisante suffisent à votre bonheur. Ce désir peut se révéler d'autant plus fortement à l'âge adulte si vous avez retrouvé dans votre enfance les mêmes conditions de peur et d'insécurité.

Même si vous avez vécu longtemps dans le refus de vous fixer quelque part, il vous semblera évident un jour de planter vos propres arbres. Cela vous permettra de comprendre, si vous n'avez pas encore découvert votre havre de paix, que vous n'aspiriez qu'au calme d'une vie tranquille, le plus souvent à la campagne. Évitez cependant, si vous le pouvez, de défendre la sécurité qui vous est si chère comme si quelqu'un la menaçait. Rassurez-vous le plus vite possible : vous avez droit, dans cette vie, à la quiétude physique et mentale. Mieux vaut y croire que d'entretenir les angoisses du passé. Ainsi, éviterez-vous de développer le principal handicap de votre projet de vie : la recherche systématique de positions de sécurité, d'autant plus importantes que vous considérerez ces dernières comme inaccessibles.

Très combative dans le passé, votre agressivité tend à s'orienter aujourd'hui vers des conquêtes plus matérielles, même si vous avez du mal à le reconnaître. Vous proclamez aisément que l'affirmation personnelle vous importe plus que le pouvoir social mais cela peut provenir d'une peur de vous mêler à des activités collectives comme si les groupes vous paraissaient dangereux. Vous n'aimez ni les conflits ni les confrontations publiques mais vous pouvez les susciter en dénonçant avec trop de vigueur l'ambition, le pouvoir et l'avidité matérielle de vos semblables. Si c'est votre cas, demandez-vous pourquoi vous vous sentez concerné(e) à ce point par leurs agissements. Bien souvent, les fantômes de nos propres actes passés ont tendance à s'opposer à ce qui leur ressemble dans la vie actuelle. Vous pourriez ainsi projeter sur les autres des refus ou des répulsions qui résultent de situations dont vous avez gardé la mémoire, et qui n'ont, le plus souvent, que peu de rapports avec la réalité actuelle. Essayez de vivre davantage dans le présent. Rappelez-vous que la peur appelle la peur et que la guerre peut également exister dans le regard que vous portez sur les autres.

Vous serez davantage en paix avec vos attentes et vos désirs en acceptant de les réaliser au mieux de votre intérêt immédiat. Cela vous permettra de découvrir un meilleur équilibre entre votre besoin d'ouverture et d'accueil et une autoprotection bien calculée.

Beaucoup de personnes porteuses de cet indice karmique éprouvent également un vif intérêt pour les sciences occultes même si elles s'en méfient instinctivement. Si vous croyez qu'il existe dans le monde des influences secrètes, vous gagnerez beaucoup à orienter votre attention vers les forces de la Terre et de la Vie, plutôt que vers les cartes ou le marc de café. Cela vous permettra de restaurer votre équilibre psychologique en construisant une certitude intérieure basée sur vos racines de personnalité. Il n'existe pas de meilleur ancrage pour vous dans cette vie. Et vous pourrez apprécier plus simplement les plaisirs terrestres auxquels vous avez droit à part entière.

Karma physique

Le risque associé à votre karma actuel concerne surtout la zone génitale. Les troubles qui en découlent relèvent davantage du psychologue que du chirurgien ou du médecin. Plus vous développerez votre confiance dans la vie et dans vos partenaires, meilleures seront vos chances de développer une sexualité épanouissante et de mettre au monde des enfants, si vous le désirez.

On note également des problèmes visuels fonctionnels qui n'entraînent pas le plus souvent de handicaps. Si c'est votre cas, vous corrigerez cette difficulté en essayant d'avoir une vision plus juste de la réalité de votre vécu sans la mesurer aux convictions de votre entourage. Dites-vous qu'il n'existe guère de certitudes dans ce domaine et que le meilleur positionnement est de faire confiance à votre ressenti.

Ce projet de vie est également associé à une certaine fragilité mentale. Une analyse vous permettrait de maîtriser des tendances dépressives qui peuvent se manifester par crises répétitives. À moins d'un terrain héréditaire dans le milieu parental, ce climat psychologique difficile peut connaître une nette amélioration dans un contexte de sécurité matérielle et le choix d'une vie stable et bien équilibrée affectivement.

Gémeaux

Votre vie précédente s'est déroulée sous des auspices sociaux particulièrement favorables. Vous viviez alors dans un milieu privilégié, dans lequel les forces de la pensée, la qualité de l'éducation, les échanges intellectuels et les voyages avaient beaucoup d'importance. Cela vous a permis de valoriser la méditation ou l'étude philosophique dans un contexte libéré de préoccupations matérielles trop exigeantes.

Inutile de franchir les continents pour retrouver ce climat de chances même si le goût des voyages ne vous a pas quitté. Vous avez sans doute choisi, pour naître, un pays qui correspond à votre ancien contexte ou un milieu familial dont les ancêtres sont au modèle de vos centres d'intérêt précédents. Vous pouvez vous en considérer comme l'héritier légitime et la vie vous offrira certainement l'occasion de le reconnaître.

Vous portez également dans votre mémoire des vies antérieures de vastes paysages de vignobles ou de côtes escarpées battues par les vents. Vous pouvez les retrouver dans de nombreuses provinces françaises qui vous sembleront familières au premier abord. Votre patrimoine culturel dominant est nettement occidental, mais vous disposez également d'une certaine fraternité d'esprit avec la tradition ésotérique arabe (notamment le soufisme), ou avec l'enseignement des maîtres de la Loi et de la mystique.

Vous avez déjà eu l'occasion d'enseigner et de défendre avec brio vos concepts intellectuels ou sociaux du haut des chaires universitaires, ou des tribunes juridiques ou journalistiques.

Sans doute avez-vous rêvé de tout cela dans votre enfance, mais votre destin a pris un autre tournant. Il n'est plus question de consacrer votre vie à des voyages en quête de sagesse ou de grands espaces de liberté. Vous aviez trop tendance dans le passé à vous glorifier de votre savoir, aussi développé fût-il, ou de vos positions sociales avantageuses. C'est pourquoi les héritages financiers ou intellectuels que vous pourriez recevoir de votre milieu natal constitueraient davantage un handicap qu'un cadeau du ciel si vous ne savez pas les utiliser à bon escient.

Plus tôt vous déciderez de créer votre place et d'offrir aux autres les opportunités que vous avez vous-même reçues avec abondance dans d'autres existences, plus vite vous sortirez d'une forme de handicap relationnel. Ce dernier provient certainement d'images personnelles trop ambitieuses et mal adaptées à une communication simple et quotidienne.

Il importe donc d'éviter de gaspiller les grandes qualités d'esprit que vous possédez. Vous avez intérêt à tester vos anciens idéaux dans la réalité sociale d'aujourd'hui pour vous détacher de ce qu'ils peuvent encore contenir de recherche de prestige et de hauteur de vue.

C'est, dans votre cas, d'autant plus difficile que les facilités de l'existence antérieure restent présentes dans votre esprit. Peu habitué à mettre vos connaissances au service de vos semblables, vous pouvez perdre beaucoup de temps en dispersion intellectuelle, en étude pour l'étude, ou en refus d'insertion sociale. C'est l'heure de vous prendre par la main et d'arrêter de croire en la valeur de ces représentations personnelles fallacieuses. Cela ne peut attirer à vous ni la sympathie ni la reconnaissance des autres.

Ce comportement assez aristocratique figure dans vos racines karmiques à des degrés plus ou moins importants. Il peut se manifester longtemps sous forme de fantômes revendicatifs susceptibles d'engendrer des frustrations dans votre personnalité. Particulièrement si vos conditions actuelles de naissance ont été moins favorables et ne vous ont pas offert les opportunités que vous pensiez vous être dues.

Cet héritage ancien possède pourtant certains avantages : il vous dote d'une grande force d'esprit qui vous permet de démêler les fils de l'adversité et d'en tirer des leçons évolutives de philosophie ou de découvrir, en vous, les ressources nécessaires pour imposer votre ambition.

Vos éventuels échecs professionnels ou relationnels vous permettront d'apprécier la valeur des échanges justes et des succès liés à vos propres mérites. Ils vous inviteront à découvrir le sens de l'authentique générosité et du dialogue fraternel, qui constitue votre projet de vie. Vous comprendrez ainsi comment vous aviez tendance à vous séparer des autres, et à rejeter les rires et les joies qui peuplent de mille petits bonheurs la vie quotidienne. N'aviez-vous pas, dans votre enfance, tendance à vous croire supérieur(e) aux membres de votre fratrie et à refuser de partager leurs jeux ou à vouloir les organiser entièrement selon vos lois ? Vos frères et sœurs représentent pourtant le moyen idéal de reconvertir vos anciens modes de communication. Si vous étiez enfant unique, vous l'avez certainement regretté. Mais vous pouviez reporter votre recherche d'une fratrie unie (sous votre direction, bien entendu), sur vos amis, vos cousins ou vos compagnons de recherche philosophique. L'important était surtout de développer un dialogue ouvert et une reconnaissance mutuelle avec les membres de vos groupes d'appartenance. Avec de tels partenaires, il n'est pas question de tirer avantage de vos connaissances ni de vos dons oratoires dans les conditions où vous les avez manifestés autrefois.

Les transformations que vous mettrez en œuvre dans cette vie vous permettront de mieux prendre conscience de la différence et de la valeur des autres.

Vous n'avez pas non plus intérêt à rechercher un frère ou une sœur d'âme pour partager votre existence. À vouloir rencontrer trop semblable à vous, vous risquez de vivre une certaine frustration qui peut se manifester aussi bien sous la forme d'une longue solitude que sous celle d'un certain vide sexuel. Vous comprendrez tôt ou tard que cet idéal d'union fraternelle, qui prend parfois une coloration mystique, est un leurre.

Vous recherchez bien une réunification mais elle ne peut vous être apportée par une personne extérieure à vous. L'autre est toujours différent et vous risquez surtout de faire les frais de la recherche d'une union trop fusionnelle sous forme d'une perte d'individualité. Rappelez-vous que vous avez besoin d'espace et qu'il vous appartient d'établir une relation plus juste avec vos compagnons de vie. Vous y parviendrez en prenant mieux conscience du sentiment de tristesse et de séparation qui vous habite et en l'acceptant, plutôt qu'en vous consacrant à la recherche insatiable de compagnons de vie, d'échange ou de jeux.

Un jour, vous découvrirez dans vos propres ressources les gratifications que vous recherchez. Votre intelligence et votre discernement s'affineront dans cette vie, et vous trouverez ce qui vous rendait spécifique et unique en tant qu'être humain. En vous découvrant des frères et des sœurs partout dans le monde, vous cesserez de vous prévaloir de vos qualités d'esprit. Vous comprendrez alors que, sans les limitations de représentation sociale fixées dans votre projet de vie, votre recherche innée de positions privilégiées ne pouvaient que freiner votre évolution. Vous vivrez plus facilement votre projet de vie en acceptant de vous dégager de vos petites frustrations d'enfance et en prenant le risque d'aller au-devant d'expériences de communication dont vous n'auriez pas le contrôle.

Vous pouvez rencontrer une forme de solitude, inévitable sur le chemin de la maturité intérieure. Elle vous permettra, avec la distanciation retrouvée, d'exprimer cette liberté et cette vérité de parole qui vous ont fait défaut autrefois. Vous y gagnerez beaucoup sur le plan de la créativité, de l'expression artistique et de l'ouverture émotionnelle, et pourrez développer de nouveaux talents. À vous de les valoriser auprès des autres, de les partager ou de les offrir pour attirer vers vous, si vous le désirez, une reconnaissance basée sur des qualités personnelles rénovées.

Karma physique

Jambes ou bras cassés, asthme et allergies, problèmes respiratoires en tous genres marquent l'itinéraire médical des enfants porteurs de cet indice. Reconnaissez-le, beaucoup de bobos de votre enfance étaient des appels au secours. Ils manifestaient un refus d'aller jouer dans la cour des grands.

Pour conjurer ce mauvais sort, essayez de prendre votre place et de vous interroger sur le sens des rôles que vous choisissez de vivre, partout où vous êtes. Vous comprendrez alors qu'il existe des expériences passionnantes dans n'importe quelles circonstances. Si vous estimez que la place n'est pas compatible avec ce à quoi vous aspirez, cherchez-en une autre, mais arrêtez d'attendre qu'elle vous soit donnée dans l'idéal. Apprenez également à exprimer ce que vous pensez et ressentez, même si cela vous paraît sans importance. En sortant des non-dits, vous éviterez les maux de gorge à répétition qui résultent d'une répression inconsciente de ce qui vous paraît vrai et juste pour vous-même, de peur de déplaire à votre environnement.

Une ancienne tendance à abuser des plaisirs de la table et de la grande vie, vous a certainement laissé une sensibilité particulière au niveau du foie (cholestérol et glycémie en particulier). Si vous ne prêtez pas attention à votre équilibre alimentaire, votre système digestif trop sollicité pourrait vous y contraindre. Si tel est votre cas, perdre quelques rondeurs ne serait sans doute pas négligeable sur le plan de la santé, et vous pouvez échanger les plaisirs de la table contre ceux de la création, pour votre plus grande joie et celle de vos amis.

Cancer

Ayant vécu plusieurs existences rudes, axées sur la survie de base, vous recherchez aujourd'hui un bonheur simple et quotidien et l'épanouissement de vos facultés émotionnelles. Il vous appartient d'en faire un sujet de méditation et de remettre en cause une volonté trop rigide, qui pourrait nuire à la pleine réalisation de votre projet.

L'existence qui est à l'origine des choix de vos conditions de naissance actuelle s'est déroulée dans un pays différent de la France. Les conditions de vie y étaient particulièrement arides et difficiles. Vous portez dans vos tendances latentes le souvenir de peuples qui ont connu la pauvreté ou l'exil, souvent involontaire. Ils ont eu à cœur de maintenir dans l'esprit de leurs enfants des traditions solides en mémoire de leur passé et de les élever dans le culte du devenir de leur groupe d'appartenance. C'est pourquoi vous avez vécu autrefois dans un sentiment de responsabilité collective tenace et dans la passion de défendre vos identifications familiales, ethniques ou religieuses.

Sans doute êtes-vous encore sensible au sort des peuples déportés et frissonnez-vous à l'idée que votre foyer puisse être détruit. Vous lui serez donc attaché(e) dans cette vie au même titre que vous l'avez été dans le passé. La lignée de votre mère, en particulier, possède pour vous une grande importance. Vous y puisez vos modèles, vos ressources, vos raisons d'être. Mais, contrairement à ce que vous pouvez penser, votre hérédité karmique se rattache plutôt à celle de votre père. Vous opérez, dans cette vie, un transfert de votre ancien modèle dominant (patriarcal et protecteur) vers un modèle plus sensible et plus affectif.

Il est douteux que vous désiriez retourner dans ces pays lointains à moins que vous n'ayez grandi, une fois encore, dans le culte d'une terre perdue. Vous retrouverez pourtant, avec une certaine nostalgie, des contrées comme l'Arménie, l'Afghanistan, le Tibet, ou même plus proches géographiquement, la Serbie ou la Macédoine.

En vous, quelque chose d'anglican refuse le désordre social, l'incertitude ou l'insécurité. Vous possédez un esprit rigoureux et droit. Vous appréciez par-dessus tout le respect de la morale et des règles de vie bien établies. Tout enfant, déjà, la vie ne vous apparaissait pas comme un terrain de jeu. Sans doute aviez-vous tendance à établir des barrières trop rigides entre ce qu'il était « normal » ou « anormal » de faire.

Les enfants qui naissent dans ces conditions gardent souvent un sentiment d'humiliation des rires de leurs camarades amusés ou irrités par leur excès de sérieux. Il vous faudra du temps pour sortir de ce comportement, nécessaire sans doute dans le passé, mais qui ne favorise guère l'accès au bonheur qui constitue l'une de vos aspirations dominantes dans cette vie.

Tout se passe comme si vous aviez renoncé à subir, en victime du sort ou du destin, le pouvoir que certains peuples ne cessent de vouloir établir sur d'autres. Vous vouliez un foyer, un vrai, solide et stable, dans lequel reconstruire des racines individuelles dans une sécurité affective retrouvée.

Si vos conditions de naissance ont justifié votre choix, vous n'aurez de cesse de reproduire les modèles et les comportements de vos parents, sans même vous en rendre compte. Ainsi, prolongerez-vous à l'identique les traditions de votre milieu natal. Si, au contraire, vous avez souffert des divisions ou des séparations familiales (assez fréquentes avec ce type de karma), vous avez eu ou aurez à cœur de maintenir à n'importe quel prix la paix du foyer que vous êtes venu construire.

Il arrive également que les peurs antérieures ou un sentiment exagéré de responsabilité empêche de construire le foyer auquel on aspire pourtant de tout son cœur. Rien ne sera, dans ce cas, assez stable, assez garanti, pour vous donner le sentiment que vous pouvez prendre le risque de le faire. Et pourtant, vous avez toutes les chances de réussir votre projet et, si c'est votre cas, vous devriez cesser d'hésiter. Évitez de comparer votre projet avec celui de vos parents, et sautez le pas. Vous avez bien assez d'humour (même à froid), de tendresse et de désir de bonheur à partager pour ne pas répéter un modèle qui vous paraîtrait décevant.

Le problème est que vous avez tendance à penser que tout sera toujours pareil. Vous fonctionnez sur le mode du « semblable à ». Vous avez tendance à comparer les expériences actuelles avec votre ancien vécu, et à vous enfermer dans un comportement figé de sécurité qui n'est plus de mise aujourd'hui. Vous pouvez affirmer également très fort votre différence de peur de subir des obligations que vous n'oseriez pas refuser. Mais c'est vous qui vous les imposez. Stop ! un peu de repos. Arrêtez d'accumuler les « pourquoi », les « comment », de tenir les comptes de vos frustrations et de vos déceptions, et tout ira beaucoup mieux.

Votre objectif est vraiment de réussir la construction d'un foyer heureux et de le maintenir, même au prix du sacrifice de votre réussite matérielle. Vous pouvez donc vous faire confiance sur ce plan. Vos maladresses sentimentales et une certaine rudesse de langage, que l'on a pu vous reprocher, cachent un cœur en or et de rares qualités de fidélité et d'engagement personnel. Ces dernières attirent vers vous des amis moins pointilleux que vous sur vos qualités car ils ne font jamais appel en vain à votre participation ou à votre compétence. Veillez simplement à ne pas proposer vos services au détriment de votre repos ou de vos besoins personnels. Il s'agit d'une vieille habitude, liée à des circonstances antérieures où l'entraide était une nécessité vitale. Vous arriverez un jour à vous convaincre que vous n'êtes plus aussi indispensable aux autres que dans le passé antérieur, et à accepter à votre tour l'aide que votre environnement sera heureux de vous apporter.

En bref, la charge de la vie des autres ne repose plus sur vos épaules. Vous pouvez vous permettre de sourire et de vous détendre. Cela vous évitera d'avoir mal aux genoux à force de vous prendre pour « Dieu, le Père », en personne. Vous abandonnerez ainsi ce sentiment d'une dette contractée vis-à-vis des personnes plus âgées de votre entourage et pourrez vous intéresser à elles et les aimer avec plus de sérénité.

Ce karma concerne toute votre existence et vous aurez tout le temps nécessaire pour apprendre à ouvrir votre cœur et retrouver la confiance dans la sécurité des jours qui passent. Quand vous aurez cessé de veiller jalousement sur le confort et l'avenir de vos enfants, vous pourrez enfin vous contenter d'ouvrir les bras pour accueillir ceux que vous aimez. Et vous ferez un grand-père ou une grand-mère remarquable.

Karma physique

Les personnes marquées par ce type de karma présentent fréquemment dans leur enfance des troubles de la digestion ou des intolérances alimentaires. N'aviez-vous pas trop tendance à vouloir plaire à Maman et à vous forcer à manger au-delà d'un appétit d'oiseau ? Vous avez intérêt à respecter un strict équilibre alimentaire et à apprendre à gérer le stress pour ne pas engendrer des troubles plus ou moins graves dans votre zone de somatisation privilégiée : l'estomac.

Comme nombre de personnes porteuses de cet indice, vous pouvez avoir tendance à alterner des phases de boulimie et d'anorexie, suivant votre état émotionnel. C'est un signal d'alerte qui devrait vous inciter à vous ouvrir à vos partenaires de vos difficultés au lieu de vous surcharger de responsabilités dans un silence stoïque et bien inutile. Faites-leur confiance pour les partager si c'est nécessaire. Vous éviterez ainsi de somatiser au niveau des genoux, qui resteront longtemps votre point faible.

Si vous voulez entamer un travail personnel, évitez la psychanalyse qui ne ferait qu'entretenir votre rigidité raisonneuse et préférez l'approche psychocorporelle qui convient bien à la dynamique lunaire. Le meilleur remède serait cependant de céder à votre net penchant pour le bonheur et la tendresse en recherchant des partenaires bien adaptés.

Lion

Cette position karmique induit une grande confiance en vous qui peut être acquise de naissance aussi bien que développée au fur et à mesure du déroulement de votre existence actuelle. Les chances qui vous sont données, et elles sont importantes, doivent servir de support à votre élévation de conscience et au cheminement vers une authentique connaissance de soi.

Le comportement aristocratique et la haute image de votre valeur personnelle, dont vous faites preuve dans cette vie, ont été engendrés dans des civilisations fortement marquées par une autorité centralisée. Les rois, ou les maîtres politiques des mondes dans lesquels vous avez vécu étaient garants de traditions autocratiques de longue durée. Avide de liberté, comme si vous aviez combattu ces principes monarchiques que vous estimiez contraires à vos propres aspirations, vous avez conservé l'habitude de vous affirmer par vos idéologies et de vous confondre avec elles.

Ces lieux de combats personnels restent vivaces dans votre esprit. Vous vous pencherez sûrement avec intérêt sur l'histoire et les révolutions philosophiques ou religieuses des pays d'Europe centrale, (notamment la Roumanie et la Russie), ou sur celles de la Suède ou du Chili. Si les circonstances de votre vie actuelle peuvent vous y conduire, vous ne vous sentirez vraisemblablement pas en terre étrangère.

Un très haut niveau d'altruisme ou d'idéalisme a mobilisé toute votre énergie dans une existence antérieure. Vous apparteniez alors au clan des rénovateurs ou des participants actifs à la vie sociale, dans le domaine de la loi ou de la politique. Vous pouvez encore aujourd'hui vous considérer comme le gardien d'une tradition libertaire permettant à tous les hommes de vivre dans la dignité et la liberté d'expression.

Mais les résultats semblent s'être révélés décevants. Vous n'avez pas obtenu la reconnaissance de vos entreprises ou le succès que vous en escomptiez. C'est pourquoi, vous avez décidé de recentrer votre nouvelle existence sur une meilleure approche de vous-même et la recherche de l'amour plutôt que de briller dans les hautes sphères de la société.

Vos atouts personnels vous permettent pourtant d'atteindre un certain niveau de représentation sociale. Vous disposez d'une intelligence synthétique et déductive soutenue par de brillantes intuitions et d'une certaine facilité de persuasion quand vous vous passionnez pour les causes que vous défendez. Vous ne manquez ni de charme ni de magnétisme. Si vous vous en méfiez, c'est que vous redoutez, à juste titre, de vous perdre dans les sphères du prestige intellectuel. Vous savez déjà instinctivement que la vraie valeur d'un individu ne repose pas sur ses titres ou ses diplômes.

Le groupe social ou amical représente pour vous le plus haut niveau d'accomplissement relationnel que l'on puisse souhaiter. En cas de réussite, vous n'hésiterez pas à entraîner dans votre ascension les personnes qui vous ont manifesté leur fidélité et leur dévouement. En outre, la collectivité vous rendra naturellement dans cette vie ce que vous lui avez donné dans d'autres existences. Vos centres d'intérêts vous portent naturellement vers la vie associative, que vous y adhériez spontanément ou qu'elle vienne vous solliciter.

La difficulté que vous pourriez rencontrer dans vos interventions publiques proviendrait d'une mauvaise gestion de votre liberté d'expression innée. Il existe, en vous, une forme d'exclusion des autres et un orgueil de votre différence peu compatible avec la réalisation de vos ambitions. Vous possédez pourtant une acuité intellectuelle qui peut attirer vers vous des partisans fidèles. Mais il importe, pour votre équilibre social, de ne pas jouer les contre-pouvoirs lorsque votre désir de plaire ne rencontre pas d'écho auprès d'interlocuteurs à position sociale élevée que vous avez tendance à rechercher pour maintenir vos propres images de prestige personnel. Inutile d'entrer avec eux sur le terrain de la concurrence. Ce n'est pas votre projet dans cette vie et vous ne feriez qu'entretenir, à votre détriment, les inimitiés durables que vos brillantes répliques ont tendance à susciter. C'est à vous, dans ce cas, de faire les premiers pas d'ouverture vers les autres, pour recueillir les bénéfices de votre implication sociale des vies antérieures et ne plus en subir les conséquences négatives. Vous sortirez d'autant plus facilement d'un éventuel sentiment d'échec et d'isolement que vous accorderez moins d'importance aux échanges purement intellectuels et que vous aurez à cœur d'enrichir vos relations personnelles.

Votre projet de vie porte surtout sur l'éveil du système sensoriel et l'ouverture à la conscience du corps. Cela vous permettra également d'axer votre attention sur la réalité de votre vécu. C'est une condition nécessaire pour que votre rééquilibrage affectif et relationnel vous conduise vers la compréhension de ce que les grandes traditions appellent la « Voie de la sagesse ».

Ces nouveaux comportements relationnels vous apparaîtront vite comme une nécessité vitale. Vous devrez simplement veiller à ce que ce recentrage de conscience ne renforce pas une tendance natale assez accentuée à l'égocentrisme. C'est pourquoi il est important, même si c'est dans la seconde étape de votre vie, de restituer à la collectivité ce que vous avez déduit de vos expériences intérieures et d'éviter ainsi de vous enfoncer dans un sentiment d'isolement souvent pénible. Vous aurez alors compris comment une personnalité authentiquement autonome ne se laisse pas détourner de sa voie par le succès mérité qui vient couronner des interventions ou des œuvres marquées par le sceau de la maturité psychologique et spirituelle.

Le chemin le plus rapide serait de vous interroger sur le sentiment de solitude qui vient fréquemment assombrir vos états d'âme. Cette solitude intérieure est le lot de toutes les personnes en quête d'une meilleure définition individuelle. C'est à vous de ne pas en faire un handicap dans vos relations en exigeant la reconnaissance des autres dans l'absolu pour combler un éventuel sentiment de vide ou d'inexistence.

Par ailleurs, le sens de la différence que vous avez apporté avec vous constitue la meilleure voie sur le chemin de la Sagesse, si vous apprenez à respecter, et même à apprécier celle des autres. Vos relations s'enrichiront donc d'autant plus que vous vivrez en paix en vous-même. Une autonomie renforcée, enrichie de chaleur humaine et de rayonnement personnel, ne peut que favoriser des rencontres de plus haut niveau relationnel avec ceux qui cherchent, comme vous, à s'établir dans la maîtrise de leur vie.

Karma physique

Dans la mesure où vous n'avez guère tendance à vous épargner physiquement, des conseils visant à épargner votre énergie vitale (même venant d'un médecin) pourraient vous paraître superflus ou malvenus, mais votre désir de vie active est trop important pour prendre le risque de dégrader un état de santé dans l'ensemble assez fragile. L'Axe du dragon dans votre thème natal traverse en effet la zone zodiacale qui gouverne le système cardio-vasculaire. Mieux vaut éviter dans votre cas de trop fonctionner sur la résistance et le stress et prendre le temps du plaisir de vivre qui convient mieux à votre projet de vie. Cette signature nodale tend également à accentuer une certaine fragilité ligamentaire ou osseuse des chevilles qui peut se révéler lorsque vous avez le sentiment de faire des entorses… à votre intégrité.

Vous auriez également intérêt à ne pas trop alterner l'image de la force invisible d'un lion rugissant et celle de la faiblesse extrême d'un enfant que tout le monde doit prendre en charge. Vos désespoirs, liés à vos chutes d'images, peuvent devenir avec le temps aussi spectaculaires que vos réussites personnelles mais les autres n'en seront pas dupes longtemps. Si cela vous arrive, mobilisez un peu votre cœur de Lion. Adoptez vite un nouveau projet qui relance votre énergie et votre état de santé redeviendra aussi florissant qu'auparavant.

Vierge

Votre objectif dans cette vie est de vous ouvrir à votre vérité intérieure et d'établir les contacts les plus clairs possibles avec vous-même et avec les autres.

La vie à l'origine des choix de la présente existence s'est déroulée dans un pays différent de votre pays natal. Vous aurez tendance à franchir les mers et traverser les continents pour le retrouver, car les souvenirs inconscients qui vous habitent sont synonymes de paix, de vie quotidienne tranquille et de sérénité intérieure, de contemplation et d'acceptation des choses. Ils correspondent aux paysages des Antilles, de l'Amérique centrale, de la Thaïlande ou de l'Afrique de l'Ouest. Sans doute rêvez-vous également de méditer dans le désert. En France, n'hésitez pas à visiter la Normandie ou l'ancienne Catalogne dont l'environnement social et architectural correspondent à d'anciennes impressions inscrites dans votre mémoire. Vous êtes particulièrement sensible à ces réminiscences qui apparaissent lorsque vous entrez en contact avec des objets ou des situations que vous avez déjà rencontrés, et vos souvenirs vous orienteront spontanément vers des lieux qui évoquent pour vous la sérénité et le calme d'une vie de méditation qui correspond encore, dans cette vie, à vos objectifs profonds.

Vos existences précédentes vous ont, en effet, doté(e) d'une certaine aptitude à la contemplation, à la distanciation ou à l'approche sans crainte des choses de la mort et de l'au-delà. Veillez, pourtant, à bien rester les pieds sur Terre car votre aptitude innée à explorer les dimensions secrètes de l'être pourrait vous éloigner des réalités plus concrètes de votre projet de vie actuel.

Ces tendances latentes marquées d'un sentiment profond du sens du sacré vous ont doté(e) de naissance d'une certaine réserve, voire d'un retrait face à l'exubérance ou à l'agressivité de vos compagnons d'enfance. Elles vous portaient, et sans doute vous portent encore, à percevoir le monde tel qu'il est plus qu'à vous y affronter. Vous n'aimez pas les bavardages inutiles et vous vous intéressez davantage à la vérité des êtres qu'aux réussites mondaines. Tout cela constitue en soi de remarquables qualités spirituelles, mais ne facilite guère l'accession à des situations sociales représentatives.

Le temps couronnera certainement de succès vos efforts de communication car votre projet de vie porte à établir un contact aussi vaste que possible avec vous-même et avec les autres. Servez-vous de ce désir d'authenticité pour exprimer votre ressenti avec simplicité. Cela vous permettra de clarifier ce monde d'impressions que vous avez du mal à traduire en mots, même si votre niveau de sincérité est indéniable. Trop de silence, d'effacement personnel, d'interdits de paroles ou de négation de soi ont accompagné vos vies antérieures et votre retour dans le monde de l'affirmation concrète implique de votre part un certain effort et une certaine volonté. Mais vous disposez dans ce sens d'un atout de poids : un esprit doué d'une grande acuité de discernement.

Vous êtes très perméable aux ambiances, et vous devinez sans doute davantage les motivations de votre entourage que vous ne communiquez avec lui. Votre éducation s'est faite plutôt par mimétisme et imprégnation d'expériences successives qu'en épousant les modèles de votre environnement. Ainsi, même si vous avez cédé à la tentation, fréquente dans ce projet, d'imiter ceux qui vous semblaient communiquer facilement avec les autres, vous avez certainement compris à l'âge adulte que vous y perdiez inutilement votre inspiration, votre sensibilité et votre vérité intérieure qui représentent vos meilleures qualités humaines sinon relationnelles.

Vous risquiez en effet de basculer du monde du silence intérieur à celui du jugement basé sur des apprentissages intellectuels mal maîtrisés. Plus vous vous exprimerez directement et simplement, sur la base de votre vécu quotidien et de votre expérience intérieure, plus vous éviterez une erreur fréquente de compréhension de votre projet : définir vos rapports aux autres en fonction de l'opinion assez négative que vous avez de vous-même. Vous avez en effet tendance à vous mettre en rupture de contact pour protéger un sentiment excessif de pureté, caractéristique du signe de la Vierge. Ainsi, même si vous pouvez vous fier à vos premières impressions, il serait négatif de les projeter en jugements définitifs sur les autres, au risque d'ériger une barrière défensive permanente qui ne ferait que renforcer votre sentiment d'isolement. Vous construirez mieux votre individualité en acceptant de n'être pas, plus que les autres, un être immaculé qu'en basculant comme vous pouvez le faire de la recherche de la pureté au sentiment de souillure.

Votre équilibre et votre sentiment d'intégrité dépendent dans cette vie de votre aptitude à vous exprimer au grand jour, sans redouter les critiques et sans vous refermer comme une huître au moindre frisson de souffrance. Plus vous accepterez d'exister simplement avec vos failles et vos fragilités particulières, sans les transformer en drame existentiel, plus les grandes qualités intellectuelles et spirituelles de la Vierge trouveront en vous un terrain favorable où s'exprimer. Vous apprendrez ainsi à mieux accueillir les changements et les transformations que la vie peut vous proposer, et même à les rechercher pour entretenir cette grande vivacité d'esprit qui vous caractérise.

Ce nœud Nord oriente également votre intérêt vers les soins du corps, la nutrition et les arts manuels destinés à embellir la vie quotidienne. Si les éléments complémentaires de votre projet de vie sont favorables à cette disposition, vous pouvez également vous orienter vers la recherche et la maîtrise des énergies subtiles (attribut de votre régent karmique, la planète Mercure), et même aider les autres avec discernement à établir le contact avec leur propre intériorité.

Vous ne pourrez pas éviter cependant le questionnement sur le sens du service quotidien qui appartient à ce type de karma. Il peut vous être imposé par les circonstances de la vie, notamment si l'un ou l'autre des éléments complémentaires de votre projet de vie porte dans cette direction (régent quintile aux nœuds lunaires ou régent en maison VI ou XII). Cela vous permettra de découvrir comment le sentiment de votre propre utilité représente l'un de vos meilleurs atouts pour réaliser, au milieu des autres cette fois, cette quête de la sérénité à laquelle vous avez déjà consacré tant d'énergie dans d'autres existences.

Karma physique

Très sensible aux climats psychologiques et souvent trop en attente des réactions et des jugements extérieurs, vous avez tendance à vous replier sur vous-même et à somatiser vos difficultés relationnelles lorsque vous ne recevez pas une adhésion inconditionnelle de la part de votre environnement. Les troubles digestifs, qui constituent l'essentiel de vos problèmes de santé ne doivent pas être négligés, mais vous pouvez surtout constater à quel point une tendance hypocondriaque vous fait exagérer le moindre malaise et comment vos difficultés personnelles tendent à l'amplifier.

Il existe souvent, avec cet indice, des problèmes de statique vertébrale, une tendance à l'embonpoint et une certaine sensibilité aux atteintes amibiennes. Mais vous savez très bien réguler vos excès alimentaires et contrôler une trop grande facilité à « noyer » votre timidité dans l'alcool. Plus vous avancerez en âge, plus vous maîtriserez votre hygiène de vie au point de devenir un maître en la matière. La Vierge étant fortement désireuse de faire partager ses expériences, vous pouvez en faire un atout professionnel, sous réserve de donner vos conseils à bon escient et à qui vous les demande.

Balance

Vous êtes né(e) avec l'esprit d'un jeune capitaine, prêt à tenter l'aventure et qui s'avance avec courage sur le chemin de son existence. Au bout de la route, vous rencontrerez l'amour. C'est à vous de décider d'en faire un combat quotidien ou de vous établir dans la paix du cœur et l'harmonie de relations rénovées.

Dans d'autres existences, vous avez largement développé le sens bien maîtrisé du désir et de l'esprit de conquête. Vous avez pu le faire aussi bien dans la carrière des armes que dans l'art du guerrier que l'on appelle aujourd'hui les arts martiaux. Ce sens de l'aventure personnelle vous a doté d'un esprit sportif et entreprenant mais il n'est plus nécessaire dans cette existence de valoriser autant l'impulsivité et la virilité. Les résultats que vous obtiendrez dans vos choix de vie actuels sont à la mesure du sens de l'action plus ou moins juste que vous avez développé dans ces autres existences.

Vous venez de pays rudes où les hommes prouvaient leur valeur dans le combat et vous en avez gardé quelque chose dans votre comportement. Si les conséquences du karma vous ont fait naître dans une famille issue d'une tradition asiatique (Corée, Japon, Bornéo) ou anglo-saxonne (Allemagne, Grande-Bretagne entre autres), vous avez retrouvé dans votre foyer un climat assez proche de celui dans lequel vous avez baigné autrefois. On y marche droit, dans une moralité sans faille, et l'on est éduqué dans l'éthique naturelle d'un individu qui se respecte. Il est d'ailleurs fréquent que les porteurs de cet indice karmique naissent dans une famille qui compte parmi ses aïeux un militaire considéré comme une légende dans ce milieu.

Ce projet est également associé à des racines de personnalité forgées dans l'ancienne Judée et les civilisations archaïques de la Tasmanie et du Venezuela. Toutes ces expériences anciennes ont marqué votre personnalité d'un dynamisme et d'une volonté affirmés. C'est pourquoi vous n'hésitez pas, aujourd'hui encore, à prendre des risques et à réaliser spontanément vos désirs. Vous n'êtes pas quelqu'un qui attend la bonne volonté ou la disponibilité des autres : vous passez aux actes immédiatement. Un tel comportement peut avoir un aspect séduisant et cela vous aidera sûrement à conquérir des affections fidèles et à assurer, *manu militari*, votre réussite sociale. Les autres savent qu'ils peuvent compter sur vous : vous vous affirmez dans vos choix, vos attirances ou vos répulsions sans ambiguïté. Vous savez appréciez la réalité de vos désirs aux résultats qu'ils produisent.

Avec une telle hérédité karmique, un homme tire souvent mieux son épingle du jeu qu'une femme, mais quel que soit votre sexe de naissance, il vous appartient de quitter la sphère ancienne des batailles et de l'instinct physique pur, pour vous orienter vers une approche plus affective des autres.

Si cette vie passée fut marquée par de grands combats, vous en abordez un, plus personnel, plus intense, qui vaut la peine d'être conduit à terme. Il vous suffit pour cela de décider d'apprendre à vous relier aux autres sur le mode du sentiment et de vivre en contact avec vos sensations pour restaurer un équilibre relationnel perturbé par les pulsions trop individualistes du passé. Vous pourrez mieux mesurer le travail à accomplir dans ce sens en vous référant à l'analyse de votre régent Nord, la planète Vénus.

Si Mars est rétrograde dans votre thème natal, votre ancienne impétuosité a pu vous entraîner à des actes physiques dommageables aussi bien contre les autres que contre vous-même. Il en reste des traces dans votre inconscient mais vous avez décidé de comprendre tout cela et d'en faire un combat de libération dans la vie actuelle. Ainsi, vous apprendrez à travailler sur les peurs, parfois traumatisantes, qui sont demeurées inscrites dans votre mémoire. Vous trouverez, au chapitre des rétrogradations, des conseils pour sortir des impasses de la violence du passé et rétablir l'harmonie de vos relations avec les autres. N'est-ce pas, en fait, ce que vous recherchez en priorité dans cette vie ?

Vous avez décidé, avant de naître, de développer votre équilibre relationnel à travers toutes sortes d'échanges épanouissants. C'est pourquoi les autres ont, pour vous, plus d'importance que vous ne le croyez, même si vous devez mettre un certain temps à le reconnaître. Tout ira donc mieux dans vos relations quand vous aurez appris à apprécier, à sa juste valeur, la place de vos partenaires affectifs ou sociaux. Il vous suffit pour cela d'arrêter de foncer dans les expériences que vous appréhendez avec un bel appétit vital, et de prendre le temps de réaliser l'un des projets les plus épanouissants et les plus humains qui soient. Plus vous serez d'accord pour entrer en contact avec les autres et les considérerez comme de bons compagnons de voyage, plus vous les apprécierez dans leur réalité quotidienne et pourrez améliorer votre dynamique de communication et votre accomplissement personnel. Cela vous permettra d'accéder en profondeur à vos véritables désirs et à vos pensées, et de les exprimer plus clairement et plus simplement.

Vous découvrirez ainsi que l'axe Bélier-Balance, sur lequel vous travaillez, constitue un véritable projet spirituel : les autres vous renvoient sans cesse à vous-même comme si vous vous regardiez dans un miroir. Ils vous permettront, avec la patience acquise dans le temps, d'agir de plus en plus justement en reconnaissant en profondeur la moindre de vos réactions. Vous accéderez ainsi à ce « chemin du juste milieu » si précieux dont parlent les écritures chinoises, dans l'équilibre de l'être et la plénitude d'une vie intérieure de plus en plus riche et profonde.

Vos compagnons de vie vous inspireront chaque jour davantage pour accomplir cette voie de l'amour. Vous en viendrez un jour à les considérer comme des guides secrets et bienveillants qui ont semé votre chemin d'expériences vous conduisant vers une véritable interrogation sur le sens intérieur de la rencontre et des lois qui la gouvernent. En bénéfice secondaire, vous découvrirez également à quel point un comportement généreux et ouvert favorise l'accès aux autres et toutes les joies personnelles que vous pouvez tirer de relations libres et épanouissantes.

Sur le plan psychologique, ce projet de vie accroît les possibilités conscientes de distanciation et d'affirmation. Il permet à terme de mieux se situer dans son espace personnel tout en respectant celui des autres.

Certaines personnes vont si loin dans ce projet qu'elles accèdent à une clarté intérieure, faite de silence et d'ouverture à autrui. Elles développent ainsi le sens de la contemplation qui constitue l'enjeu spirituel de votre projet de vie. Capables de rencontrer les autres tels qu'ils sont, leurs semblables en tous points, et pourtant reconnus comme différents d'elles, elles parviennent spontanément à la capacité d'individuation nécessaire pour entrer dans le chemin de la connaissance de soi.

C'est pourquoi, il est important de vous interroger sur les comportements relationnels très exigeants qui peuvent encore vous séparer des autres. Veillez particulièrement à ne pas les considérer exclusivement comme des objets de satisfaction personnelle en prenant conscience de votre tendance à les annexer trop rapidement dans vos projets et vos objectifs.

On a dû déjà vous dire que vous manquiez de tact et de diplomatie. Vous êtes comme un enfant impétueux, avide de partager ses goûts et ses jeux. Vous misez trop sur votre charme inné et vos qualités spontanées de cœur qui ont beaucoup joué en votre faveur dans le passé. Si vous voulez avancer vers la connaissance intérieure, ces grandes qualités ne doivent plus être utilisées pour entretenir en vous l'ignorance et l'irresponsabilité vis-à-vis de vos actes et de leurs conséquences.

Il s'agit bien dans cette vie de cesser de retourner contre les autres ces tendances agressives des vies antérieures et de fédérer autour de vous de nombreux amis avec lesquels vous pourrez, si vous le désirez, développer des projets et des échanges constructifs, notamment dans le cadre associatif. Un mariage réussi ne constituerait pas obligatoirement la preuve de votre évolution en ce domaine, mais il y participe le plus souvent. Tout dépend de la nature de votre projet de vie en maison.

Karma physique

Des problèmes de santé touchant la région lombaire et les reins doivent être analysés sous l'angle d'une position relationnelle mal vécue ou d'une contradiction interne vis-à-vis de votre projet.

Dans cette vie, si la solitude vous pèse trop, vous aurez tendance à entraîner de façon excessive vos partenaires dans ce qui ne concerne que vous. Vous ne pouvez à la fois affirmer vos désirs comme vous le faites et vivre avec les autres dans le climat d'harmonie dont vous rêvez. C'est d'ailleurs tout le défi de votre projet et ce combat interne peut se révéler passionnant.

Si vous voulez éviter la répétition des petites misères physiques qui vous empêchent de marcher droit et à votre rythme, c'est à vous de mieux vous situer dans ce que vous attendez de vos relations et dans ce que vous pouvez véritablement donner sans vous perdre pour autant de vue. Les autres vous aiment dynamique et il est douteux qu'ils recherchent auprès de vous autant de calme attention et de sollicitude que vous aimeriez en recevoir pour vous-même. Parlez-en avec eux simplement et ils vous rassureront sur l'amour et la sympathie qu'ils vous portent. La certitude acquise de l'affection de vos proches vous renverra bien vite à votre besoin d'action, vos sports de compétition et vos plaisirs personnels sans qu'il soit nécessaire pour cela de vous « casser les reins ».

À l'inverse, chez certaines personnes, la difficulté de rencontrer les autres simplement, sans combat et sans querelles inutiles, peut provoquer des réactions somatiques migraineuses (trop malade pour se battre encore) ou des troubles visuels, particulièrement dans les périodes de stress. Ces derniers résultent d'un combat entre le besoin de liberté et d'action individuelle et une trop grande demande d'acceptation.

Ce comportement mal géré subsistera tant que vous n'aurez pas découvert votre place et votre rôle justes dans le cadre de relations saines et décontractées. Cela peut se jouer aussi bien dans le domaine social que familial.

Dans l'ensemble, cette position karmique évoque plutôt un tonus de bon poids. Les risques majeurs relèvent, le plus souvent, d'un désir de trop briller dans le domaine physique. Si vous êtes sujet(te) à des accidents répétitifs, essayez de mieux mesurer vos dépenses énergiques en cessant de jouer au « Tarzan » que vous n'êtes plus.

Scorpion

Vous avez passé la vie qui est à l'origine de vos choix actuels à tenter d'organiser un monde de stabilité et de sécurité autour de vous. Vous avez développé ainsi un caractère très affirmé et des positions quelque peu défensives sur le plan de vos convictions philosophiques ou sociales. C'est ce comportement qui a bloqué votre évolution dans d'autres existences. Vous avez décidé de remettre en cause des certitudes excessives en vous confrontant directement à l'impermanence des choses et aux conséquences de votre fixité intérieure.

Vous avez vécu dans d'autres existences dans des pays où l'on s'enrichissait facilement par le grand négoce. Sans doute rêvez-vous encore des grandes routes des caravanes d'Orient ou des riches ports d'escales et d'échanges du Nord de l'Europe. Vous trouviez également votre paix et votre sérénité en face des vastes étendues agricoles, qui évoquent l'abondance, la continuité des saisons et la sécurité du lendemain. Dans le monde d'où vous venez, chacun vivait pour soi et si les guerres et les destructions étaient fréquentes, les possédants s'en sortaient toujours mieux que les autres.

Que vous ayez été négociant de la Hanse (en Allemagne ou en Hollande) ou propriétaire terrien, armateur d'un navire de commerce grec ou épouse d'un bourgeois bien établi dans une province florissante, la fête quotidienne d'une table richement garnie et les rires d'une famille nombreuse et unie autour des mêmes objectifs valaient pour vous toutes les royautés.

Le personnage dont vous êtes l'héritier a largement profité des bienfaits de la Terre et cela était juste car c'était son projet. Ainsi avez-vous reçu dans le passé ce qui vous manquait. Cela vous permet d'orienter votre vie actuelle vers des préoccupations moins concrètes.

Comme une roue qui avance toujours dans la même direction, vous avez rapporté avec vous des croyances qui vous poussent à aligner le monde sur votre vision des choses. Dans votre esprit, il n'existe qu'une seule vérité possible : celle que vous connaissez déjà. Votre mental trace son sillon personnel avec une belle obstination. Tout cela fait de vous une personne qui peut devenir facilement agressive et cassante lorsqu'on la contredit. C'est dommage, car vous disposez de qualités humaines remarquables quand vous vous sentez en sécurité. Vous prenez alors plaisir à accueillir les autres avec bienveillance et à développer au plus haut niveau votre sens inné de la convivialité. Vous avez beaucoup protégé, nourri, aidé matériellement les autres autrefois, et vous avez tendance à continuer à le faire. Il existe en vous une sorte d'instinct paysan qui vous incite à partager agréablement les produits de la terre.

Cet instinct vital, solide et ancré dans la réalité constitue votre meilleur guide. Cependant, si vous l'utilisez pour contrôler sans cesse votre vie et celle des autres, il se transformera en besoin excessif de pouvoir qui peut se retourner contre vous. En imposant vos croyances à ceux qui vous sont chers, vous les empêchez d'apprécier ce que vous pouvez leur offrir de mieux : une terre fertile et solide sur laquelle ils pourraient se reposer, s'ils en ont besoin. Vous-même, vous avez intérêt à vous ressourcer autrement que dans les nourritures terrestres ou les affirmations immuables. Et pour cela, il était nécessaire de changer votre vision de la vie et du monde. Votre projet est courageux, car vos réactions instinctives tendent à rechercher encore cette stabilité des biens matériels et des convictions avérées.

Dans votre personnalité, les racines des vies antérieures constituent un arbre massif et vivace dont vous pouvez redouter de perdre quelques branches. Quel que soit l'objet de votre attachement, ce dernier engendre une forme d'entêtement à conserver ce que vous croyez vous appartenir. Pourtant, vous avez choisi de laisser entrer dans votre existence le vent du changement même si vous devez pour cela résister de toutes vos forces avant de reconnaître cette réalité inéluctable : rien n'est immuable. Vous ne pouviez sans risques pour votre évolution continuer à conjurer les mouvements naturels de la transformation.

Votre projet actuel vous conduira donc à lâcher beaucoup de ces repères qui ont conditionné votre approche du monde dans le passé au profit de nouvelles références plus personnelles et plus intériorisées. Cette évolution peut se jouer sur deux modes différents, le plus souvent complémentaires dans leurs effets karmiques : soit la remise en cause par la vie des objets de votre attachement matériel, soit la perte des certitudes sur lesquelles vous avez trop fondé vos existences passées.

Si vous voulez éviter que le choc ne soit trop rude, méfiez-vous de cette tendance à établir des projets personnels qui ne laissent aucune place à l'imprévu (et souvent à la chance). Le monde ne se plie pas obligatoirement à vos raisonnements, et la logique interne des événements n'est pas toujours analysable et contrôlable dans l'absolu. Vous pouvez repérer par vous-même à quel point des choix orientés constamment vers la sécurité finissent par produire des conflits relationnels répétitifs et, pire encore, un ennui pesant.

Les circonstances de votre vie actuelle doivent vous conduire à renoncer à ce contrôle ou à ce besoin de sauver ce qui ne peut que s'éloigner ou disparaître. Vous pouvez vivre ces deuils successifs sans trop d'angoisse en décidant de rechercher d'autres valeurs moins matérialistes et d'orienter votre esprit sur le sens des expériences rencontrées. C'est ainsi que vous apprendrez, avec le temps, à vous adapter avec plus de souplesse au changement.

Ce choix de vie étant le vôtre, évitez, si vous le pouvez, de vous laisser envahir par une amertume qui vous conduirait à renoncer par obligation plus que par réel lâcher-prise, à la maîtrise de votre environnement affectif ou social. Plutôt que de dénoncer l'inéluctable ou de vous révolter devant la nécessité d'abandonner des projets qui vous tiennent à cœur, essayez de comprendre que vous auriez intérêt à développer d'autres moyens d'action, une vision plus juste de la réalité du monde, et à vous ouvrir à des opportunités sociales ou affectives plus mobiles, donc plus dynamiques. Cela vous permettra de mieux tirer parti de votre liberté retrouvée.

Si vous ne parvenez pas à réaliser cette mutation mentale, vous risquez de vous accrocher aux branches mortes de votre arbre de vie. Cela ne ferait qu'accroître vos tendances inertielles et vous porterait à évoluer à rebours, c'est-à-dire jusqu'à l'immobilisme, dans l'objectif d'une protection défensive assez dérisoire.

Il ne s'agit pas de subir des pertes avec stoïcisme mais d'apprendre à faire le deuil de vos obstinations et de vos croyances en comprenant comment elles nuisent à l'évolution de votre personnalité. Nul n'essaie de vous obliger à quoi que soit, mais quelque chose en vous s'efforce sans cesse de maintenir un cap qui n'a plus de sens, comme si vous vouliez réaliser des rêves en dehors du terrain de la réalité qui vous entoure. En évitant de vous accrocher à votre gouvernail, vous permettrez à votre instinct de vie de vous conduire vers d'autres paysages. Sinon, vous passerez votre vie à lutter, en vain, contre ce qui s'oppose à votre volonté et vous finirez par vous convaincre que quelque chose s'acharne contre vous. Il n'en est rien mais aucun événement ne peut vous obliger à aborder la remise en mouvement du mental devenue nécessaire dans cette existence : c'est vous qui en déciderez, ou elle n'aura pas lieu.

En revanche, si vous analysez mieux les conséquences de votre façon de penser dans les échecs relationnels ou sociaux que vous rencontrez, tous les choix de votre existence subiront le choc dynamique de la mutation qui en découlera. Vous ajouterez de la lumière et de l'amour dans vos relations en ouvrant la porte à l'imprévisible et en vous dégageant de cette lourdeur inconsciente et omniprésente qui vous encombrait. Vous reconnaîtrez alors le pouvoir bien relatif des êtres humains sur le cours de leur vie et de leur destin, et vous vous donnerez le droit de réaliser vos rêves et vos talents. Vous découvrirez que la stabilité intérieure ne dépend pas de l'issue de votre combat personnel, et vous cesserez de rechercher aussi désespérément des preuves de votre existence dans le monde extérieur.

Vous pouvez donc, dans cette vie, développer une démarche intérieure de plus haut niveau que celle de votre vie précédente.

L'oiseau Phénix de la légende est votre modèle sur cet itinéraire très particulier. Bien des personnages célèbres du passé ont connu cette transmutation qui les a portés vers des révélations insoupçonnables sur la nature de l'énergie, de l'illusion et du rêve. Après avoir opéré le deuil de leurs croyances anciennes, ils ont restitué ces découvertes en devenant, par exemple, analystes de l'âme humaine, enseignants de la voie de l'énergie ou guérisseurs. D'autres personnes, après avoir rencontré l'expérience de la mort d'un proche, se sont orientées vers l'écoute et l'aide aux personnes en difficulté ou aux mourants. Elles ont ainsi découvert le plaisir d'une vie plus riche en investissements personnels et en initiatives.

Vous aborderez d'autant plus facilement ce travail de connaissance de soi que votre projet de vie porte à l'introspection et à une bonne gestion des conflits entre sécurité et création ou recréation personnelle. Quand vous serez parvenu à ce stade, veillez simplement à ce que vos vieux comportements d'insécurité ne reprennent pas la barre en exigeant, par exemple, de vos proches qu'ils épousent à leur tour ce chemin qui n'appartient qu'à votre propre projet de vie. Ce n'est pas le leur et vous avez tout à gagner à cesser de leur imposer vos propres certitudes. Ils ne vous en apprécieront que davantage quand ils auront le sentiment de pouvoir partager librement votre vie sans se sentir obligés en quoi que ce soit.

Le prix à payer est donc celui de la perte d'une illusion qui a trop longtemps freiné vos pas sur le chemin de la découverte de soi. Il vous appartiendra dès lors d'accéder à cette vision dépassionnée du monde qui constitue l'aboutissement de votre projet de vie. Si vous y parvenez, vous pourrez vous orienter sans risques psychologiques vers l'exploration des énergies subtiles, dont la recherche vous est ouverte dans la présente existence.

Si le maître de vie antérieure, Vénus, est rétrograde dans votre thème natal, ce chemin de libération et de transformation est inscrit dans votre karma comme une obligation. Dans ce cas, vous trouverez au chapitre consacré aux rétrogradations des régents des conseils utiles pour mener à terme la mutation de personnalité la plus fondamentale qui soit.

Karma physique

L'Axe du dragon qui traverse votre thème natal du Taureau au Scorpion concerne toute la chaîne vertébrale, des cervicales au coccyx. Tout sens exagéré de la responsabilité aussi bien qu'une résistance inconsciente au changement risquent de rejaillir sur ce plan. Évitez, si vous le pouvez, de « porter le monde » sur votre dos, et vous aurez moins d'arthrose ou de cervicalgie.

En outre, les remises en cause assez contraignantes imposées par votre projet de vie et la force du refus que vous êtes susceptible de leur opposer peuvent accentuer, si elles existent, les tendances dépressives du thème natal. Cela peut se produire en particulier si l'un de vos régents (Vénus, Mars et Pluton) est rétrograde ou figure en maison VIII ou XII. Dans ce cas, il serait nécessaire, en période de crises ou de doutes trop importants, de consulter un spécialiste afin de faire le deuil des expériences passées que vous avez tendance à accumuler comme autant de raisons de combattre un destin contraire.

Surveillez également votre régime alimentaire : le personnage ancien était plutôt un gros mangeur et, selon la position de Vénus dans le thème natal, votre thyroïde peut éventuellement présenter des dysfonctionnements qui accentueraient une tendance innée à l'embonpoint.

L'axe est également caractéristique des problèmes de fécondité, qu'ils vous touchent directement ou proviennent de votre partenaire. Vous avez ainsi intérêt à vous faire examiner par un spécialiste si votre couple ne parvient pas à avoir d'enfants. Il s'agit rarement d'un symptôme médical pur, mais vous ne pouvez assumer votre descendance que dans la sécurité et la tendresse partagées. Par ailleurs, vous pouvez attirer inconsciemment à vous des partenaires qui présentent certaines difficultés au niveau de la conception. Vous éviterez cela, dans toute la mesure du possible, en ne choisissant pas, pour partager votre vie, une personne dont l'axe des nœuds serait inversé par rapport au vôtre (nœud Sud en Scorpion).

Sagittaire

Le meilleur terrain de développement pour votre projet est celui de l'éducation. Ce serait une profession idéale pour parvenir à une meilleure maîtrise de vos capacités de communication. Cependant, tous les domaines professionnels qui font appel à la qualité de la parole, au sens de la conviction et à l'expérience de la réussite et du pouvoir vous permettront de vous interroger sur votre véritable but vital : découvrir le sens de votre incarnation et la façon dont vous choisissez vos différents rôles et projets.

Les vies qui sont à l'origine des choix de votre existence actuelle ne se sont pas déroulées en France. Sans doute aurez-vous tendance à franchir les mers et les continents pour en retrouver le climat, car les souvenirs inconscients qui vous habitent sont faits d'échanges vivants avec des frères ou des amis proches, d'adhésion simple et tranquille aux idéaux du milieu social, de jeux, de rires et de légèreté. La personne dont vous détenez l'héritage karmique, désireuse de rester unie à ceux qu'elle aimait, ne s'est guère posé de questions existentielles. C'était comme un temps de vacances dans lequel la spontanéité, la créativité et la joie de vivre suffisaient à remplir les journées. Il peut s'agir d'une existence d'enfant dont le choix n'était pas d'atteindre l'âge adulte.

Dans ce temps-là, la recherche spirituelle ou les interrogations métaphysiques ne vous concernaient guère. Le monde était ainsi : il y avait des lois, des règles sociales bien définies, des nantis, des miséreux. Vous étiez un personnage qui réagissait spontanément par adhésion ou par révolte. Bien inséré ou en rupture de ban, cela ne faisait pour lui guère de différence. Il était capable d'alterner les deux positions sans traumatismes particuliers. Il s'affirmait par lui-même et avait un sens instinctif de la liberté. Il jouait avec ses cartes à sa guise, en évoluant au jour le jour à travers les expériences rencontrées. Sa personnalité était plutôt extravertie. Il aimait les échanges rapides et sans lendemain, l'imprévu, l'art, la musique ou le théâtre.

Souvent, les circonstances de la vie nous amènent à revenir sur nos pas comme pour réviser les empreintes qu'ils ont laissées dans notre mémoire. Chez vous, ces tendances anciennes ont profondément marqué votre forme d'esprit et sont particulièrement vivaces. Vous pouvez ainsi rêver des vastes étendues libres et sauvages des États-Unis ou de l'Australie, ou apprécier l'esprit créatif et architectural des anciennes provinces des Flandres et du Brabant. La forme de votre esprit a été marquée dans le passé par une haute tradition ancestrale qui fixe à chacun une place ou un rôle définis. Vous retrouveriez un tel modèle de vie en visitant des pays comme l'Italie du Sud ou la Sardaigne, l'Égypte, l'Éthiopie ou le Soudan.

Dans tous les cas, ce sont des souvenirs qui vous attirent vers ces lieux. Ils peuvent vous faire adhérer spontanément à leur mode de vie ou provoquer en vous des répulsions inexplicables. Vous avez rapporté de ces époques plus ou moins lointaines une forme de talent inné dans un domaine d'expression artistique, graphique ou intellectuel. Il y a encore en vous du bateleur ou du comédien. Il vous appartient de ne pas laisser dépérir ces dons, particulièrement si ces anciennes aptitudes se sont révélées spontanément dès votre enfance. Ne les négligez pas, car, dans la continuité des vies, un talent bien cultivé peut se transformer en génie.

Si votre destin s'est orienté vers d'autres modes d'expression, vous pouvez encore tirer le bénéfice de ces anciens centres d'intérêts en les appliquant à divers domaines d'expériences professionnelles. Un ancien comédien, par exemple, dispose par son art de la diction et du geste, d'atouts précieux pour une carrière d'avocat ou d'homme politique. Un ancien bateleur de foire révélera toutes ses capacités dans une activité d'animateur. Si votre projet de vie s'y prête, vous pouvez donc choisir de renouveler votre ancienne passion en amateur ou la développer dans la profession de votre choix afin d'élever votre niveau de pratique jusqu'à l'excellence. La renommée que pouvez atteindre dépend cependant de la position en maison de Jupiter, votre régent Nord.

Vous ne jouerez pas un rôle identique à celui du passé, mais le mérite acquis dans vos vies antérieures favorise la rencontre avec des partenaires ou des associés qui peuvent apprécier vos talents et soutenir vos projets. Le plus souvent, les personnes porteuses de cet indice retrouvent dans l'une ou l'autre de leurs lignées familiales de semblables prédispositions artistiques ou intellectuelles. Si tel a été votre cas, veillez à ne pas rejeter le support précieux que vos proches peuvent vous apporter sous prétexte d'affirmer votre différence. Dites-vous, pour cela, que vos hésitations à aborder une ambition de plus haut niveau ont plus à voir avec des difficultés de croissance intérieure qu'avec les éventuels conflits que vous avez rencontrés dans votre milieu natal.

Votre liberté d'expression peut, en effet, être freinée par la peur du rejet que susciterait une affirmation de vos idéaux. Dans ce cas, c'est que vous avez mal vécu les conséquences de votre mobilité d'esprit antérieure et vous pouvez penser que les personnes auxquelles vous tenez ne supporteraient pas de vous voir vous éloigner d'elles dans vos modes de pensée ou de vie.

Beaucoup de personnes porteuses de ce projet manifestent également une tendance inconsciente à se comparer à un membre de leur fratrie qu'elles estiment mieux traité ou mieux accepté par leurs parents. Vous pouviez penser, dans votre enfance, que vous étiez trop insuffisant à leurs yeux, pour être apprécié comme vous le désiriez. Si tel était votre cas, vous risquez de passer votre vie à pleurer sur la tristesse de la séparation et à rechercher des attachements définitifs qui vous échapperont toujours. Cette tendance sera accentuée si Mercure, votre régent Sud, était rétrograde à votre naissance (voir en fin d'étude les transformations à mettre en œuvre pour retrouver votre équilibre relationnel).

Vous êtes également prédisposé(e) à définir vos rapports avec les autres en termes de joie de vivre, d'absence de conflits et de recherche de fusion, ce qui n'est guère dynamique sur le plan de l'évolution personnelle. Vos images de vous-même, négatives ou positives, se sont forgées en fonction des résultats affectifs et de la reconnaissance obtenus. Mais les autres peuvent apprécier votre personnalité sans la comparer pour autant à des concepts relationnels qui relèvent des conclusions de votre enfance.

Il est donc important de relativiser votre sentiment de solitude et de différence si vous voulez cesser d'entretenir un comportement d'isolement ou de revanche qui prolongerait indéfiniment votre adolescence. Votre jeunesse d'esprit est une grande qualité, mais si vous ne l'appliquez pas à des projets nouveaux, plus dynamiques et plus gratifiants intellectuellement, elle peut se transformer, en vieillissant, en handicap relationnel. Laissez-la vous servir et ne l'emprisonnez pas dans des jeux stériles, faute d'avoir compris contre quoi ou contre qui vous continuez à vous battre. Vous utiliseriez mieux votre énergie intellectuelle en recherchant des frères et sœurs d'âme, et en construisant avec eux un projet commun dans lequel vous investirez votre enthousiasme et votre générosité. Ainsi pourrez-vous développer une communication de haut niveau avec votre collectivité d'appartenance.

Sans doute êtes-vous encore tenté(e) par les grands voyages ou les échanges internationaux. Vous avez besoin d'espace et de mobilité. La sédentarité ne vous convient guère. Vous y dépéririez faute de dimension sociale suffisante pour nourrir votre imagination. Cependant, vous pouvez longtemps tourner en rond avant de vous dire que le choix de votre croissance intérieure et extérieure vous appartient. Vous avez trop tendance à vouloir arriver à quelque chose sans partir de vos propres bases et sans savoir ce que vous recherchez véritablement.

Pour arriver, il faut connaître son point de départ. Si vous prenez le temps de vous retourner au lieu de courir en avant vers un objectif indéterminé, vous retrouverez toujours à l'origine de votre démarche les vœux que vous avez formulés dans votre enfance dans la relation à vos parents. Vous vous êtes sans doute fixé un but pour leur plaire ou leur prouver quelque chose et vous risquez de gaspiller un potentiel personnel intéressant pour un résultat affectif bien peu gratifiant. Si vous voulez accéder à une dimension sociale plus favorable, demandez-vous si vous n'avez pas trop tendance, pour vous rendre acceptable, à nier vos concepts et vos idéaux.

Votre projet de vie n'est pas de poursuivre indéfiniment la course aux attachements mais au contraire de prendre conscience de tous ces liens du cœur et de l'esprit qui vous enchaînent dans la répétition de la souffrance. Vous pourrez apprécier, à sa juste mesure, le bien-fondé de cette recherche, qui appartient au domaine spirituel de votre projet de vie, par les résultats qu'elle produira dans votre croissance individuelle et sociale. Avec le temps, vous constaterez que la quête de fusion, dans laquelle vous avez tant investi de projets et d'énergie, vous concerne de moins en moins. Vous apprendrez à fuir les complications affectives et à établir des relations plus distanciées et plus adultes avec vos compagnons de vie. Vous deviendrez plus objectif vis-à-vis de vos demandes et des leurs. Il importe cependant, sur le plan spirituel, de ne pas rejeter une expérience avant de l'avoir conduite à son terme. Le détachement se produira naturellement quand une relation aura cessé d'enrichir votre expérience et qu'elle s'enlisera dans la répétition et dans l'ennui.

Lorsque vous aurez accompli le deuil de votre peur de la séparation (il suffit pour cela de la vivre plus consciemment), vous parviendrez à une meilleure qualité d'affirmation individuelle. Vous n'exigerez plus des autres un support inconditionnel pour réaliser des projets qui vous appartiennent en propre. Vous assumerez votre destin sans vous fixer de lois ou d'obligations arbitraires ou sans croire que quelque chose ou quelqu'un cherche à vous les imposer.

Tout se passe, dans cette vie, comme si les tendances intellectuelles et les modes de pensée acquis autrefois recherchaient un espace plus vaste pour s'exprimer. Il vous suffit de les laisser prendre leur essor pour accroître votre sentiment de réalisation personnelle. Mais vous ne pourrez le faire véritablement qu'en luttant contre votre tendance à la dispersion intellectuelle. Cela revient à cesser de vous emparer des ressources que le monde est prêt à vous offrir sans restituer quelque chose en échange. Vous avez trop tendance, en effet, à vouloir briller et jouer avec le monde comme s'il vous appartenait. Votre projet actuel vous permet de démultiplier les expériences relationnelles et d'obtenir, si vous le désirez, un bon niveau de réussite et de reconnaissance sociales. Mais, si vous disposez d'une chance insolente dans ce domaine, elle ne vous est offerte que pour avancer dans la conscience du rôle que vous jouez auprès des autres.

Vos centres d'intérêt devraient évoluer également vers une forme quelconque de transmission. Beaucoup de personnes porteuses du nœud Nord en Sagittaire s'orientent d'instinct vers les professions de l'enseignement ou de la loi dans le but, souvent généreux, de participer plus clairement à l'ouverture de l'esprit humain. Dans cette expérience, vous rencontrerez obligatoirement la jalousie, la haine et les réactions agressives ou destructrices de vos concurrents. Peut-être vous direz-vous alors que les résultats d'une aussi grande ambition ne valaient pas de perdre l'estime de ceux qui étaient prêts à vous la donner. Il vous appartient d'apprendre à gérer ces conflits, en décodant vos propres mécanismes de pouvoir et d'agressivité.

L'expérience du pouvoir est une étape importante dans l'évolution d'un être humain. Essayez de la vivre les yeux ouverts, sans vous prendre trop au sérieux et sans considérer que cela vous est dû. Car vous risquez de vous gratifier excessivement de ce que le monde vous accordera si généreusement et de vous focaliser sur vos acquis jusqu'à « arriver » effectivement, mais dans une impasse. Ce qui ne ferait qu'ajouter davantage de confusion dans votre esprit.

Le nœud Nord en Sagittaire vous invite donc à une véritable expérimentation des résultats de vos idéaux sur le terrain. Il vous faudra du temps pour reconnaître que l'expérience directe de vos convictions et les corrections que vous pouvez y apporter à partir de votre vécu, constituent votre guide le plus sûr pour le maintien de votre équilibre psychologique et intellectuel.

L'itinéraire spirituel que vous suivez dans cette existence, peut vous conduire, dans une étape ultérieure, à enseigner le sens de la loi et de la justice. La maîtrise acquise vous évitera, dans ce cas, de vous perdre de vue dans le prestige personnel et la renommée attachés, par les ignorants, aux images du maître spirituel.

Karma physique

Dans votre enfance, vous aviez tendance à somatiser votre détresse de la séparation au niveau des bronches ou de la gorge. Cela peut resurgir périodiquement lorsque vous ne vous sentez pas bien à votre place ou dans le rôle que vous jouez. Ces troubles peuvent manifester le sentiment de solitude intense qui se développe chez les personnes trop exposées aux conséquences de la réussite personnelle et qui n'ont plus le temps ou l'opportunité d'établir les relations affectives de base qui leur sont nécessaires.

Vous pouvez également développer dans cette vie une tendance aux crises de sciatique (ne portez pas trop les autres, sachez contrôler vos besoins matériels ou de représentation), ou des troubles digestifs liés à votre mode de vie aussi bien qu'à une mauvaise gestion du stress. Nagez, marchez, faites du golf, cela vous conviendra très bien. N'oubliez pas de vous donner des moments de détente et de rire comme vous saviez le faire si bien dans votre enfance, et vous parviendrez à minimiser tous ces problèmes somatiques.

Essayez également de conserver une bonne hygiène alimentaire et de veiller particulièrement aux abus d'alcool ou de graisses. Même si vous n'aviez pas tendance de naissance à l'embonpoint, votre terrain de santé risque de se dégrader du fait des excès d'une vie trop orientée sur la jouissance des biens de ce monde. Il vous appartient de veiller sur ce précieux capital. Dites-vous également que les malaises physiques représentent souvent les signaux avertisseurs d'un détournement du sens de votre projet de vie. Prenez, dans ce cas, le temps de vous arrêter et de vous demander, dans ce domaine également, à quoi vous voulez arriver.

Capricorne

Avec le nœud Nord dans le dixième signe du zodiaque, vous parvenez dans cette vie à une forme d'âge d'or de l'incarnation dont l'enjeu spirituel est considérable. Vous pouvez aussi bien vous élever dans la réalisation d'une discipline intérieure et de la Sagesse, que vous enfoncer dans l'enfermement mental d'une recherche excessive de sécurité. Votre libre arbitre est entier, mais des identifications trop rigides peuvent vous éloigner de la compréhension évolutive de votre projet.

Les vies antérieures qui ont orienté votre projet actuel se sont déroulées le plus souvent dans des pays de soleil où les jeunes enfants sont élevés par la lignée matriarcale. Si votre famille venait d'Afrique du Nord, vous l'avez choisie pour ses racines identiques à celles de votre passé. Votre hérédité personnelle peut tout aussi bien être influencée par les traditions amérindiennes, aztèques ou mayas, que par celles du golfe du Bengale ou de l'île de Java. Il existe peu d'empreintes européennes dans votre mémoire des vies antérieures, et celles qui persistent sont rattachées à des provinces riches et relativement protégées des guerres et des invasions au cours des siècles passés. Si vous visitez les Flandres et le Dauphiné, vous y retrouverez peut-être ces impressions de connu de longue date et vous vous y sentirez bien car ce qui vous parle du passé vous attire et vous rassure spontanément. Cette tendance est d'autant plus contradictoire que vous pouvez détruire bien des opportunités affectives ou sociales pour affirmer votre différence et votre spécificité, et même rejeter systématiquement tout ce qui ressemble aux modèles qui vous ont été transmis. Mais leur dénonciation véhémente ne ferait que prouver votre attachement aux traditions familiales. Inutile de changer un père pour un autre (maître à penser, guru, patron, etc.), que vous le vouliez ou non, vous avez tendance à établir vos choix en référence à ces identifications natales. Si vous parveniez à remonter dans votre arbre de vie personnel, vous constateriez que cette quête d'une continuité immuable et de la création d'un futur pour la prolonger encore et encore, vous appartient de longue date.

Vous travaillez, dans cette vie, sur la bonne gestion de vos réactions émotionnelles. Vous étiez, de naissance, un enfant avide d'affection et d'adhésion inconditionnelle et si vous avez rejeté vos parents, votre culpabilité éventuelle peut ne pas avoir d'autre origine. Votre mère avait une importance telle que vos relations avec elle ont marqué de façon indélébile la forme de votre expression affective. Ne dites pas « comme tout le monde » ! L'enfant porteur, comme vous, d'une forte hérédité du signe du Cancer a besoin, plus que d'autres, de preuves de préférence constamment renouvelées, à défaut de quoi il perd son aptitude innée au bonheur. Si vous avez reçu de la part de votre mère beaucoup de sollicitude et d'attention, si vous avez pu vous réfugier dans ses bras autant que vous le vouliez, vous figurez parmi les heureux élus de votre projet de vie. Cela vous permettra de conserver, malgré votre introversion et votre autonomie croissantes, ce sentiment de tendresse naturelle et accueillante qui vous évitera bien des écueils relationnels.

Mais l'attirance vers cette mère tant aimée n'était pas votre objectif dominant pour élire ce foyer. Vous l'avez simplement choisie au modèle de bien des mères du passé que vous avez eues ou que vous avez été. Vous êtes plutôt venu y rechercher un modèle de responsabilité et de moralité pour qu'il suscite en vous plus de profondeur, de réflexion et de maturité. Vous pourriez donc reprocher à votre père, ou à tout autre modèle d'autorité (grands-parents le plus souvent), un certain manque de tendresse ou une rudesse dans ses méthodes éducatives. Vous y étiez certainement plus sensible que les autres enfants de votre éventuelle fratrie. Dans ce cas, le père devient, fréquemment, le bouc émissaire d'une difficulté, existant encore à l'âge adulte, à sortir d'un comportement de soumission implicite et d'une demande souvent exacerbée de prise en charge.

Que votre père ait été présent dans votre foyer (parfois trop présent à votre goût), ou qu'il l'ait déserté au profit de ses préoccupations professionnelles ou de son intérêt personnel, ne change donc pas grand-chose aux jugements que vous aviez tendance à porter sur lui. Vous le vouliez équitable, sécurisant et responsable dans l'absolu. C'est *a priori*, pour vous, la définition d'un « bon père » : celui que vous voudriez être pour vos enfants si vous êtes un homme, ou que vous voudriez trouver pour eux si vous êtes une femme.

Ce modèle patriarcal traditionnel, dont la noblesse de caractère n'a d'égale que l'autorité indiscutable, n'existe plus guère aujourd'hui. Un pareil désir de trouver dans votre famille un ancrage immuable pour conjurer votre peur de l'avenir, risquait d'attribuer à votre père un rôle irréaliste que bien peu d'hommes sont capables d'assumer. Si le vôtre n'a pas répondu de façon impeccable à vos exigences, il était d'avance disqualifié dans votre esprit et c'était à vous, dans ce cas, de créer, dans votre propre foyer, le modèle de responsabilité idéale à laquelle vous aspiriez. Ce qui exclut le plus souvent le partenaire de vie des grandes décisions du foyer, n'engendre que des conflits d'autorité et conduit aussi sûrement le sujet au divorce qu'à des vocations de célibat pour refus à l'avance d'assumer une telle charge que personne ne lui a imposée.

C'est pourquoi il est nécessaire, si vous voulez sortir de vos conflits relationnels, de revenir sur les modèles d'autorité et de moralité auxquels vous attachez tant d'importance. Que vous vous affirmiez semblable à vos parents ou différent(e), vous risquez d'engendrer les mêmes conflits, et les mêmes tensions irréductibles, avec vos compagnons de vie et vos enfants.

Rien ne sert de tester toutes sortes de modèles de comportement en égal ou opposé. Si vous ne voulez pas perdre l'amour de vos proches, prenez conscience de la fragilité et de la dépendance de votre sentiment de confiance. Cette dernière n'est jamais totalement acquise. Ce manque de confiance vous porte à exiger des autres qu'ils justifient sans cesse, par leur fidélité et leur fiabilité, l'intérêt que vous leur portez. Peu importe que vous le fassiez « pour leur avenir » ou pour l'avenir de vos projets communs. Vos certitudes ne sont pas forcément les leurs et leurs directions de vie n'impliquent pas nécessairement d'adhésion à vos modèles.

Vous avez besoin comme tout le monde de relations tendres, confiantes et sécurisantes. En acceptant de le reconnaître, vous cesserez de dissimuler vos demandes sous une apparence de froideur et de vous isoler face aux réactions qu'elle suscite. Vos compagnons de vie comprendront alors que vous n'êtes pas insensible à leur détresse ou à leurs défaillances et que leur sécurité matérielle ne représente pas, pour vous, la seule préoccupation valable dans le cadre d'une vie commune.

Vous comprendrez avec le temps, votre partenaire le plus précieux, à quel point cette volonté d'orienter la vie de vos proches selon votre éthique personnelle relevait d'un comportement directif axé sur le contrôle de votre environnement. Vous pourrez alors vous demander si vos modèles moraux étaient aussi universels que vous avez pu le croire ou s'ils ne relevaient pas d'un orgueil inconscient à prôner la supériorité de vos propres identifications.

Heureusement, l'affection de leurs petits-enfants tirent le plus souvent les porteurs de ce projet de leurs imbroglios intellectuels, et les incite à ouvrir leur cœur à la tendresse et au pardon. Ainsi se trouve réalisée, sur deux générations, la synthèse de l'axe Cancer-Capricorne.

La voie spirituelle du Capricorne vous invite donc à sortir de la passion avec laquelle vous défendez vos propres objectifs. Vous pouvez, en effet, tirer un grand orgueil de vos aptitudes analytiques ou de votre créativité naturelle appliquée à la gestion des choses de la vie quotidienne. Mais une existence basée sur la maîtrise de la sécurité ou de la continuité des choses dans l'absolu n'aboutit, le plus souvent, qu'à une sclérose du comportement. Ainsi, même si la voie des maîtres à penser vous inspire, à juste titre sur le chemin de connaissances que vous suivez, choisissez de préférence ceux qui vous inciteront à l'humour plutôt qu'à la pratique d'une discipline ascétique. Il importe, dans votre cas, d'aborder la vérification de vos certitudes sur le terrain. Vous avez trop tendance à collectionner des ouvrages de référence... pour plus tard, quand vos responsabilités vous en laisseront le temps. Méfiez-vous, le savoir ne conduit pas nécessairement à la connaissance de soi. Dans ce domaine, il faut prendre le risque personnel de l'expérience pour remettre en cause la rigidité des croyances, confortables mais rarement évolutives. Reconnaissez-le simplement : dès votre naissance, vous aviez déjà tendance à fonctionner par certitudes et comparaisons. Vos parents, s'ils répondaient au même modèle mental, n'en sont pas responsables. Votre pensée était tout entière orientée vers la quête de normes de conduite. Sans références bien établies, sans garantie de continuité, votre esprit panique devant les incertitudes du lendemain. D'où cette prédisposition personnelle à répéter encore et encore les mêmes comportements et les mêmes erreurs de choix sans remettre en cause la forme d'inertie mentale qui les entretient.

Si vous voulez changer, arrêtez de projeter le passé sur le présent, pour en conjurer ou en assurer la répétition (c'est la même chose), et essayez de vivre davantage dans le présent.

Sur ce plan, vous aurez besoin d'une aide car votre esprit, essentiellement logique et déductif, tend à construire des systèmes de référence qui s'enchaînent toujours dans la même direction. Mais êtes-vous capable de faire confiance à quelqu'un pour vous guider dans cette transformation et en reconnaissez-vous seulement la nécessité ?

Votre vrai maître sera celui qui vous apprendra, rigueur mentale à l'appui, que la voie intérieure est indépendante des notions de temps et d'espace. « Ici et maintenant », c'est toujours l'heure et le lieu pour prendre conscience de la réalité de vos intentions et de votre vécu.

Vous pouvez vous inspirer de la voie des guerriers amérindiens ou orientaux, dans laquelle le maître est le modèle réalisé des transmutations mentales que son enseignement conduit à mettre en œuvre. Ainsi apprendrez-vous à gravir, degré par degré, au présent, les barreaux de l'échelle de la Sagesse. Mieux vaut cela que de contempler le sommet de la montagne, à partir de la vallée, en vous plaignant de l'aridité du chemin. C'est vrai, l'ascension n'est jamais garantie. Les chutes peuvent être rudes. Chacun y tente sa chance selon ses moyens. Ne surestimez pas les vôtres, si vous voulez gagner. Misez plutôt sur ce que vous êtes réellement. Vous éviterez ainsi de tendre vers un modèle inaccessible.

La voie que vous suivez n'est pas particulièrement difficile. Dans toutes les traditions, elle ne constitue que le premier ou le second échelon d'une périlleuse ascension vers la maîtrise et la purification des scories mentales du passé. C'est à partir de cette base de discipline, à la fois souple et précise, qu'il est possible de réorienter son énergie vers des projets spirituels sans perdre de vue la réalité du vécu quotidienne.

Votre projet de vie inclut donc un défi de remise en cause de votre propre comportement. Rien ne vous oblige à faire autant d'efforts sinon une tendance naturelle à privilégier la volonté au détriment de la simple réalité des faits. Veillez, si vous voulez vraiment évoluer, à ne pas vous enfermer dans les méandres de l'introspection en confondant profondeur de la réflexion personnelle et contrôle de vos pulsions et de vos besoins affectifs.

La réalisation d'ambitions de haut niveau n'est, pourtant, pas exempte de ce projet mais elle se développe avec le temps et l'expérience quotidienne, comme une progression continue, dans laquelle le hasard tient peu de place. C'est pourquoi certains peuvent vous reprocher la timidité de vos options de vie qui vous cantonnent dans des positions sociales inférieures à vos capacités mentales. Sans doute les avez-vous déjà suffisamment développées dans d'autres existences. Votre forme d'esprit actuelle vous incite davantage à bâtir une compétence de spécialiste basée sur l'expérimentation qu'à vous disperser dans la recherche d'une reconnaissance sociale dont vous pouvez redouter les remises en cause incontrôlables. Néanmoins, si vous laissez s'accentuer votre tendance exagérée de contrôle, vous finirez par n'avoir plus d'autre objectif que d'assurer vos arrières pour consolider les bases à l'identique de votre futur.

Il existe donc deux directions de vie possibles dans cette position du nœud Nord en Capricorne :

❋ vous pouvez « devenir » effectivement tout ce que vous voulez et finir votre vie dans l'apparence d'un ours mal léché isolé dans sa propriété confortable ceinte de hauts murs. Vous méditerez sur l'irresponsabilité et l'inconséquence des autres et ne laisserez plus parvenir jusqu'à vous les bruits d'un monde jugé trop immature pour accéder à la grandeur de vos aspirations personnelles ;

❋ ou bien comprendre que chaque instant de votre vie est précieux et que l'hypothèque du présent au profit d'un avenir aléatoire entretient indéfiniment les mêmes frustrations et les mêmes sentiments d'obligations sans fondement. Dans ce cas, le deuxième volet de votre projet de vie vous offrira ces solutions de liberté et de bonheur sans dépendance auxquelles vous aspirez.

Si vous essayez d'accéder à la richesse du temps présent, sans comparaisons et en assumant votre peur de l'avenir, vous réaliserez ce sentiment de présence à vous-même, dans le calme et l'absence de passion, qui constitue l'objectif spirituel de votre projet de vie. Ce dernier n'est pas incompatible avec une solide gestion du monde matériel et ne pourra que vous doter de meilleures qualités dans ce domaine. Vous pouvez atteindre rapidement un niveau de sérénité qui ferait de vous l'égal de ces sages dont le modèle vous inspire.

Quand vous pourrez voir toutes choses comme égales, à la fois semblables et différentes, vous considérez la Terre comme un lieu d'expériences riches et pleines de potentiel évolutif. Vous en comprendrez mieux la nécessité dans la diversité toujours renouvelée. Vous y développerez, à votre guise, toutes sortes de motivations matérielles et intellectuelles, et en particulier cette maturité de l'esprit qui vous importe par-dessus tout. Vous deviendrez alors un être humain, discret et souriant comme tous ceux qui ont atteint la vraie connaissance. Vous ne donnerez des conseils que lorsqu'on vous le demandera et le ferez à bon escient sans volonté personnelle d'intervention. Vos avis seront d'autant mieux accueillis et appréciés que vous en serez devenu plutôt avare.

Telle est la voie de l'équanimité que vous avez choisie de développer dans cette vie. Elle correspond à celle du « juste milieu » chinois qui vous permettra d'observer le monde comme un vieux bonze : avec compassion, amusement et patience pour ses errements.

Karma physique

Vous savez très bien vous soigner et ne laissez personne vous en remontrer sur ce plan. Vous connaissez souvent mieux les remèdes qui vous conviennent que les médecins auxquels vous ne prêtez guère votre confiance.

Votre terrain vital est dans l'ensemble solide et stable. Vous disposez d'une des longévités records parmi les projets de vie du zodiaque. Cette tendance fait des centenaires avec, bien sûr, les misères physiques liées à l'âge et notamment l'aggravation possible d'une difficulté propre au Capricorne : les rhumatismes ou l'arthrose, inflammatoire ou non. Les crises étant souvent liées à un excès mal géré de responsabilités, veillez à bien aménager votre emploi du temps et à laisser aux autres la part qui leur revient. Évitez également de prendre des risques qui pourraient porter atteinte à vos ligaments et notamment à ceux des genoux.

L'estomac est aussi l'un de vos points fragiles. Les problèmes digestifs liés à votre enfance (intolérances alimentaires notamment) sont sûrement déjà loin de vous, mais vous pouvez les retrouver sous forme d'ulcères ou d'acidité gastrique si vous ne gérez pas avec assez de souplesse les situations de stress émotionnel. Exprimez vos besoins, si vous le pouvez, avec plus d'ouverture et vous éviterez une souffrance inutile, même si elle ne porte souvent pas à graves conséquences sur la capacité vitale.

Verseau

Vos qualités naturelles de conscience évoluent dans cette vie vers la connaissance de soi. Vous pouvez utiliser, à cet effet, toutes sortes de moyens intellectuels aussi bien qu'orienter dans une direction différente la part de libre arbitre que vous avez su développer dans d'autres existences. Votre projet de vie inclut deux objectifs prioritaires : comprendre comment le désir gouverne votre conception du monde et contribuer, avec vos moyens, à un accroissement du niveau de liberté de l'esprit humain.

Votre projet a été formulé par des hommes et des femmes qui ont parfois sacrifié leur vie pour réaliser leur soif d'absolu et assumer leur liberté de pensée et d'expression personnelle.

Leurs racines mémorielles plus ou moins conscientes continuent à animer vos orientations d'esprit, et c'est pourquoi nous assimilerons ici ce qu'ils étaient et ce que vous étiez de naissance. Vous pouvez aisément faire la part de ce qui leur appartient dans les réactions innées d'indépendance et l'esprit d'initiative qu'ils vous ont laissés en héritage. Cependant, votre projet de vie actuel porte davantage sur la connaissance de soi, même si les grands combats de vos prédécesseurs vous motivent encore.

Les vies qui sont à l'origine de votre projet actuel se sont déroulées dans des États royalistes, souvent fastueux. Elles vous ont permis de développer le sens de votre valeur personnelle, et vous avez largement tiré parti des opportunités sociales qu'elles vous offraient. Sans figurer nécessairement parmi les grands nantis de la France, de l'Italie ou du Siam, trois pays dont le brillant passé devrait encore vous séduire, vous disposiez d'une certaine aisance matérielle et des qualités nécessaires pour forger votre place au soleil. Vous l'avez fait et vous avez obtenu les richesses et les honneurs auxquels vous aspiriez.

L'assurance innée et la clarté d'esprit qui en découlent représenteront un atout précieux pour vous dégager d'une recherche excessive d'images gratifiantes. Un tel passé, bien assumé, vous permettra de pénétrer sans regrets dans un univers plus intériorisé et plus secret, et d'éviter de vous tromper sur la nature des transmissions qui dynamiseront la réalisation de votre projet.

Dans ce parcours, les qualités d'individuation que vous avez développées lors de vos anciennes explorations et conquêtes se révéleront des atouts précieux. Vous avez fait partie de ces hardis pirates ou soldats qui s'aventuraient sur des mers inexplorées pour annexer des îles et des continents nouveaux à la Couronne dont ils étaient les vassaux. Peu importe que vous ayez été conquérant de l'Europe centrale, Normand en Sicile, Portugais à Cuba ou grand prêtre au Soudan. Le sens de l'investissement personnel, l'évidence de votre propre existence, le courage et l'affirmation naturelle des personnages anciens qui survivent en vous, vous soutiendront avec efficacité sur le chemin initiatique assez périlleux que vous entreprenez dans cette vie.

Tant que vous n'aurez pas découvert cette voie exigeante qui vous appelle à vous transcender et à vous dépouiller de vos images de prestige, vous pouvez avoir tendance à vous égarer dans les poursuites du passé, mais votre maturité innée s'opposera à ce que vous en fassiez un projet de vie à part entière. Votre orientation actuelle vous conduit à rechercher l'unité intérieure, en paroles aussi bien qu'en pensées ou en actions. Vous avez l'intention de franchir un portail dans votre évolution, même si vous ne savez pas lequel. Ou mieux, vous ne croyez ni au gardien ni au portail : vous savez que la découverte de votre propre nature et la responsabilité de votre vie vous reviennent à part entière. Cette certitude induit un comportement relativement égocentrique qu'on a déjà pu vous reprocher.

Vous allez surtout vers les autres pour recueillir la reconnaissance dont vous avez encore besoin et pour satisfaire vos désirs. Vous n'êtes pas un philanthrope même si vous disposez d'authentiques penchants humanistes. Vous avez tendance à voir les autres tels qu'ils sont, aussi intéressés que vous l'êtes vous-même, et vous ne vous faites guère d'illusions sur la nature humaine. Vous l'avez déjà beaucoup vue à l'œuvre dans le passé. Ces réflexions désabusées devront être révisées dans le cadre de votre projet si vous voulez devenir un véritable acteur social et participer à l'élévation du niveau de conscience collectif.

Il s'agit pour vous d'une nécessité évolutive. Vous devez apprendre à confronter vos idéaux fraternels et égalitaires, même très généreux, à la réponse de vos semblables. Pour vous connaître, vous avez besoin d'eux comme d'un miroir, et si vous n'en tenez pas compte, ils vous renverront aux échecs relationnels dont votre esprit se nourrit pour entretenir sa trop grande sélectivité. Vous qui désirez tant faire partager vos concepts philosophiques au monde, est-ce vraiment ce que vous recherchez ?

La vie vous conduira à vous impliquer autant en actes qu'en paroles pour développer, à travers des groupes plus ou moins larges, des activités de formation et de service. Même si cela ne vous apporte pas nécessairement gloire et renommée, vous comprendrez à terme que le rôle de participant social, mal géré ou ignoré dans d'autres vies, n'avait rien de subalterne. Un effort d'ouverture vers les autres, si vous désirez le faire car rien ne vous y contraindra dans cette vie, vous permettra d'établir votre créativité, vos qualités d'esprit et votre sens de la communication sur des bases plus vastes et plus motivantes.

Vous avez la nature d'un précurseur. Même si votre esprit s'attache peu aux résultats de ce que vous induisez, votre intérêt se porte naturellement sur la recherche scientifique ou l'élaboration de nouveaux modèles sociaux. N'hésitez pas à divulguer les résultats de vos recherches : d'autres, moins inventifs mais plus pragmatiques, se chargeront du développement des applications et en recueilleront les fruits matériels. Vous n'en prendrez pas ombrage si l'on vous renvoie le mérite de l'invention, car c'est ce qui vous importe par-dessus tout.

Sur le plan philosophique, un esprit aussi individualiste que le vôtre est incapable de se plier à une doctrine ou à une discipline autre que librement consentie. Il ne s'agit pas, le plus souvent, d'un comportement dissident ou provocateur. Vous avez besoin de passer au crible de l'expérience les affirmations et les connaissances des autorités, même de celles que vous reconnaissez. Ce que vous n'admettez pas comme vrai, sur la base de votre vécu, ne vous concerne pas. Vous ne supporteriez pas de représenter quelqu'un ou de vous plier à une quelconque discipline imposée. C'est pourquoi, quand vos objectifs sont clairs, quand vous décidez de les mettre à exécution sans attendre la reconnaissance préalable des autres, rien ne vous résiste.

Une telle exigence de liberté, teintée d'une évidente autorité personnelle, a ses revers : vous jouez facilement le rôle du calife à la place du calife dans les groupes dont vous n'avez pas la direction. Plutôt que de vous établir en contre-pouvoir et de susciter autour de vous malaises et contestations, mieux vaudrait vous orienter le plus rapidement possible vers l'expérience du pouvoir dans l'affirmation personnelle. Vous comprendrez ainsi que, quand les autres vous renvoyaient à vos propres démarches, en vous isolant dans les groupes, ils ne faisaient que souligner la réalité de votre comportement : un manque fondamental d'adaptation à n'importe quel modèle dont vous ne seriez pas l'instigateur.

Votre incapacité à vous plier à un quelconque modèle peut donc vous conduire à créer votre propre emploi. Beaucoup de personnes porteuses de cet indice abandonnent rapidement des études qu'elles estiment trop conformistes ou trop stériles pour développer des projets plus personnalisés et l'on trouve parmi elles un maximum de professions indépendantes ou libérales. N'essayez surtout pas de faire « comme tout le monde », ne vous comparez à personne : le fait d'être autodidacte n'entame en rien votre potentiel de réussite personnelle. Vous devrez veiller simplement à ne pas développer des philosophies d'avant-garde ou des œuvres si marginales (et parfois si revendicatives), qu'elles ne peuvent que provoquer rejet et exclusion.

Ainsi, pour éviter de perdre beaucoup de temps en vaines poursuites, vous devrez surtout vous convaincre de ce que vous affirmez si fort aux autres (et particulièrement à vos parents qui l'ont appris dès vos premiers mots) : vous êtes né(e) libre et l'exploration des conséquences de ce libre arbitre s'étendra à tous les actes de votre existence.

En ce qui concerne la vie de couple, cet esprit d'indépendance doit guider votre choix. Dites-vous que vous n'êtes pas le seul être humain à tenter l'expérience de la reconnaissance par les autres et/ou de la Libération. C'est une tendance constante chez tous les porteurs de projets similaires. Il importe donc de bien choisir vos partenaires et de les respecter dans leurs propres démarches et convictions. L'harmonie que vous recherchez dans vos relations intimes n'implique pas que les autres s'alignent sur vos modèles, ce qui entraînerait de votre part à terme un comportement de mépris et de rejet. Vous avez besoin d'un(e) égal(e) ? Acceptez-en les conséquences en vous conduisant comme un adulte. Personne ne doit prendre l'autre en charge. Dans le cas contraire, vous réaliserez qu'à jouer au plus autonome et à ignorer vos besoins ou ceux de votre partenaire de vie, vous vous perdez dans une demande affective paradoxale qui handicape votre parcours personnel. D'où les ruptures abruptes dès lors que vous ne maîtrisez plus votre sentiment d'indépendance.

Si vous désirez que l'on vous reconnaisse, évitez également de dissimuler, comme un secret, votre charisme dans l'animation des groupes et votre potentiel inventif spécifique qui constituent vos atouts personnels les plus remarquables. Dites-vous que personne n'a de raison de venir vous chercher si vous ne prenez pas le risque de proposer et surtout de persévérer dans la mise en œuvre de vos propositions. Si vous le faites, vous ne manquerez pas d'adeptes à entraîner sur votre proche chemin. Mais n'oubliez pas que votre message est assez sélectif et pour être porteur d'avenir ne doit s'adresser qu'à des personnes véritablement autonomes. Votre audience est donc nécessairement limitée si vous ne voulez pas traîner derrière vous des imitateurs ou des laudateurs dépendants. Prendre en charge les autres dans votre démarche serait, en revanche, le meilleur moyen de laisser à la postérité le soin de reconnaître un génie que vous n'auriez guère prouvé de votre vivant. Méfiez-vous : c'est dans le Verseau que s'engendrent les racines du futur et un précurseur méconnu dans cette vie a toutes les chances de le demeurer dans d'autres existences. Il serait dommage de finir votre vie en maudissant ce désir de liberté dont vous n'auriez pas compris le mode d'emploi, et de laisser derrière vous des tendances marquées par un besoin panique de reconnaissance et de sécurité ou par la négation de soi.

Le mieux est donc d'aborder avec courage l'expérience de la solitude, qui accompagne les pas des vraies personnalités, et de cesser d'attendre que les autres vous suivent ou vous précèdent sur votre propre chemin. Personne ne vous indiquera quelle voie vous devez prendre ni où elle peut vous conduire. Vous ne le supporteriez pas même si vous avez tendance, dans les moments de faiblesse, à souhaiter que quelqu'un vous prenne par la main.

Dans l'aventure (parfois extrême) que vous avez choisie pour cette existence, les routes sont plutôt hasardeuses : on y développe plus souvent un orgueil de soi démesuré et une poursuite d'images gratifiantes jamais satisfaites, qu'une renaissance dans la sagesse et dans l'ouverture du cœur et de l'esprit.

Vous devez donc prendre garde à ne pas perdre votre sens de l'humour et votre convivialité dans l'affirmation de votre différence. Vous la consoliderez mieux au milieu des autres, en demeurant vous-même, qu'en partant, encore une fois, à la recherche d'une île inexplorée ou en vous isolant dans un désert.

À l'heure de la rétribution, la reconnaissance suscitée par la qualité humaniste de votre message consacreront ou non la réussite de votre projet de vie. Vous vivrez alors dans le sentiment d'une existence pleinement accomplie ou dans le regret de n'avoir pas su dire simplement aux autres que vous aviez besoin d'eux.

C'est un risque à prendre. Il vous oblige à un retour vers cette clarté intérieure pour laquelle vous avez opté en naissant. L'important est que vous ne vous installiez pas dans le destin d'un éternel étudiant, qui n'en saurait jamais assez pour passer aux actes et mettre en application ses concepts plus ou moins révolutionnaires. Laissez aux autres le soin de décider de leur valeur et acceptez, si vous le pouvez, leurs critiques comme un signe d'intérêt et d'amitié qui mérite réflexion.

Dans la Roue de la vie tibétaine, le nœud Nord en Verseau représente l'itinéraire spirituel du Bouddha qui ayant connu les prestiges de la couronne, renonce au monde pour la découverte du royaume intérieur. Si ce destin vous tente, essayez d'en devenir l'exemple vivant dans tous les plans de votre vie, mais surtout dans celui de votre esprit. Ainsi, vous n'aurez plus tendance à prolonger indéfiniment l'heure de votre réalisation afin d'induire d'autres futurs. Vous pourrez, dès lors, participer avec vos moyens, qui grandiront et s'épanouiront, à cette chaîne d'initiés qui d'âge en âge reviennent sur la Terre sans illusions ni espérances personnelles, pour tenter de conduire leurs frères humains vers le chemin de la Conscience.

Karma physique

Vous êtes assez sensible au stress et vous devez veiller à choisir des conditions de vie qui favorisent le calme intérieur pour ne pas accentuer une tendance aux maladies cardio-vasculaires. Le cas échéant, n'hésitez pas à vous faire suivre régulièrement par un spécialiste. Vous avez, en effet, trop tendance à vous affoler dès que quelque chose déraille dans votre organisme et à l'oublier aussi vite quand vous vous sentez rétabli(e).

On note souvent avec le nœud Nord en Verseau une fragilité particulière sur le plan du pancréas, reliée à une mauvaise gestion de l'image de soi. Pour éviter une éventuelle aggravation, apprenez à maîtriser votre besoin de reconnaissance et évitez de surcharger votre alimentation en sucres et en graisses.

Vous conserverez également votre système sensoriel dans le meilleur état possible en acceptant de rencontrer la réalité des choses telles qu'elles sont. Trop souvent, ce chemin vers la Conscience passe par une difficulté visuelle ou auditive qui oblige la personne à se recentrer en elle-même. À la moindre alerte, un psychologue averti relaiera utilement le médecin qui ne pourrait faire face qu'à l'urgence.

Évitez également les entorses à votre unité intérieure et vous n'éprouverez pas le besoin de les manifester physiquement.

Poissons

Dans d'autres existences, vous avez développé au plus haut niveau votre esprit critique et votre aptitude à la discrimination intellectuelle. Mais une vision trop pessimiste du monde ou trop timorée de vos chances personnelles vous a conduit à vous isoler et à souhaiter une vie plus contemplative, moins soumise au stress des jugements de vos semblables.

Les pays d'origine correspondant à votre projet de vie actuel sont placés sous le signe de traditions patriarcales et de moralité rigide. Chacun, homme comme femme, se soumettait à des diktats de comportement pour ne pas risquer l'exclusion sociale. Les femmes, en particulier, même si elles jouaient un rôle important (comme dans le cadre des familles suisses, grecques ou crétoises), y étaient vite montrées du doigt lorsqu'elles dérogeaient à la discrétion et à la pudeur que les hommes exigeaient d'elles en échange de leur considération. L'expression de la souffrance y était plus volontiers admise que celle du bonheur.

Votre dernière vie, vraisemblablement chrétienne, marque encore profondément votre forme d'esprit d'un désir d'effacement qui peut vous nuire sur le plan des relations et de la réussite sociale. Vous disposez de solides qualités intellectuelles mais vous avez trop tendance à séparer de façon radicale les concepts du bien et du mal, de la pureté et de la souillure et à vous condamner au moindre faux pas. Vous jugez si sévèrement vos pensées que votre objectivité est sujette à caution quant à vos besoins et à vos vraies capacités.

Vous avez tendance à choisir des partenaires de vie qui développent, comme vous dans le passé, le culte de l'effort méritoire pour peu de résultats. Si vous ne redressez pas cette tendance, vous n'aurez de cesse un jour de découvrir un bord de mer tranquille ou une île lointaine où vous pourrez enfin respirer sans avoir l'impression de gêner quelqu'un.

Cette description vous paraît peut-être exagérée, surtout si du fait de votre jeunesse, vous vous sentez encore proche des motivations intellectuelles de votre dernière existence. Cependant, elle n'est pas très éloignée du climat qui se dégage de votre projet de vie. Vous avez déjà opté pour un retrait du monde dans le passé au profit de la discipline spirituelle. Il y a du zen dans votre mémoire des vies antérieures. Vous en avez gardé un goût certain pour les méditations solitaires, l'introspection et la quête d'authenticité. Nul, alors, ne vous contraignait à vous confronter à vos conflits ou à faire face aux responsabilités que vous ne vous sentiez pas capable d'assumer. C'est pourquoi, si le monde vous apparaît comme un lieu de mensonges et de faux-semblants, vous aurez tendance à rechercher de nouveau des conditions de paix et de silence.

Votre capacité de contact et d'intuition s'est nettement épanouie dans l'existence à l'origine de votre vie actuelle, mais cette ouverture à la réceptivité a pour corollaire obligatoire la rencontre avec la vulnérabilité et l'on ne dispose pas toujours, dans ces premières expériences, d'une discrimination suffisante pour faire la part des choses en soi et autour de soi. Le risque est alors de se protéger d'une façon excessive et vous pouvez retrouver cette tendance dans la présente existence. La « modestie » avec laquelle vous vous présentez comme la partie anonyme d'un grand tout (un « tout petit moi » !) n'est-elle pas liée au refus, plus ou moins conscient, de confronter vos opinions à celles des autres ?

Vous n'avez pas toujours vécu dans ce doute existentiel. Dans votre enfance, vous disposiez d'une grande curiosité d'esprit, voire d'un jugement acéré dont vous avez certainement fait profiter votre famille car les enfants porteurs de cet indice sont très exigeants sur la qualité intellectuelle de leur environnement. Ce sont de vivants détecteurs de mensonges qui ne pardonnent ni la tromperie ni la médiocrité d'esprit, mais ne s'interrogent guère sur la valeur illusoire de vérités affirmées dans l'absolu : pour eux, ce qui est dit est dit, une parole engage pour l'éternité, son détournement est un crime contre l'esprit. Ils ne disposent pas, en conséquence, d'un niveau de compréhension suffisant pour admettre les compromis en vigueur dans leur groupe d'appartenance. Une telle intransigeance de la part d'un enfant suscite souvent les jugements négatifs ou les réactions de moquerie, ce que redoutent par-dessus tout les natifs du signe de la Vierge dont vous portez les racines karmiques. Si votre sensibilité a été heurtée par les réponses de votre famille, vous ne pouviez qu'adopter la forme négative de votre projet : renoncer à votre esprit critique pour vous fondre dans l'ambiance de votre environnement, n'en penser pas moins mais abdiquer tout désir de l'exprimer ou mettre en œuvre des barrières de sécurité physiques et mentales pour ne plus ressentir ces impressions trop vives qui vous bouleversent.

Quelle que soit votre option, elle vous conduisait à un certain lâcher-prise sur l'image de soi car votre projet n'inclut pas d'occasion de briller ou de vous affirmer et vous n'avez pas tendance à le rechercher. Évitez pourtant de tomber dans l'extrême opposé en pratiquant avec constance le jeu de l'effacement personnel car vous avez besoin de l'intelligence que vous démontriez dans votre enfance pour conduire avec habileté votre quête de dépouillement intérieur. Cette dernière devrait vous permettre de mieux maîtriser vos perceptions et vos moyens d'expression.

Une telle obligation représente donc un atout d'évolution à condition de bien la comprendre. Vous vivez un temps de nettoyage mental. Il s'agit pour vous de dépasser le concept de vérité intellectuelle pour entrer dans la vérité de l'être. Ce projet devrait vous permettre de communiquer avec les autres sur un mode plus simple et plus spontané, basé sur la compréhension de leur vécu.

Évitez, si vous le pouvez, de transformer ce qui ressemble à une initiation de haut niveau en un sentiment d'exil dans le non-être ou une complaisance à s'embourber dans les tréfonds de l'intériorité. Car cette étape spirituelle basée sur l'introversion est la plus piégée qui soit. Elle conduit davantage à se perdre dans la contemplation misérabiliste de ses propres détresses qu'à s'ouvrir à plus de compassion pour ses semblables. Vous y parviendrez en vous interrogeant sincèrement sur l'origine de vos souffrances plutôt que d'orienter prématurément votre existence vers l'aide aux autres, même si vous vous sentez l'âme d'un(e) missionnaire.

La grande question de votre vie est bien l'Amour impersonnel, vous ne vous trompez pas sur ce sujet, mais vous n'avez pas à y faire adhérer les autres à leur corps défendant. Cela ne concerne que vous et une aussi haute ambition est la chose du monde la moins bien partagée, sinon dans les sectes dont vous pouvez devenir, d'emblée, un(e) adepte présumé(e) acceptable. Vous avez tendance, en effet, à vous isoler, en cas d'échec, dans la quête d'un paradis artificiel excluant tout sens de la responsabilité et tout contact avec le monde réel. Un tel choix reviendrait à prolonger les impressions paradisiaques du monde utérin et à refuser indéfiniment de couper le cordon ombilical.

Les personnes qui détiennent le nœud Nord en Poissons affirment souvent leur refus d'être venues au monde comme si elles fuyaient les aléas de l'existence et rêvaient d'une vie passée dans un cocon de protection nébuleux. Cette quête systématisée de bonheur fusionnel induit un comportement flottant et irréaliste et n'est guère favorable à l'épanouissement personnel : on ne peut rechercher la transcendance du monde pour fuir la souffrance, sans la retrouver dès qu'on touche terre. Dans le zodiaque, les Poissons représentent les pieds. Si les vôtres ne sont pas assurés sur le sol, vous n'atteindrez pas le ciel et pas davantage le paradis dont vous rêvez. Nier ce fait n'engendre qu'une fuite devant la réalité et une recherche toujours accrue de protection contre les conflits et les sentiments d'agression. Inutile donc de vivre en marge de tout et d'opérer tant de sacrifices pour ne développer qu'un aussi sublime sentiment d'inexistence.

Un ego est un ego : ni petit ni grand. C'est la synthèse plus ou moins harmonique d'un ensemble de facultés et de comportements. Vous enfermer dans une bulle sous prétexte de dissoudre le vôtre n'y changera rien. Vos opinions n'en cesseront pas pour autant d'exister, même si les refoulez ou les colorez de pensées positives, et vous n'avez pas à en protéger les autres. Leurs réponses, affectives ou sociales, ne dépend pas de votre niveau d'abnégation. Vous n'avez aucune mission autre que celle que vous voulez vous donner et vous ne changerez pas leur karma. Personne n'en a le pouvoir.

Rien ne sert donc de rejeter ce qui vous semble vrai au profit d'une complicité bien illusoire. Il est important au contraire d'utiliser votre discrimination pour ne plus confondre des concepts de vérité, nécessairement intellectuels avec l'authenticité de comportement, qui constitue l'un de vos objectifs vitaux. Une telle recherche n'implique en rien d'abdiquer vos désirs ou vos opinions au nom de la bonne entente avec des proches qui ne vous en demandent pas tant. On ne peut aimer une personne qui se déprécie aussi ostensiblement que vous avez tendance à le faire. Vos enfants vous l'ont certainement déjà fait savoir. Ils vous estimeraient davantage dans la sérénité d'une parole assumée que dans le sacrifice de vos besoins à leur profit. Ce qui implique un retour sur votre propre enfance pour voir comment vous avez vous-même condamné votre esprit critique. Cela vous permettra de déjouer les pièges de la négation de soi et d'accéder à une perception plus vaste de votre destin d'être humain.

Si vous voulez vous ouvrir à la beauté de votre projet, c'est à vous de rechercher la nature et l'origine de ces jugements qui peuvent vous terrifier plutôt que de dénoncer ceux des autres. Vous le ferez d'autant plus facilement que vous cesserez de vous couper de votre ressenti. Sans cette démarche nécessaire, vous ne pourrez axer votre attention sur le niveau plus profond et plus réel de votre projet de vie : la découverte d'une existence en accord avec vos perceptions dans l'unité de l'être.

Vous aurez besoin de cette qualité particulière de perception pour déjouer les pièges d'un projet de vie qui tend à s'enfermer dans un univers chimérique, dangereux pour l'équilibre personnel. Rappelez-vous les sirènes des contes de fées ou des légendes grecques. Ces filles de Neptune sont des enchanteresses qui charment les hommes pour mieux les noyer. Ainsi pouvez-vous vous perdre dans les brumes d'un rêve d'amour sous prétexte de développer un univers aquatique mais sans une intelligence aiguisée, vous ne rencontrerez que les eaux glauques du vague à l'âme.

Votre projet de vie passe bien par la quête de l'amour divin, auquel vous aspirez, mais vous risquez de la conduire à travers des miroirs trompeurs. La vigilance s'impose à tout instant pour discerner la réalité objective dans la multiplication des perceptions subtiles que vous pouvez rencontrer. Vous éviterez de vous piéger vous-même dans ces marécages de l'âme en axant votre attention sur la vérification des expériences. Si ces dernières résistent à votre esprit critique, elles ont toutes les chances d'être réelles mais peu communicables au niveau verbal. Dans tous les cas, vous devrez donc faire confiance à votre ressenti et à votre intelligence. Le monde vous paraîtra alors plus tangible et plus sécurisant. Vous apprendrez à apprécier votre propre réalité et à cesser de vous réduire en miettes sous prétexte de n'être qu'un pur esprit. Ce qui va dans le sens de l'unité de l'axe Vierge-Poissons.

Pour remplir cette « mission » à laquelle vous rêvez, n'attendez pas qu'elle vous soit désignée par quelque force imaginaire. Servez-vous de vos dons et de vos talents. Vous possédez de naissance une connaissance instinctive des sciences de la santé et de la vie. La biologie, la nutrition, le monde des animaux ont déjà suscité votre intérêt dans d'autres existences. N'hésitez pas à mettre ce savoir au service des autres. Cela vous permettra de renouer le contact et de développer sur le terrain les aspirations humanitaires qui vous habitent. Si vous le faites, tout se passera au mieux et vous cesserez de noyer votre vie dans un verre d'eau.

Karma physique

Un trop grand repli sur vous-même peut engendrer des troubles de la personnalité et accentuer votre tendance natale à la dépendance. Évitez tout ce qui pourrait, de façon artificielle, atténuer votre mal de vivre – drogues, alcool, neuroleptiques – car votre niveau d'accoutumance est particulièrement rapide.

Le nœud Sud en Vierge induit également des troubles digestifs d'origine somatique liés au sentiment de rupture de contact. Ils ne doivent pas être négligés mais vous devriez vous méfier d'une tendance hypocondriaque à fixer votre attention sur le moindre malaise et à l'amplifier démesurément. Faites appel aux spécialistes : la certitude est, dans votre cas, le meilleur remède.

Si vous gérez mal vos perceptions, vous pouvez également développer une tendance à la boulimie de compensation. Un régime alimentaire adapté (aucune sucrerie) serait particulièrement bénéfique et vous pouvez faire confiance à vos anciennes tendances Vierge pour bien le conduire. Veillez également aux atteintes amibiennes en prenant toutes les précautions nécessaires si vous voyagez dans des pays chauds.

Il existe également dans votre terrain de santé une sensibilité aux problèmes de statique vertébrale. Ne négligez pas l'apport de la gymnastique douce, du yoga ou de l'ostéopathie, qui vous conviennent très bien. Le meilleur comportement est pourtant de développer votre niveau de sécurité affective. En évitant de trop prendre les autres en charge, ils vous offriront en échange plus de sollicitude et d'attention. Ce qui vous permettra de vous épanouir autrement qu'en prenant du poids.

2

LE NŒUD NORD EN MAISON

Les terrains d'application concrets de l'axe nodal sont traités ici selon les maisons de l'astrologie traditionnelle, mieux adaptées à la mentalité et aux modes de vie occidentaux que les maisons lunaires indiennes.

On interprétera la maison du nœud Sud comme l'origine physique du projet et les conditions de vie qui ont présidé à sa formulation.

Les inscriptions du nœud Nord relèvent, pour leur part, d'un idéal de vie dont les modes de réalisation ont été projetés sur le futur. Les aspects reliant les zones Sud et Nord permettront de compléter l'information mais, à chaque fois que possible, la translation des causes passées aux effets du présent a déjà été opérée dans l'analyse du nœud Nord en maison.

La position de ce dernier appelle quelques réflexions qui relèvent de l'expérience de la lecture karmique.

Le choix du terrain d'expérience du nœud Nord découle d'un concept d'existence uniquement valable dans le contexte qui lui a donné naissance. À cette époque, le projet avait une raison d'être dont le bien-fondé n'est pas discutable. Cependant, la personne peut investir toute son énergie dans cette direction, sans se rendre compte du hiatus temporel et spatial pouvant exister entre ses rêves antérieurs et la réalité actuelle. Dans le même temps, si les indications Sud sont harmoniques, le désir de renouveler leur vécu provoque fréquemment des paradoxes de personnalité. Car la personne peut consacrer beaucoup d'efforts à susciter des circonstances semblables à celles du passé pour les rejeter lorsqu'elle parvient à ses fins.

Ainsi, l'image d'un ancien foyer très sécurisant, mais où régnait l'ennui, peut être opposé longtemps à un projet de gérer sa vie dans un engagement professionnel. Rien n'oblige la personne à s'ennuyer dans un couple pas plus qu'à réussir sa vie sociale. Seule la tension existant entre les deux pôles engendre l'impression que les deux modes de vie sont incompatibles dans le cadre d'un accomplissement personnel.

On constatera ainsi que certains rêves d'un meilleur futur constituent une « erreur fatale » dans un contexte différent. La difficulté survient lorsque la personne ne s'est pas fixé des objectifs suffisamment précis pour qu'ils induisent une interrogation sur le sens de l'expérience. Ce qui est pratiquement toujours le cas quand le projet constitue une évasion à un sentiment d'échec projeté sur l'environnement. Que l'expérience se joue dans le Capricorne en maison X (garantie de sécurité professionnelle) ou en maison VII (fixité des relations), par exemple, n'implique pas nécessairement d'interrogation sur le sens de l'éthique et de la responsabilité propre au signe. Une personne qui n'utilise pas l'expérience du projet pour se connaître pense, le plus souvent, que le terrain agit et lui impose ses conditions. Elle demandera en consultation ce que le Karma exige d'elle, quelles fautes elle a commises, quand la sanction prendra fin, et se soumettra à l'avis de l'astrologue comme à une condamnation.

En revanche, lorsqu'un certain niveau de conscience détermine la prise en charge des situations extérieures comme un miroir des objectifs personnels, le signe l'emporte dans le questionnement. Et le dialogue peut s'instaurer sur des bases plus évolutives.

On comprendra, dans ce contexte, tout l'intérêt d'associer, dans la lecture karmique, le vécu en maison et le sens spirituel du projet nodal.

On reconnaîtra donc un projet cohérent au fait que les différentes informations du thème natal génèrent entre elles une continuité de réflexion qui n'exclut aucune des composantes vitales nécessaires à l'épanouissement de la personnalité dans les options qu'elle a choisies.

Maison I

Vous avez décidé d'explorer des relations moins limitées par les satisfactions émotionnelles que dans le passé et plus conformes à l'affirmation individuelle dont vous avez besoin. Votre projet de vie vous conduit ainsi à réviser vos images et vos motivations, au prix d'une certaine solitude nécessaire pour conduire à bien votre recherche. Votre capacité d'amour n'est pas en cause mais ce recentrage dans le temps et dans l'espace vous permettra de créer de meilleures conditions pour votre quête de connaissance de soi.

Trop souvent dans le passé, les personnages dont vous portez les racines karmiques ont dévolu leur existence aux autres par volonté de dévouement ou d'abnégation. Trop impliqués dans leurs relations, ils ignoraient la véritable nature de leurs sentiments et leurs désirs. Vous retrouvez les conséquences de cette ignorance de soi dans une tendance innée à vous dépersonnaliser en face des personnes qui vous sont chères ou à ressentir une culpabilité, plus ou moins consciente, lorsque vous essayez d'affirmer votre volonté en leur présence. Il vous appartient de corriger cette difficulté en accordant moins d'importance aux opinions des autres et davantage à ce que vous ressentez comme vrai et bénéfique pour votre équilibre personnel.

Votre façon d'aborder le mariage ou l'établissement de relations affectives durables dépend beaucoup des modèles proposés comme un idéal de vie par votre milieu familial. Dans leur jeunesse, les détenteurs de ce projet de vie tendent à renouer à l'identique avec la forme de ces liens du passé. Cette prédisposition est fréquemment accentuée par le regret tenace, même s'il demeure inconscient, d'une meilleure fortune sociale ou matrimoniale antérieure qui empêche d'apprécier, à leur juste mesure, les relations actuelles. Une telle orientation de pensée peut constituer, dans votre cas, une source importante de déceptions et de frustrations, à l'origine de ruptures répétitives, voire de divorces, jusqu'à ce que vous arrêtiez de projeter vos amours et vos haines d'autrefois sur vos partenaires d'aujourd'hui.

C'est pourquoi ceux qui ont choisi de vivre ce type de karma entrent de bonne heure dans la vie de couple (et se séparent tout aussi vite), ou bien ne s'y établissent que tardivement. Dès lors que le désir de liberté et de redéfinition personnelle intervient, la tendance est à rejeter tout lien durable aussi longtemps que la personnalité n'a pas été consolidée. Si vous ressentez cette prédisposition à vous perdre, à ne plus savoir ce que vous voulez ou qui vous êtes au milieu des autres, sans doute avez-vous déjà opté pour le « chacun chez soi » ou maintenez-vous une certaine distance relationnelle même avec ceux que vous aimez le plus.

Votre projet de vie peut donc aller à rebours de tout engagement durable. Il vous porte à vous affirmer, dans la solitude comme en compagnie des êtres chers, et à ne plus faire dépendre vos choix et vos comportements des objectifs ou de la bonne volonté d'autrui. Le mieux, dans ce cas, est d'être clair sur la solitude relative qu'implique le désir inné de mieux vous connaître et d'assumer de façon autonome la responsabilité de votre vie.

Les autres vous apparaîtront comme un miroir de vos pensées et de vos images qui vous permettra de vous rencontrer chaque jour davantage. Chacune de vos prises de conscience ou de vos transformations sociales peut vous conduire à changer de mode de relation, et d'environnement personnel.

Pour mener à bien votre projet, n'hésitez pas à parler à la première personne en évitant les banalisations de langage (pas de « on doit, il faut, on dit, etc. »). Vous ne pouvez, dans un premier temps, demeurer vous-même qu'en maintenant une constante cohérence entre vos pensées et vos actes, en pleine responsabilité des conséquences qu'ils peuvent entraîner. Mais sans doute le savez-vous déjà !

Les conditions de vie nécessaires à cette affirmation se révèlent le plus souvent dès l'enfance. Cependant, il faut du temps pour acquérir la maîtrise de nouvelles bases de personnalité et suivre un chemin de vie individualisé. La première partie de votre vie a donc pu ressembler à une sorte de purgatoire, fait d'incompréhensions, de ruptures abruptes ou d'échecs relationnels liés à votre désir d'être pris en charge ou d'obtenir l'adhésion des autres à vos projets. Vous comprendrez mieux, dans votre maturité, comment votre recherche d'autonomie était incompatible avec cette tendance natale à abdiquer vos désirs par peur de l'isolement et parfois même à renier vos talents et vos convictions pour conserver le sentiment d'un amour ou d'une amitié. Dans les périodes de fragilité et de doutes, les autres demeureront longtemps le pôle de comparaison et de négation de vous-même. Vous déciderez pourtant un jour que votre recherche d'amour et d'acceptation sociale ne valent pas le sacrifice de votre authenticité et apprendrez à construire vos repères sur la base de vos propres expériences.

L'affirmation solide et calme que vous essayez de développer dans cette vie vous permettra de mettre en place de bonnes conditions de recherches psychologiques et spirituelles. Quand cette unité personnelle (paroles, actes, pensées) aura été consolidée, vous retournerez naturellement vers les autres sans risquer de vous perdre dans ce désir de plaire qui a mobilisé votre énergie dans le courant de vos existences passées.

Vos véritables amis, ceux qui se réuniront autour de vous après votre quarantième année, apprécieront surtout votre droiture, votre originalité, votre autonomie, votre qualité de présence et votre égocentrisme bien compris. Il vous appartient de découvrir ou de créer ce cercle restreint de relations avec lequel vous développerez, en toute liberté, des échanges profonds et non conventionnels.

La connaissance de la réalité subjective ou objective de l'ego et celle d'autres dimensions subtiles de l'être fait, le plus souvent, partie de votre itinéraire. Une fois réalisé le dépouillement de la personnalité qu'implique une telle recherche, vous aurez sûrement à cœur d'aider vos semblables à évoluer vers leur propre maîtrise. Mais rappelez-vous que seuls d'authentiques sages peuvent être écoutés comme vous voudriez l'être et qu'il vous appartient d'opérer la différence entre la part strictement personnelle résultant de vos découvertes et ce que vous pouvez communiquer au public, plus ou moins large, que vous pouvez atteindre. N'essayez pas de convaincre, vous iriez à rebours de votre projet de vie. La pratique de l'enseignement vous conduira naturellement vers cette conclusion : vous ne supporteriez pas de perdre votre sentiment d'existence pour le plaisir de divulguer des connaissances inaccessibles à ceux qui ne les recherchent pas véritablement.

Le groupe qui peut adhérer à vos objectifs a toutes les chances de supplanter les relations affectives telles qu'on les conçoit habituellement. Vous saurez alors faire mieux la part de ce que vous attendez des autres et de ce qu'ils attendent de vous, et répondre « oui » ou « non » en connaissance de cause. Cela vous évitera de vous mettre en position de rupture pour sortir d'obligations mal comprises et mal gérées. Personne ne vous les impose : ne prenez plus d'engagements à long terme que vous ne vous sentiriez pas capable de tenir.

Si vous allez bien dans le sens de votre projet, vous allez devenir de plus en plus « un passant ». Quelqu'un qui s'engage totalement dans l'instant, avec toute sa vérité, mais refuse de laisser des ombres derrière lui. En adoptant cette éthique de vie, vous avancerez avec certitude vers la conscience de ce que vous êtes et accorderez vos choix et vos projets sur des objectifs personnels assumés. Un jour, l'expérience de chaque instant vous suffira, vous n'aurez plus besoin de projets : vous vivrez dans le calme intérieur, ici et maintenant. La recherche de l'être et le respect des lois de la vie constitueront l'essentiel de vos motivations.

Un tel objectif vaut bien la traversée du désert de la solitude. Il est dit, dans la tradition de l'astrologie karmique indienne, que c'est la meilleure des positions pour accéder à une progression spirituelle, voire pour atteindre la Libération.

Maison II

Votre projet est d'explorer dans toute leur étendue les dons et les formes pensées que vous avez apportés avec vous. Vous travaillez dans cette vie sur votre hérédité karmique personnelle. Vos aptitudes les plus significatives aussi bien que votre vocation et les éventuelles difficultés que vous rencontrerez sur le plan relationnel trouvent leur origine dans la façon dont les personnages dont vous portez les racines karmiques ont interprété le monde et y ont participé dans d'autres existences.

Dans votre inconscient, des certitudes puissantes animent une façon très personnelle de voir et de comprendre les choses. Vous vous exprimez avec évidence mais vos interprétations du monde ne correspondent pas forcément à la réalité extérieure et aux réponses que les autres sont prêts à vous donner. Vous devrez décoder, dans cette vie, le fonctionnement de vos croyances pour mieux coller à la réalité du terrain et tirer le meilleur parti possible de vos dons personnels.

Cette belle force de volonté, ou cette obstination à orienter vos projets toujours dans la même direction, peut nuire à la qualité de vos relations mais vous conduire également à réaliser avec succès des projets considérés comme impossibles par les autres. Vous auriez intérêt pourtant à cesser d'exiger que la vie se conforme aux idées que vous en avez. Cela vous permettrait de mieux tirer parti des nombreuses opportunités qu'elle peut vous offrir.

Votre force de conviction vous fait foncer dans les obstacles et si vous vous faites plaies et bosses, vous ne pourrez vous en prendre qu'à vous-même. Évitez, si vous le pouvez, de vous rendre sourd aux remarques ou contestations de votre environnement, comme si quelqu'un ou quelque chose pouvait détruire votre édifice mental. Vous y parviendrez en prenant conscience de votre peur du changement et en vous fiant à la force tranquille qui vous habite. Ainsi agirez-vous comme un vrai Taureau, dont rien ne vient ébranler la foi en lui-même et dans son avenir.

Cette peur de la transformation provient de situations instables, de deuils non assumés ou de grandes pertes matérielles que vous avez rencontrés dans d'autres existences. Les personnages qui les ont vécus les ont refusés ou n'ont pas été capables d'aborder les remises en cause personnelles qu'impliquaient tous ces bouleversements. Vous avez conservé de leur histoire cette obstination à vouloir garder le même cap sans tenir compte des circonstances. Comme eux, vous avez tendance à affirmer vos raisons et vos idéaux contre ceux du monde extérieur. Tout se passe comme si vous aviez perdu confiance dans la vie et aviez décidé de défendre pied à pied votre territoire. Mais vous ne pourrez rien contre l'impermanence et les aléas de l'existence, sinon vous enfermer dans une confortable tour d'ivoire en essayant de protéger vos proches de catastrophes présumées et qui n'ont, le plus souvent, aucune réalité objective. Certes, il ne manque pas de coins de terre pour vous réfugier contre l'émergence de vos hantises du passé, mais les autres pourront en conclure que vous avez simplement refusé de les entendre et de les accepter tels qu'ils sont.

Cette position du nœud Nord favorise également la résurgence dans cette vie de dons et de projets développés dans les vies antérieures et qui n'ont pas été conduits à leurs termes. Ils appartiennent au domaine de la conscience de rêve (corps astral) qui les prolonge de vie en vie, et vous avez intérêt à les réaliser pour libérer votre énergie et découvrir plus de liberté d'action.

Ces dons resurgissent souvent dans l'enfance sous forme de vocation. Ils trouvent leur voie de réalisation au plus tard avant la trentième année. Votre foi en vous-même vous permettra de les prendre en charge sans vous laisser détourner de vos projets, et de les épanouir au plus haut de leur potentiel personnel et social. Mais vous devrez veiller à améliorer votre sens de l'adaptation aux circonstances pour que vos efforts ne tournent pas court et que les résultats de vos désirs passés ne soient pas encore une fois remis à plus tard. Rien ne vous force à en faire un métier ou à vous investir à plein temps dans leur réalisation, mais il est important de ne pas laisser dépérir vos dons et vos capacités. Bien des personnes porteuses de telles valeurs, le plus souvent artistiques, en font un violon d'Ingres, dont elles partagent le plaisir avec leurs proches ou les développent sous forme d'un enseignement qui en valorise l'utilité.

Si vous rencontrez un échec sur ce plan, il proviendrait davantage de votre façon de penser et des moyens utilisés que d'une carence de capacités. Une ambition mal gérée, dans d'autres vies, a pu en effet laisser des traces importantes dans votre inconscient. Vous pouvez, dans ce cas, développer toutes sortes de bonnes raisons pour ne pas passer aux actes. Vous éviterez ce handicap en reconnaissant votre ambition, réelle mais frileuse, et en prenant le risque des conséquences d'une mise en valeur personnelle. En revanche, si vous estimez le monde trop agressif envers les gens qui assument leur réussite sociale, le fait de vous isoler pour ne pas exprimer la vôtre n'est pas une meilleure solution. Vérifiez si une telle tendance se confirme dans l'interprétation de vos régents karmiques. Si tel est le cas, vous avez intérêt à travailler sur la réalité de vos images personnelles pour mieux maîtriser vos modes de relation. En opérant les transformations nécessaires, vous sortirez plus facilement d'une forme de résistance défensive ou offensive qui nuit à votre épanouissement personnel et social.

Vous découvrirez, dans cette vie que, sans mener un combat ostentatoire pour affirmer vos réussites, les gens sont capables de découvrir votre valeur personnelle, de l'apprécier et de participer à votre réalisation sociale. N'oubliez pas, l'heure venue, d'exprimer votre estime et votre fidélité à ceux qui sont prêts à vous aider. Ainsi parviendrez-vous à développer les plus belles qualités de votre projet de vie.

Maison III

Votre curiosité d'esprit et votre désir de communiquer clairement et simplement susciteront, dans cette existence, de multiples occasions d'établir de meilleurs rapports humains avec les autres. D'heureuses dispositions sur le plan du langage et le niveau élevé de vos philosophies sociales antérieures peuvent être également utilisés pour accroître vos chances professionnelles si vous voulez bien mettre vos talents au service de la collectivité.

Vous avez développé dans d'autres existences un attachement à des modes de pensée qui se manifestent spontanément à travers vos tendances philosophiques actuelles. Vous avez eu, autrefois, l'occasion de voyager, pour votre plaisir ou pour vos affaires et d'établir toutes sortes d'échanges avec des milieux culturels différents. C'est pourquoi vous vous sentez certainement encore attiré(e) par des compagnons d'origine ou d'ethnies différentes comme si vous mainteniez, à travers eux, un lien avec vos anciennes passions. Il peut en résulter, également, une certaine difficulté à vous fixer dans une vie sédentaire. Même si vous éprouvez encore une attirance pour la sécurité matérielle, cette dernière ne vous incite pas à y investir votre énergie s'il faut développer un certain effort dans la continuité pour y accéder.

Avec cette position karmique, il arrive fréquemment que le père soit d'origine étrangère, vive à l'étranger ou appartienne à un groupe minoritaire. Cette filiation, souvent peu sécurisante, oblige à s'interroger, dès l'enfance, sur les conséquences d'anciennes identifications idéologiques trop figées. Ces dernières ont été développées dans des positions sociales importantes qui ont également favorisé l'éclosion des belles qualités intellectuelles innées dont vous disposez. Seule une étude plus approfondie permettrait de savoir si elles ont été détenues par un homme ou une femme, mais vous pouvez aisément choisir dans la liste des fonctions sociales suivantes d'après les centres d'intérêt personnels qui vous relient encore à ce passé : explorateur, négociant international, avocat ou notaire, professeur d'université, philosophe, historien, personne assumant la direction d'une communauté religieuse, ou patriarche dans une civilisation traditionnelle. On trouve encore, en vous, des traces de cette autorité acquise dans la direction intellectuelle ou spirituelle d'autres individus. Vous devrez d'ailleurs apporter une correction à des images parfois assez hautaines qui se manifestent spontanément sans être toujours justifiées par votre contexte familial ou social. Cela vous évitera de gaspiller des années de votre vie à pleurer sur l'injustice du sort qui ne vous a pas fait naître dans des conditions plus avantageuses.

Vous avez décidé de remettre en cause tout cela et d'essayer d'approcher les autres plus amicalement et plus fraternellement. Vous aviez déjà compris, avant de naître, qu'une personnalité se dessèche sans authentiques relations du cœur et sans échanges humains chaleureux et durables. C'est l'un de vos projets essentiels dans cette vie. Cet effort de communication orientera votre intellect et votre esprit créatif vers des projets plus basiques mais dont les résultats seront plus heureux sur le plan personnel.

Il ne s'agit plus de vous définir à travers des rôles et des affirmations idéologiques mais de découvrir comment vous pouvez vous connaître à travers les expériences de votre vécu quotidien. C'est donc l'heure d'un questionnement fondamental sur les racines qui fondent l'identité : qui êtes-vous vraiment ?

Pour élargir votre créativité par le biais d'échanges plus fructueux, vous deviez d'abord apporter la preuve de votre capacité à entrer en contact avec vos frères et sœurs ou, à défaut, avec des collatéraux de la même génération que la vôtre (cousins, cousines, puis ultérieurement neveux et nièces). L'un de leur rôle karmique est de vous apprendre, parfois à travers les colères et les conflits, la joie d'être un parmi les autres et non pas au-dessus des autres.

L'environnement familial joue ainsi un grand rôle pour vous faire changer de niveau lorsque vous avez tendance à planer trop haut. De même, les conditions de vie et l'histoire collective de votre famille vous mettent dans la nécessité d'assumer votre projet. Vous pouvez ainsi recevoir l'assistance financière ou intellectuelle d'un collatéral, ou reprendre à votre compte la légende ou les talents d'un oncle ou d'une tante qui n'est plus de ce monde. En contrepartie, vous devrez répondre « présent » et apporter votre contribution lorsqu'un proche parent aura besoin de vous. Les conditions de réalisation de ce projet se présenteront d'elles-mêmes dans le courant de votre existence. Il n'est pas nécessaire de vous focaliser à l'avance sur ce point. Vous recevrez en échange tout le soutien, l'amitié et l'écoute qui vous sont nécessaires de la part de ceux que vous considérerez un jour comme vos meilleurs compagnons de vie.

Le « sort » fait parfois naître le porteur de ce projet en tant qu'enfant unique, le laissant dans la frustration de ne pas trouver *in situ* les objets de sa raison d'être. Il n'aura de cesse, dans ce cas, de constituer autour de lui un noyau fraternel qui jouera le même rôle dans son karma. L'unique « héritier de la famille » peut se trouver également confronté à un défi caractéristique de la nature de Jupiter, le maître de la maison karmique antérieure : comment faire pour élever ses qualités d'esprit et rester en contact avec les autres quand les héritages matériels, souvent répétitifs, ne facilitent guère le développement de la communication et la créativité ?

Ce choix de vie ne constitue donc pas une régression par rapport à la dignité de vos situations antérieures. Vous le comprendrez mieux en vous interrogeant sur votre capacité de réalisation de vos ambitions. Enlevez les empêchements supposés venant des autres et en particulier de l'un ou l'autre de ces petits gêneurs qui ont eu l'audace de naître dans le même foyer que vous, et posez-vous la question. N'avez-vous pas tendance à rêver de réussite sans passer à l'action ? Ne pensez-vous pas que vous pourriez arriver à des tas de choses, sans vous donner les moyens d'y parvenir ? Qui est vraiment responsable si vos ambitions stagnent à l'état de rêve dans un monde qui vous semble trop étroit pour vos aspirations ? Faut-il des circonstances si particulières pour vous donner le droit d'être vous-même et de vous exprimer simplement et directement ?

Au terme de ces réflexions, vous cesserez d'attendre que les conditions favorables soient réunies ou de croire que votre vie ne peut se réaliser qu'en Amérique ou à Tahiti. Vous comprendrez que votre épanouissement passe par une meilleure relation avec vos proches, qui peuvent vous apporter l'amitié et la joie de vivre que vous avez tendance à rechercher partout ailleurs.

Ce nouveau mode de communication peut également s'appliquer avec bonheur dans le domaine social. Mais les personnages altiers qui subsistent dans votre inconscient risquent de manifester une certaine hostilité à l'égard des modèles d'autorité extérieure (père, patrons, hiérarchie religieuse ou étatique) et ce type de karma conduit souvent à gérer avec un peu trop de légèreté les contrats ou les chéquiers. La position de votre nœud Nord vous rappelle donc à un meilleur usage de la parole donnée et à plus de véracité ou de probité dans vos échanges quotidiens. Dans le cas contraire, les conflits et les séparations (coûteuses) qui en résulteront engendreront bien des complications dans votre existence.

Vous avez dès lors tout intérêt à développer votre créativité en mesurant mieux les conséquences de votre liberté d'esprit aussi bien que de vos ambitions irréalistes. Même s'il vous est permis, dans cette vie, de retrouver votre ancien prestige à travers la production d'une œuvre personnelle, vous devrez admettre que chaque étape du succès repose sur la preuve de votre mérite et de votre efficacité réelle. Une telle recherche ne peut se réaliser au détriment d'une mise en pratique de vos anciennes philosophies. Quand vous en serez là, vous aurez à cœur d'entraîner votre tribu fraternelle sur les échelons de votre propre réussite. Ce qui a été pris autrefois étant rendu, à vous de ne pas vous perdre de nouveau dans les méandres d'un prestige fallacieux.

Maison IV

Durant une ou plusieurs autres existences, vous avez particulièrement favorisé votre vie sociale au détriment de la vie affective. Cette fois, votre projet de vie prend corps dans votre foyer natal et dans le foyer que vous pouvez créer pour mieux comprendre sur quoi reposent vos identifications et vos modèles. En prime, le bonheur, si vous voulez.

Votre projet était de naître dans ce foyer. Les raisons peuvent en être variables : hérédité mentale ou physique commune avec l'un ou l'autre de vos parents, destin étroitement associé au sien ou nécessité pour vous de revoir vos identifications à travers un modèle (le plus souvent celui de la mère) qui exerçait déjà une influence déterminante dans votre précédente existence.

Dès que vous avez ouvert les yeux, vous disposiez sur place de toute la matière à réflexion nécessaire pour mieux comprendre vos pensées, vos réactions émotionnelles et le comportement relationnel qui en découle.

Vous pouvez vous reconnaître totalement semblable aux objectifs et aux comportements de vos parents, ou chercher de toutes les façons possibles à les nier et à les tenir éloignés de vos décisions. Mais vous les emporterez avec vous. Quelle que soit votre réaction, la compréhension de cette similitude appartient à votre projet de vie. Votre réponse n'est pas déterminée à l'avance, mais votre choix reste limité : vous pouvez reproduire les modèles que vous avez reçus, ou créer les vôtres à travers votre propre descendance. Si vous observez bien vos réactions, vous verrez qu'il s'agit toujours d'une solution en égal ou opposé. Comme eux ou contre eux. Si vous les avez choisis, c'était soit parce qu'ils vous ressemblaient comme des frères d'âme, soit parce qu'en leur présence vous auriez enfin l'occasion de comprendre vos erreurs de comportement.

À défaut de reconnaître cette évidence, vous risquez de rechercher toute votre vie vos racines de personnalité sans les trouver. La nature des identifications est votre objet prioritaire de méditation, et cette expérience de vous-même dans la base du foyer se renouvellera dans tous les lieux de vie que vous aurez tendance à créer.

En général, les porteurs de ce projet de vie le réalisent assez rapidement. Une tendance, profondément ancrée dans votre inconscient, vous porte à vouloir réussir une vie familiale, même si cette aspiration semble étrangère à votre vision de l'existence. Il ne s'agit pas d'assumer obligatoirement un rôle de parent même si le projet s'oriente souvent dans cette direction. Votre foyer peut être aussi bien le pays dans lequel vous vivez. Certains grands personnages politiques (hommes comme femmes) présentent cet indice dans leurs thèmes de naissance.

Si ce projet existe dans votre thème, c'est que vous l'avez souhaité. L'indice porte pourtant à confusion. Dans la vie qui est à l'origine de ce projet, vous avez beaucoup travaillé et sans doute pour des résultats peu rémunérateurs ou gratifiants sur le plan de la renommée. Vous avez forgé en rêve l'image d'un foyer idéal où vous pourriez vous reposer de ce fardeau, et construire avec vos proches un havre de bonheur et d'épanouissement émotionnel. L'heure est venue de le faire mais l'espérance investie dans ce projet risque de nuire à sa réalisation. On ne peut pas réussir du premier coup ce que l'on maîtrise mal et quelques tâtonnements sont obligatoires.

Essayez de vous pardonner vos imperfections : le bonheur des vôtres ne dépend pas que de vous. Ils ont leur part à jouer dans l'affaire et vous ont également choisi(e) pour partager leur histoire. Veillez simplement à ce que le rêve qui vous habite ne s'oppose pas à la réalité d'aujourd'hui. Renoncez, si vous le pouvez, à l'image irréaliste d'un foyer idéal. Contentez-vous de construire le vôtre avec vos propres moyens. Vous n'en rencontrerez que plus de bonheur avec ceux qui ont décidé de se joindre à vous dans votre maison-projet.

Vous avez toutes les chances de réussir votre histoire privée si vous voulez bien abandonner un côté bourru ou un sens trop accentué de l'indépendance qui a fait son temps et ne peut que nuire à la réussite de votre projet familial. Ce dernier vous appelle à jouer un rôle particulier aussi bien dans votre foyer natal que dans celui que vous êtes susceptible de construire. Votre choix de vie peut révéler des difficultés intimes qu'il faudra résoudre. Il peut également vous offrir des surprises plus agréables, comme de devenir un jour légataire des immeubles ou des œuvres d'un de vos parents. Dans les deux cas, vous ne vous sentirez pas en droit de rejeter une proposition qui vous apporte matière à approfondir votre interrogation sur les identifications.

Votre projet de vie peut aller à contresens d'une réussite professionnelle et même vous contraindre à renoncer au bénéfice social d'un talent personnel pour vous consacrer entièrement à l'éducation de vos enfants. Mais le plus souvent, ces ambitions erronées ou périmées n'auraient pas porté de fruits dans cette existence. Même si votre vie sociale ne vous permet pas de briller particulièrement, votre vie privée ne pourra qu'y gagner affectivement.

La dialectique foyer profession relève naturellement de vos interrogations et si vous la comprenez bien, vous cesserez de vous culpabiliser dans un sens ou dans l'autre. Vous pouvez d'ailleurs réaliser les deux expériences successivement ou dans le même temps. L'alternance vie privée vie professionnelle est courante dans votre cas et nombre de personnes règlent leur contradiction apparente en développant leurs idées ou leurs talents sur leur lieu de vie. Ainsi, la maîtrise sociale développée dans d'autres existences peut vous conduire, dans cette vie, à exercer une profession indépendante (commerce, artisanat ou profession libérale).

Il vous appartient donc de ne pas jouer la division entre ceux que vous aimez et ce que vous aimez. Votre projet n'est pas de choisir entre deux types d'épanouissement et il n'implique pas le plus souvent de demeurer consigné au foyer. Si vous manquiez de contacts extérieurs, ce serait plus par peur du monde ou des responsabilités sociales que sous l'effet d'une contrainte karmique. L'important demeure la réponse que vous fournirez aux membres de votre famille s'ils font appel à votre générosité et à votre compréhension. Cette obligation peut aussi bien s'étendre à toute une existence que surgir dans des circonstances très précises pour ne plus jamais se représenter à l'avenir. Ainsi, vous n'avez pas à limiter vos choix de vie mais à répondre avec justesse lorsque l'heure sonnera.

Cet indice karmique souligne traditionnellement l'importance du rôle de la mère et de celui joué par l'épouse dans le cadre du foyer. Mais, du fait de l'évolution actuelle des rôles parentaux, on commence à voir se manifester chez les hommes une tendance à jouer les « pères au foyer » et à laisser à l'autre, épouse ou amie, le soin d'assumer la sécurité quotidienne. Nombre d'entre eux ont également tiré parti de l'ouverture des maternelles au genre masculin pour devenir « nounou à l'école » et cela leur convient très bien.

Si vous teniez à opposer radicalement des obligations du passé jugées trop contraignantes à un présent basé sur l'irresponsabilité sociale, cela reviendrait à réduire votre projet de vie à son plus bas niveau. Réfléchissez : qu'est-ce qui représenterait pour vous la garantie d'un plus grand bonheur personnel ? Si vous avez la réponse, n'hésitez pas, car c'est le sens réel de votre projet. Mais évitez ensuite de comparer votre existence à celle des autres pour vous culpabiliser inutilement. Aucun projet de vie n'est supérieur à un autre et passer une existence à comprendre le sens du bonheur n'est certainement pas du temps perdu.

Vous avez donc plus de chances de trouver votre équilibre en découvrant le juste milieu entre les deux tendances et en vous interrogeant sur les modèles de répartition des rôles proposés par vos parents. Si vous voulez les reproduire, autant le faire consciemment. Si vous décidez de les rejeter, essayez de vivre cette situation en connaissance de cause et sans regrets.

Votre projet de vie implique de vous demander tôt ou tard qui vous êtes vraiment et sur quelles bases vous fixez vos identifications. Les réponses ne sont pas limitatives : à votre race, votre ethnie, votre sexe, votre pays, la fortune ou les carences matérielles de votre famille ? Toute une vie peut ne pas suffire pour explorer ce que vous pourriez être d'autre que cela et c'est un projet bien plus spirituel que d'aucun pourrait le croire.

Si vous voulez gagner du temps, essayez cette solution : interrogez-vous sur les réactions émotionnelles qui résultent de vos images personnelles confrontées à celles projetées sur vous par les membres de votre foyer. Votre sensibilité innée aux jugements est si grande qu'en vous axant directement dans cette direction, vous avez toutes les chances d'éviter des faux débats et de vivre enfin sans conflits auprès de ceux qui vous sont si chers.

Maison V

Quel que soit votre désir de communiquer avec les autres sur un mode fraternel, il faut reconnaître que vous confondez aisément discours philosophique et déclarations d'amitié. Vous avez décidé, dans cette vie, d'essayer d'établir des relations avec les autres sur la base de l'amour. Vos enfants sont là pour vous y aider.

Votre projet est d'apprendre à aimer et de vous ouvrir à la conscience de vous-même, que vous avez trop négligée dans le passé en vous consacrant à la recherche de la reconnaissance sociale ou de la gloire dans le service public.

L'orgueil excessif que vous avez développé dans cette quête de représentation sociale (cela va du rond-de-cuir au préfet) induit le plus souvent des résultats relationnels décevants. Les temps ont changé. Votre environnement social peut ne pas apprécier, à court ou à long terme, un comportement assez directif ou des concepts idéologiques confondus avec des vérités premières. Il vous faudra donc réviser aussi bien le fond que la forme de vos discours si vous voulez retrouver une position sociale sensiblement identique à celle qui a produit soit une telle hauteur de pensée, soit un tel refus de vous impliquer (à nouveau) dans les affaires d'État. Rien ne vous oblige à regarder dans cette direction mais, si vous refusez toute implication collective, vous n'éviterez pas les conséquences de votre karma et retrouverez certainement les mêmes difficultés de communication avec les êtres qui vous sont chers.

Pour tirer un meilleur parti de vos chances sociales, vous auriez donc tout intérêt à transformer vos théories en réalisations concrètes, sans déléguer ces dernières aux autres, et à remettre en cause votre besoin excessif de reconnaissance. Si vous êtes une femme, les formes de bénévolat, que vous avez tendance à valoriser en lieu et place d'une activité professionnelle, n'excluent pas nécessairement la même forme d'orgueil ou la même recherche de pouvoir. L'évolution de ces comportements passe obligatoirement par une réflexion sur le sens des relations humaines. Vous ne manquerez pas de matière d'expériences car toute personne avec laquelle vous établissez des liens affectifs participe implicitement à votre projet.

Vous pouvez développer cet objectif dans une profession adaptée mais l'originalité de votre esprit n'entrera pas en résonance avec les besoins du monde extérieur si vous continuez à valoriser vos qualités intellectuelles (souvent excellentes), au détriment de votre développement personnel. La reconnaissance, acquise aussi bien que refusée, vous ramènera de toute façon à l'essentiel : cette recherche de toutes les formes d'amour possibles, jusqu'à ce que vous ayez découvert le sens de l'Amour, avec un grand A.

Vous comprendrez, dans cette vie, qu'une image positive de soi ne repose pas sur des concepts, aussi élevés soient-ils, mais sur une bonne maîtrise de ses sentiments et une prise en compte de ceux des autres. Sachez seulement que vous partez avec un handicap : un aussi grand esprit d'indépendance ne favorise guère l'établissement de relations confiantes et durables. Pour réussir ce parcours vers l'amour, vous devrez donc cesser d'exiger de votre entourage une autonomie de décisions et de vie dont vous n'êtes pas forcément le modèle vivant.

Cette quête affective, conduite avec des partenaires élus, car vous n'avez certainement rien perdu de votre ancienne sélectivité, vous aidera à vérifier le bien-fondé de vos anciens idéaux notamment en ce qui concerne l'éducation des enfants. Vous pouvez en effet révéler une certaine maladresse dans un rôle parental que vous maîtrisez mal. Vous disposez sûrement de grands principes pédagogiques, mais à la manière de Jean-Jacques Rousseau ou de ses disciples révolutionnaires : ils concernent les méthodes éducatives en général, sans obligatoirement s'appliquer à des cas particuliers. C'est pourquoi les personnes porteuses de ce projet sont souvent attirées d'instinct vers les jeunes, l'éducation ou les domaines de la formation avant de songer que des enfants bien à elles leur permettraient d'entrer dans une pratique à long terme. N'hésitez pas trop longtemps : seuls vos enfants vous aideront à opérer les transformations nécessaires. Ce sont les meilleurs partenaires de votre vie. Vous le savez déjà si vous avez suivi le penchant qui vous portait, de naissance, à vous accomplir à travers eux. Être Papa ou Maman, c'est le premier vœu formulé par les enfants porteurs du nœud Nord en maison V, quand on leur demande ce qu'ils veulent faire plus tard.

Un enfant, en particulier, peut intervenir pour une part importante dans votre projet de vie. Vous essaierez de l'aider de toutes les façons possibles. Qu'il soit très dépendant (et parfois à la charge de ses parents pour de longues années) ou tellement indépendant qu'il bouleversera vos propres concepts en la matière, le résultat sera le même. Vous apprendrez à vivre avec quelqu'un qui n'exigera de vous ni prestige social ni beaux discours, seulement de l'amour. Si cet enfant dispose d'un talent spécifique, il vous faudra résister à la tentation de réaliser à travers lui le besoin de reconnaissance auquel vous avez pu renoncer pour veiller sur son éducation. Aucun enfant n'apprécie d'être considéré comme un substitut à la réussite de l'un ou l'autre de ses parents.

Le plan amoureux et celui des expériences sensuelles est également largement favorisé par votre projet. Vous n'avez nulle obligation de vous marier ou de vous lier définitivement à une seule personne. D'ailleurs, les porteurs de cet indice karmique ne considèrent pas, le plus souvent, le couple comme une fin en soi. Pour eux, le mariage sans passion réciproque n'a pas de sens. Une union ne peut être que le point d'orgue d'une entente réussie sur tous les plans : affectif, sexuel, intellectuel, projets communs notamment en ce qui concerne leur future descendance. L'enfant représente donc le lien et le ciment du couple comme s'il s'agissait d'un contrat sacré qui l'anime dans l'inconscient.

Il conviendrait cependant de ne pas rompre définitivement avec vos anciens centres d'intérêt car les indications de vos vies antérieures se conjuguent aisément avec vos objectifs actuels. Votre rôle de parent n'exclut pas, en parallèle, l'animation ou la gestion de collectivités diverses (y compris les organisations syndicales), à moins que vos régents karmiques n'y opposent une contre-indication formelle. Rappelez-vous cependant que les instances locales vous accueilleront d'autant plus favorablement que vous aurez démontré votre nouvelle capacité à mettre en œuvre des propositions constructives. Si vous vous éloignez trop de votre projet de base, vos enfants vous le feront savoir assez clairement pour que vous redressiez la barre.

Maison VI

Cette position du nœud Nord est particulièrement favorable sur le plan de l'évolution de conscience. Elle vous incite à développer votre sentiment d'utilité et vous ouvre de nombreuses opportunités de servir les autres dans les domaines de la gestion, de l'artisanat ou de la santé.

Vous n'avez guère de chance de faire une carrière de médecin dans cette vie, même si vous en rêviez dans votre enfance, car votre projet social ne se prête pas à la réussite dans des métiers honorifiques. La direction positive de votre projet porte à réussir dans une activité de service, y compris dans les pratiques associées à la prescription médicale (radiologiste, infirmière, kinésithérapeute, orthodontiste), la direction « négative », liée à vos propres comportements, conduisant plutôt à stagner dans des rôles sociaux que vous avez tendance à considérer comme subalternes.

Dans d'autres existences, une propension à vous évader des obligations matérielles, a abouti à un comportement d'exclusion sociale, confondu le plus souvent avec une vocation spirituelle. Appelé à servir les autres avec discrimination et amour, le personnage dont vous portez les racines karmiques s'est révélé incapable de le faire. Retourner dans cette direction n'aurait eu aucun sens, c'est pourquoi vous avez opté pour un peu plus « d'exercices sur le terrain ».

Le plus souvent, les personnes porteuses de cet indice karmique en ont appris les règles de base dans leur foyer natal avec des parents artisans, commerçants ou employés. Dans ce cas, on n'a souvent ni le temps ni les moyens d'entretenir un « artiste » dans la famille. Votre père vous l'a peut-être fait savoir sans ménagements dès votre plus jeune âge.

Si vous voulez tirer parti de dons éventuels issus de vies antérieures, ce ne sera donc pas sur le devant de la scène mais vous pouvez en faire une matière d'enseignement. Beaucoup de jeunes ambitieux cherchent des professeurs, ayant déjà atteint le niveau d'excellence, qui se font un devoir de leur communiquer leur savoir-faire. De même, si l'enseignement public vous attire, on vous confiera plus volontiers la formation professionnelle que la chaire d'université. Dans les journaux vous pouvez exercer votre plume dans la rubrique « vie sociale » ou « vie quotidienne ». Cela vous demandera un effort particulier d'adaptation au réel et d'œuvrer dans le concret pour sortir d'une tendance à projeter sur le monde des idéaux sociaux ou religieux sans grands fondements.

Vous découvririez davantage de satisfaction dans un métier d'art appliqué ou dans les domaines des soins du corps qu'en stagnant indéfiniment dans la sécurité d'un poste administratif ou en vous enfonçant dans la marginalisation et la dépendance. Un refus d'entrer dans la dynamique du nœud Nord en maison VI peut entraîner, en effet, des revers redoutables. Ce dernier démultiplie les risques médicaux inscrits dans sa position de naissance en signe. Ainsi, en passant de l'autre côté de la barrière, vous explorerez de toute façon le domaine de la santé et de la maladie. L'important est de ne pas vous enfermer dans la démission vitale, car c'est souvent en faisant ses classes dans le deuxième choix (la maladie et l'expérience qu'on peut en tirer) qu'on découvre matière au vécu du premier, autrement plus gratifiant.

Tel est souvent le cas des personnes qui, dans l'existence à l'origine des choix actuels, semblent s'être enfoncées dans la misère psychologique ou physique. On découvre dans leur thème, notamment par les indications liées à Mercure et Neptune, les maîtres implicites des maisons VI et XII, des images d'exclusion absolue (errance, mendicité, maladies mentales, dégénérescence psychologique dans un milieu carcéral) qui laissent penser qu'un projet de maison VI représentait pour eux une nécessité vitale. Imaginez ce que peut représenter pour un ancien ascète mourant de faim le fait de naître fils ou fille de restaurateurs. Mieux vaut cette réalité bien tangible (être l'héritier potentiel d'un outil de travail), qu'un rêve de victuailles fort peu adapté à une condition dont il aurait subi trop durement les nécessités. Le service à autrui représente, dans ce cas, non seulement une forme de rédemption, mais un apprentissage des modes d'insertion de base qui ne pouvait passer par d'autres voies. C'est aussi la condition nécessaire pour restaurer une certaine image de soi, souvent très défaillante, dans un contexte de sécurité matérielle de base.

Votre projet n'induit donc pas, le plus souvent, une vie d'épreuves ou de pauvreté. Toutes les maisons de Terre engendrent au contraire des ressources matérielles suffisantes et peuvent même offrir une corne d'abondance à ceux qui développent au plus haut niveau leur potentiel de service et de participation sociale. À titre d'exemple, une insertion professionnelle qui commence par un apprentissage, peut conduire quelqu'un à révéler sa véritable créativité et à acquérir la reconnaissance de son village, de sa ville et parfois de son pays. Il existe des boulangers, des ébénistes et même des rebouteux célèbres. En fait, si votre sécurité matérielle dépend d'une acceptation de votre projet, c'est à vous de développer clairement les moyens vous permettant de figurer parmi les élus, nombreux, des maisons VI florissantes.

Vous avez certainement conservé, de vos anciennes expériences, des centres d'intérêt axés sur l'humanisme, la compassion et le dévouement inconditionnel. Rien ne vous empêche de continuer à en développer les mérites, mais vous ne pourrez plus vous contenter de vivre dans la bulle d'un idéal d'amour. Il serait donc vain et contraire à toute évolution personnelle de vous réfugier dans un ashram ou un couvent, lieu où, de toute façon, les résidents sont soumis à une obligation de service... gratuit.

Quand vous parviendrez à manifester clairement vos qualités humaines, non seulement en pensées ou en paroles, mais en actes appréciés par les autres, vous sortirez par la même occasion d'un sentiment potentiel de déception ou d'échec. Faites confiance au monde : à moins que vous n'y renonciez, vous ne manquerez jamais d'opportunités favorisant votre insertion sociale. Mais vous ne rencontrerez pas la moindre chance sans l'avoir méritée par votre sens de l'application, de la continuité et de la responsabilité personnelle.

La contrainte que vous pourriez ressentir serait surtout liée à un sentiment inné de démission qui vous porterait à accentuer la difficulté de votre projet. Il vous appartient de le combattre pour ne pas sombrer dans un comportement de victime. Dans le Karma, il n'existe pas de condamnation mais une simple loi de rétribution : personne ne vous oblige à vous plier à des obligations sans fondements. Si vous avez conscience de votre projet, vous savez déjà que vous vous sentez utile lorsque vous avez répondu à un vrai besoin qui s'exprime en face de vous. Ceux qui l'ont compris ont découvert la joie d'une vie simple parmi les autres, dans la plénitude d'un sentiment d'utilité assumé. L'ambition ne fait plus partie de leur histoire.

L'enseignement que vous êtes susceptible de tirer de votre projet de vie vous fera avancer d'un grand pas sur la voie de l'évolution et vous découvrirez certainement, à l'heure de la synthèse de votre existence, en quoi il pouvait vous être utile.

Maison VII

Le recentrage personnel pour lequel vous avez opté dans d'autres existences vous a fait oublier une vérité essentielle : toute relation réussie est basée sur l'expression claire des sentiments. Vous avez choisi dans cette vie d'explorer le sens de la relation juste avec toutes sortes de partenaires et, en particulier, d'essayer de créer un couple durable où règne le don de soi et la bonne entente dans le respect de l'autre.

Trop de solitude, trop d'orgueil, trop d'égocentrisme, dans vos vies précédentes vont ont fait oublier cette vérité essentielle : on n'est soi-même que si l'on peut le demeurer en face de n'importe qui. À force de vouloir être « un », on peut simplement se retrouver terriblement seul. Ainsi, même si vous aspirez à réussir votre vie affective, il existe une tendance fortement ancrée dans votre comportement relationnel : la rencontre avec les autres ne vous intéresse que pour mieux vous comprendre ou pour en obtenir quelque chose et, dans l'ensemble, vous êtes peu concerné(e) par ce qu'ils vivent. Quand ils vous le reprochent, vous ne comprenez pas bien ce qu'ils veulent dire. Vous avez au contraire l'impression d'être proche de vos différents partenaires. Vous essayez de leur plaire, d'établir des relations sincères et d'être fidèle en amitié. Cela vous semble naturel : vous étiez ainsi de naissance. Vous ne manquiez pas d'amis dans votre dernière vie, vous manquiez d'amour.

Toutes ces qualités innées, de la clarté intellectuelle au courage d'affirmer ce que vous êtes en toutes circonstances, ne suffisent pas à créer un sentiment d'intimité. Vous comptez certainement trop sur les autres pour combler votre solitude ou répondre à vos besoins. En vous, un personnage solitaire, plus ou moins égoïste, redoute les conséquences d'un attachement durable, sans doute parce qu'il n'en connaît que les limites à son indépendance et en ignore les joies. Il se sent redevable des informations qu'on lui demande et prisonnier des paroles qu'il pourrait prononcer. Difficile avec un tel passif relationnel d'accueillir la sollicitude des autres sans se perdre dans des imbroglios comportementaux. Exprimer son amour, c'est, le plus souvent, se lier. Avez-vous envie de le faire ? Quand les autres vous le demandent, n'avez-vous pas tendance à répondre par l'évitement ou la fuite ? Si c'est votre cas, vous entretenez l'isolement du passé à coups de ruptures abruptes, sans vous interroger sur ce qui vous porte pourtant à rechercher les autres de toutes les façons possibles. Personne ne vous demande d'engagements définitifs et vous n'avez pas à en prendre contre votre volonté. Mais en acceptant d'envisager qu'une relation durable pourrait changer bien des choses dans votre comportement, vous irez davantage vers le sens de votre projet : apprendre à demeurer vous-même, dans votre équilibre personnel, en présence de n'importe qui.

Si vous voulez réussir une relation affective, faites confiance au temps pour affermir vos sentiments et traitez-vous avec moins d'exigence. Le cavalier seul, trop seul sans doute, qui a fait ce projet de vie ne pouvait pas mesurer objectivement la part d'efforts personnels et de compréhension mutuelle qu'il devrait y investir. Cette transformation de comportement vous revient et elle n'exclut pas de nombreuses erreurs de parcours.

Votre projet de vie n'est pas né du hasard. Le fait d'exprimer ses sentiments répond à un besoin fondamental chez tous les êtres humains et vous n'avez pas à en limiter l'étendue de peur de déplaire aux autres. Vous avancerez plus vite en acceptant d'expérimenter la nature des liens que vous désirez créer et la gamme des sentiments qui surgissent lorsque vous approchez ceux que vous aimez : colère, passion, exigence, tristesse, joie, enthousiasme. C'est votre ressenti que vous avez trop ignoré dans d'autres existences sous prétexte de demeurer dans la maîtrise intérieure.

L'important est donc d'expérimenter une plus grande vérité relationnelle dans le respect de vos partenaires. Vous y parviendrez en reprenant toujours à votre compte ce qui vous appartient dans la relation. Vous ne vous perdrez pas dans cette démarche. En multipliant les expériences affectives, vous avez même de grandes chances de vous retrouver. Car votre projet de vie prédispose à rencontrer des partenaires à l'image de ceux que vous avez été pour les autres dans vos vies antérieures. Ils représentent votre miroir pour mieux vous connaître.

Vous pouvez en conclure un peu trop rapidement que vous êtes en dette vis-à-vis de personnes de votre entourage où qu'elles ont des raisons « antérieures » de vous faire payer quelque chose. Cela n'est pas possible, car la personnalité ne se réincarnant pas, vous ne pouvez avoir rencontré, dans le passé, des personnes vivant aujourd'hui. Seules subsistent les tendances latentes, ces formes de pensées et ces désirs non réalisés, qui produisent les mêmes résultats aussi longtemps que ces derniers n'ont pas été remis en cause. Tant que vous n'en aurez pas conscience, vous rejouerez les mêmes scénarios avec toutes les personnes pour lesquelles vous éprouverez de l'attirance ou de la répulsion en ayant l'impression que rien ne peut jamais évoluer dans votre univers relationnel.

Vous n'avez pas ainsi à faire autant d'efforts, ni à manifester tellement de bonne volonté vis-à-vis des autres, pas plus qu'à adhérer aux conventions d'un cercle de relations. L'important dans ce projet est de ne pas rechercher à l'extérieur des modèles de réussite affective ou de croire que les autres (tous les autres ?) se débrouillent mieux que vous dans ce domaine. Un tel comportement serait source de frustrations et de déceptions qui vous renverrait périodiquement vers les conclusions déjà tirées dans les vies passées : plutôt l'isolement que de se perdre dans les relations. Mais la force de votre projet vous ramènera vers les autres. Autant aller tout droit vers la véritable source de tous ces conflits : une incompréhension de ce qu'est la véritable générosité relationnelle et très certainement un manque d'écoute lié à votre tendance à affirmer vos croyances comme moyens de représentation.

Il faudra du temps pour trouver cet équilibre que vous recherchez dans la relation de couple. Vous ne manquerez jamais de partenaires pour recommencer cette expérience essentielle et vous finirez par comprendre comment demeurer dans votre unité intérieure tout en vous ouvrant à l'amour. Il n'y a pas d'alternative dans cette recherche : la quête de solutions de rechange vous conduirait à échanger à tour de rôle des situations d'engagement et de rupture que vous connaissez trop bien. À un moment donné, vous aurez épuisé tout votre répertoire de réponses disponibles dans la mémoire des vies antérieures et vous vous rendrez compte que vous ne pouvez qu'innover. Vous deviendrez l'auteur d'une histoire d'amour, la vôtre, hors de tous modèles ou normes, et vous aurez le sentiment d'avoir atteint le but de votre vie.

Vous comprendrez alors comment vous aviez tendance à condamner votre autonomie au nom de votre besoin d'amour et que tous ces grands combats relevaient d'une recherche paradoxale qui ne concernait pas les autres. Vous apprendrez à apprécier vos partenaires pour ce qu'ils sont, sans mentir ou tricher sur la réalité de votre vécu. Vous pourrez vous épanouir dans le cadre d'un couple et réussir une véritable union hors de tout concept d'engagement conventionnel.

Vous prendrez conscience, si vous le voulez, que cette patience infinie que vous exigiez des autres face à vos atermoiements est, en réalité, une vertu spirituelle. Nul ne peut la développer à votre place. Vous cesserez de la détourner de ses objectifs au profit d'un enjeu relationnel, même de la plus haute qualité. Si Jupiter est rétrograde dans votre thème natal, vous trouverez à la fin de cet ouvrage des conseils qui pourraient vous aider à mieux réaliser ce parcours en allant vers le plus haut niveau de votre projet de vie.

Maison VIII

Vous avez choisi de développer votre projet de vie comme une aventure extrême pour dépasser les limitations de l'existence quotidienne et sortir de l'illusion en explorant vos réactions de peur, vos rêves et vos attentes.

Certaines de vos vies antérieures se sont révélées peu évolutives faute d'une élasticité mentale suffisante pour développer la capacité du changement. Vous avez trop privilégié l'enracinement dans la vie matérielle ou les certitudes intellectuelles. Vous retrouvez ces anciennes tendances dans les bases de votre personnalité sous la forme de résistances qui s'opposent au changement.

Quelque chose en vous évoque la solidité de la terre quand on la cultive avec amour pour qu'elle produise davantage de fruits, mais également la forme d'inertie qui caractérise cet élément. D'où votre choix de développer d'autres dimensions personnelles et sociales en remettant en cause toute poursuite de continuité dans la sécurité. Cette quête peut épouser bien des formes différentes.

Au plus bas niveau se trouve l'intérêt pour les choses de l'occulte ou de la magie, que l'on voit fréquemment apparaître comme un héritage dans la constellation familiale et qui porte à entretenir des illusions de pouvoir. Que ce dernier soit visible ou invisible n'y change rien. Mieux vaudrait éviter toute manipulation assimilée à de la magie, car les bouleversements que vous avez inscrits à votre programme peuvent susciter l'idée que des forces obscures s'acharnent à manipuler votre destin ou à vous détruire. Un tel raisonnement irait à rebours de votre projet. Vous pouvez, en effet, rencontrer des deuils et des pertes sévères destinées à vous faire douter de la maîtrise que vous croyiez posséder sur le monde dans d'autres existences. Il est plus facile, dans ce cas, d'en rechercher les raisons dans les ressorts secrets de l'univers que de se demander pourquoi la nécessité du détachement provoque des souffrances, une amertume et des refus tels qu'ils peuvent aboutir à la dépression.

Sur le plan affectif, ce projet de vie peut également engendrer des expériences traumatisantes ou des déceptions du fait d'une prédisposition à essayer d'entraîner vos partenaires dans un univers sexuel fantasmatique particulièrement vivace. Vous avez soit tendance à occulter la réalité quotidienne du désir en niant la part physique qui lui revient, soit à valoriser cette dernière de façon excessive, au détriment du sentiment. Quelle que soit votre orientation, vous risquez, à terme, de juger décevants les résultats de vos besoins sensuels et de vouloir les « transmuter » en expérience spirituelle. La voie de l'énergie peut se révéler dangereuse si vous l'utilisez pour transcender vos pulsions ou occulter vos désirs. La manipulation malencontreuse de l'énergie sexuelle est susceptible, en particulier, de déstructurer des personnalités fragiles et d'engendrer de graves perturbations psychologiques.

Et pourtant, l'un de vos grands domaines de changement est bien la découverte du monde subtil de l'énergie. À un certain niveau d'évolution, les projets de vie ont toujours ce caractère contradictoire. La partie positive et la partie négative s'y côtoient, l'une étant l'ombre de l'autre et l'on peut aussi bien s'y trouver que s'y perdre. Dans un tel projet, vous aurez souvent le sentiment de marcher sur le fil d'une épée. Car cette recherche, lorsqu'elle est motivée par une quête de pouvoir personnel, n'est pas sans danger. Vous pouvez vous heurter à des peurs incontrôlables en essayant d'approcher l'univers invisible. Ces peurs seraient liées au fait que vous avez déjà fait des tentatives dans cette direction, sans préparation suffisante ou sans prudence, dans vos vies antérieures et que les événements vous ont conduit(e) à douter de votre « invincibilité ».

Vous aborderez avec plus de sécurité cette puissante démarche intérieure en vous initiant aux arts martiaux ou aux techniques amérindiennes du guerrier, plutôt qu'en axant vos efforts sur le développement de pouvoirs subtils comme la médiumnité ou le magnétisme. Ces derniers peuvent se révéler dangereux pour votre équilibre personnel, en particulier si vos régents en maison, Mars et Pluton, sont rétrogrades dans votre thème natal. Vous trouverez, dans ce cas, au chapitre consacré aux transformations, les conseils nécessaires pour éviter les écueils d'un parcours assez périlleux et réussir les mutations de comportement qu'il suppose.

Si la position de vos régents karmiques indique une élévation de fortune, l'interprétation du nœud Nord en maison VIII la renforce car votre projet de vie inclut l'expérience consciente des jeux de pouvoir. Vous aurez, de multiples fois, l'occasion de mesurer les conséquences de vos rêves de grandeur quand vous décidez de les conduire à réalisation. Les moyens vous en seront offerts, au-delà de vos espérances : à vous d'en user à bon escient et de ne pas vous perdre dans l'orgueil d'une réussite mondaine exemplaire. Vous êtes libre d'en fixer les limites ou de les dépasser, mais vous maîtriserez mieux ce parcours en considérant que la chance qui favorise la réalisation de vos désirs provient surtout de la force de conviction de vos croyances.

Dans ce dernier domaine vous rencontrerez, également, la nature de l'impermanence et ne pourrez conserver vos certitudes, pas plus que vous installer dans la sécurité de la routine. Aux périodes éclatantes de liesse et de réussite succéderont des phases de repli sur soi, d'obscurité, de rejet du monde ou de la part du monde. Votre lot semble être de rencontrer fortune après défaite, et de faire le deuil de vos rêves au sommet de la réussite.

Ce projet porte à s'interroger sur les jeux du hasard ou du destin et à découvrir quel joueur, de bonne ou de mauvaise foi, vous pouvez être.

Que vous l'acceptiez ou la refusiez, vous ne pourrez, également, échapper à la remise en cause du pouvoir que vous pensez, plus ou moins consciemment, détenir sur la vie et sur la mort. Vous pouvez rencontrer cette dernière comme une fatalité contre laquelle vous mobiliserez toute votre passion de vaincre ou comme le plus passionnant de vos sujets d'études. Elle vous apprendra que rien ne dure et ne peut être possédé indéfiniment.

De telles conclusions vont à rebours de vos croyances latentes les plus ancrées. Vous aviez trop tendance, de naissance, à rechercher le pourquoi et le comment des choses et à vivre péniblement les crises de conscience qui accompagnent les grandes transformations.

Vous pouvez vous obstiner longtemps à les nier et à lutter contre ce qui vous apparaîtra un jour comme une évidence. Peut-être même en viendrez-vous à affirmer que rien ne vous appartient et à le faire en souriant et sans regret.

Si votre destin semble prendre un tour aussi surprenant, c'est que vous en êtes au stade où l'on peut se poser des questions fondamentales et particulièrement celle concernant la nature du Karma. Vous découvrirez ce dernier dans la façon dont les conséquences de vos choix, de vos désirs ou de vos actes (passés et présents) vous reviennent en direct et dans un délai suffisamment bref pour que vous puissiez en établir la relation de cause à effet. Il n'y a rien de magique là-dedans. Le désir est l'énergie la plus agissante qui soit, c'est votre moteur de vie aussi bien que celui du Karma.

Avec un peu de lucidité, vous comprendrez que la sagesse de la vision juste implique d'assumer la responsabilité de ce que vous êtes et de ce que vous produisez. Vous accéderez alors à une forme d'humour qui vous permettra d'admettre la relativité des choses, de les voir telles qu'elles sont et de rire de vos misères, souvent dramatisées à l'excès. Un tel comportement vous permettra d'ouvrir sans risques les portes de ce monde inconscient qui vous intéresse tant. Nombre de personnes qui ont parcouru victorieusement ce chemin assez scabreux sont devenues des spécialistes de l'âme humaine et du domaine des rêves. Cette porte-là, aussi, vous est ouverte si vous le désirez.

Maison IX

Votre curiosité intellectuelle, le sens des échanges et de la créativité que vous avez développés dans vos existences antérieures portent aujourd'hui leurs fruits. Vous avez atteint un stade d'interrogation et une gestion suffisante des qualités de l'esprit et de la parole pour tenter l'expérience de l'enseignement.

Votre sens du dialogue et des échanges interpersonnels a été développé dans d'autres vies par le biais de votre appartenance à un clan fraternel. Vous recevez de sa part, dans cette vie, la rétribution relationnelle qui vous revient : amitié ou conflits et jalousie, soutien et reconnaissance spontanés ou nécessité de revoir la portée de vos paroles et de votre autorité pour parvenir à une meilleure entente. Les mêmes situations se développeront dans toutes les circonstances où vous essaierez d'établir des relations amicales avec vos proches.

Dans tous les cas, cette démarche vous permet d'aller vers les autres spontanément avec un bon sens de l'ouverture et la capacité de vous remettre en cause face à leurs réponses. Votre personnalité est suffisamment mobile pour tirer la leçon des événements et s'y adapter.

Si, dans le passé, vous avez su établir une juste distance avec vos frères et sœurs et appris à occuper votre place auprès d'eux, vous êtes à même maintenant d'aider d'autres personnes à réaliser leurs potentiels ou à développer leurs qualités personnelles. Pour tirer au mieux parti de ces talents, notamment créatifs et oratoires, rapportés de vos anciennes existences, vérifiez si vos régents karmiques ne comportent pas d'indications contradictoires. Même si c'est le cas, le mérite acquis ne peut être diminué. Vous devrez simplement réviser votre comportement relationnel et plus particulièrement vos modes d'expression. Les transformations que vous pouvez opérer sur ce dernier plan vous permettront de mieux vous connaître et d'aborder les autres plus simplement et plus directement. Le bénéfice psychologique rejoindra dans ce cas les nouveaux avantages professionnels que vous pourrez en tirer.

Vous disposez d'une certaine capacité à communiquer vos idéaux à travers la parole ou/et les écrits, mais le contenu de votre expression n'est pas défini dans votre projet. Il épousera l'orientation qui vous semble nécessaire pour d'autres expériences inscrites dans votre thème natal.

En fait, ces idéaux ont peu d'importance dans le plan de l'évolution. L'œuvre que vous pouvez produire n'est que la prime du talent développé dans d'autres existences. Si vous voulez accroître votre capacité de conscience, ce qui constitue l'un des objectifs prioritaires de votre projet de vie, essayez d'approfondir le sens que vous prêtez aux expériences rencontrées plutôt que de vous attacher à leurs résultats, même très spectaculaires.

Les voyages occupent une part importante de votre histoire dans cette vie. Cependant vous avez intérêt à vous interroger sur leur nécessité objective lorsque vous les entreprenez. Vous êtes quelqu'un de très mobile, mais il est inutile de déménager à chaque fois que vous rencontrez un conflit à propos d'un contrat. Votre prochaine implantation ne vous offrira pas de meilleures opportunités aussi longtemps que vous n'aurez pas révisé votre sens de l'engagement. Car vous pouvez aisément fuir vers des pays lointains, faute d'avoir réussi à imposer vos idéaux dans votre environnement familial ou social. Veillez également – le cas échéant – à ne pas transformer vos frères ou sœurs en boucs émissaires de vos difficultés d'expression.

Quelles que soient vos qualités intellectuelles, vous pouvez, en effet, redouter de communiquer clairement votre savoir ou vos convictions et en rejeter la faute sur l'incompréhension ou l'absence d'écoute de la part des autres. Vous pouvez croire qu'il est nécessaire de garder pour vous des vérités qui vous paraissent trop personnelles pour être entendues, ce qui réduirait considérablement votre audience. Le plus important, dans ce cas, est de vous efforcer d'exprimer ce que vous ressentez, sans mentir et sans non-dits.

L'heure est venue de tester le bien-fondé de vos philosophies en prenant le risque de vous confronter à un plus vaste public, dans un espace moins protégé. Cela ne portera guère à conséquences, sinon dans la remise en cause de vos images personnelles. Si vous vous trompez de message, nul n'est obligé de vous entendre ni de vous suivre.

Vous appartenez, dans cette existence, au groupe karmique des enseignants et votre projet favorise le développement d'une autorité philosophique ou morale sur votre environnement. Cela vous permettra de vous ouvrir au plus grand nombre et d'attirer vers vous des personnes qui peuvent vous demander de les guider dans leur évolution. La Vie, qui joue la bonne fée avec vous, vous offrira de larges opportunités d'interventions. Vous pouvez enseigner au niveau universitaire aussi bien que dans l'éducation spécialisée (si Jupiter est rétrograde dans votre thème natal), devenir juge, vous passionner pour l'histoire des civilisations, l'ethnologie ou l'archéologie et vous faire reconnaître, si vous le désirez, comme une sommité dans ces domaines. Car votre passion pour les études est certainement encore loin de s'éteindre. Il serait cependant dommage, dans votre cas, de vous contenter d'aborder la voie spirituelle sur le mode intellectuel car vous avez intérêt à passer le plus rapidement possible à la pratique vécue de vos philosophies. Vous relevez d'une lignée traditionnelle ancienne, basée sur la transmission entre maître et disciple, et aurez certainement tendance à rechercher auprès d'un « modèle supérieur » les instruments nécessaires au développement de la discipline qui vous intéresse. Votre risque est de vous attacher à un « maître à penser » auquel vous demanderiez de vous servir de substitut de père. Cela peut se produire si votre propre père était absent ou vous a paru décevant (pas assez intellectuel ?), mais un tel comportement ne serait guère favorable au développement de l'expérience intérieure à laquelle vous pouvez accéder dans cette vie (compréhension du *Dharma*).

Nombre de personnes porteuses de cet indice s'orientent spontanément vers les textes ésotériques du judaïsme ou se penchent sur les vieux grimoires de l'histoire pour en tirer des leçons d'humanité. Si vous désirez consacrer votre vie à l'étude, rien ne viendra vous en tirer. Mais en ne restituant pas aux autres le résultat de vos réflexions ou méditations, vous continuerez à ignorer le plan le plus évolutif de votre projet de vie.

L'orientation spirituelle de votre rôle d'enseignant vous sera révélée quand vous aurez atteint un niveau d'expérience suffisant pour l'assumer. Même si votre projet en maison de Feu vous conduit à participer à l'élévation du niveau de conscience de votre entourage, cela ne veut pas dire que votre vie est dévolue à une mission particulièrement gratifiante. Les enseignants sont légions sur la Terre et chacun participe à l'œuvre commune selon ses capacités et son niveau de compréhension. Vos interventions seront donc à la mesure de votre dimension personnelle et de votre volonté d'offrir aux autres le résultat de vos expériences. Il ne s'agit pas, en effet, d'affirmer des convictions ou de diffuser des idées qui ne vous appartiennent pas, comme un vulgarisateur. C'est une erreur assez commune dans ce projet, mais les objectifs de votre but vital sont nettement plus humanistes. Si vous avez choisi l'enseignement comme ressourcement spirituel dans cette vie, c'est pour rencontrer les autres de façon plus vaste à travers toutes sortes d'échanges, et parvenir à plus de générosité et de patience vis-à-vis des êtres humains, quels qu'ils soient. Vous comprendrez un jour que le type de « patience », dont il est question ici, ne relève pas de la tolérance à laquelle vous essayez sans doute de vous exercer. Il s'agit d'une vertu spirituelle dont seule la pratique de l'enseignement vous permettra de comprendre le sens. Elle provoquera en vous un détachement de toute idéologie qui n'aurait pas été passée au crible de votre vécu et de toute idée de pouvoir, autre que celui que vous pouvez, à juste titre, exercer sur vos propres choix de vie.

Maison X

Votre foyer avait beaucoup d'importance pour vous dans la vie antérieure à l'origine de votre projet actuel. Vous avez sans doute vécu dans des cercles de famille ou des clans étroitement ligués autour des mêmes intérêts et des mêmes idéaux. Vous avez désiré établir des relations plus ouvertes avec le monde extérieur, apporter votre collaboration à la collectivité et vous le ferez dans cette vie par le biais du travail.

Les rôles sociaux que vous pouvez jouer dépendent des indications contenues dans votre thème natal mais, dans tous les cas, vous découvrirez le vrai sens de votre existence en vous investissant dans la vie professionnelle. Vos chances aussi bien que votre niveau de sécurité matérielle ne sont pas définies par votre projet de vie. Elles dépendent de la qualité d'énergie, de la volonté et de l'ambition que vous êtes prêt(e) à investir dans la collectivité qui vous entoure. L'analyse de votre régent Nord donne davantage d'indices sur le niveau de réussite que vous êtes susceptible d'atteindre et les voies par lesquelles vous pouvez mettre en valeur vos dons, vos capacités et votre bonne volonté.

Dans d'autres existences, vous avez favorisé votre vie affective, la direction de votre foyer ou de votre groupe social. Vous n'aviez alors aucune nécessité ou obligation de participer à une communauté élargie. C'est pourquoi il peut vous manquer une expérience de « terrain ». Les porteurs de ce projet répugnent le plus souvent à travailler dans le sens courant de ce terme, c'est-à-dire à gagner leur vie. Ils n'imaginent pas les opportunités matérielles et relationnelles qu'une activité régulière pourrait leur apporter. Mais les circonstances les obligent, le plus souvent avec un certain humour, à s'insérer socialement. Ainsi, ce sont souvent les détours que vous êtes capable de mettre en œuvre pour éviter le monde du travail qui vous y conduisent le plus sûrement.

Il ne s'agit nullement d'envisager une carrière artistique, de publier une œuvre littéraire ou de bénéficier d'une réussite exemplaire. Votre projet n'inclut ni grands voyages ni grandes aventures, et pas davantage de faire valoir votre personnalité ou de vous attirer la reconnaissance de vos semblables. Il a toutes les chances de trouver ses voies de réalisation dans votre pays de naissance, votre ville ou votre village et même parfois votre rue. Vous ne pourrez pas compter sur la collectivité pour vous assister ou vous faire des propositions avantageuses avant d'avoir accompli les premiers pas dans sa direction.

La première étape consiste donc à sortir de chez vous afin d'assumer par vous-même votre sécurité matérielle. Si vous le faites, vous comprendrez que cette prise de responsabilité sociale est la meilleure façon de construire un avenir que les aléas familiaux ne pourront pas remettre en cause, d'assumer votre liberté et de vous dégager de répétitions affectives que vous pouviez considérer comme inéluctables.

Évitez, si vous le pouvez, de considérer votre projet de vie comme une série d'obligations et de contraintes ou une simple nécessité de confort matériel. La participation au monde vous est favorable. La ville, l'entreprise, la vie sociale en général constituent vos territoires d'action et de dynamisation pour mieux vous connaître.

Votre carrière éventuelle évoluera lentement. Elle résultera des efforts que vous accomplirez pour confirmer vos décisions sociales dans la durée. Il n'existe pourtant aucun empêchement à votre réussite, mais vous manquez certainement de motivation et de savoir-faire. C'est pourquoi vous réussirez mieux en ne vous comparant pas à ceux qui grimpent les échelons sociaux avec la facilité d'un cabri. Avancez à votre rythme, en constatant année après année la consolidation de vos résultats. Vous éviterez ainsi de vous décourager en regardant – d'en bas – le sommet de la montagne et en vous demandant comment les autres y sont parvenus.

Cet enjeu social était nécessaire pour sortir d'un comportement mental installé dans la routine des modèles (notamment ceux de votre branche paternelle). Vous n'imaginiez pas spontanément qu'il pourrait en exister d'autres. La différence des autres peut vous effrayer ou déranger votre confort moral. C'est pourquoi, vous n'établissez sans doute de relations confiantes qu'avec les personnes qui vous semblent très proches et qui auraient pu figurer dans votre foyer natal. Ce qui conduit à établir des attachements affectifs inadéquats avec une réplique sociale du modèle du père ou du modèle dominant du foyer. C'est la source d'échec la plus fréquente chez les porteurs de projet de maison X.

Ce projet implique, non pas de réussir une vie professionnelle, mais de rompre la chaîne d'identifications trop figées et d'établir des rapports de sympathie ou de courtoisie dans un environnement qui ne vous offre pas le choix de vos compagnons de route. En bref, d'élargir votre univers de référence. Pour qu'il produise son plein effet, il convient donc d'envisager l'univers de la participation sociale comme un lieu de plus en plus vaste d'échanges et de services. Rien ne marchera pour vous si vous vous contentez d'attendre (à domicile) les propositions que l'on pourrait vous faire. En revanche, la société vous offrira les facilités d'insertion qui sont à votre programme dès lors que vous en ferez la démarche, en acceptant à l'avance les conséquences sur le plan du respect des contrats, de la fiabilité professionnelle et des responsabilités qui vous incombent. Quand vous serez capable d'aborder n'importe quelle situation extérieure comme une expérience à vivre et de vous ouvrir à des opportunités dont vous ne connaissez pas à l'avance les aboutissants, vous aurez le sentiment d'avoir réussi votre vie.

Vous pouvez envisager la création d'une entreprise personnelle (commerce ou prestations de services) avec de bonnes chances de succès. Vous vous rendrez compte alors, à travers les réactions de vos employés, de tous les *a priori* négatifs que vous aviez tendance à projeter sur l'autorité supposée du « patron ». Essayez, à votre tour, de ne pas devenir un supérieur hiérarchique ou un employeur au modèle du « patron » que vous portez dans votre esprit.

Quand votre décision d'investissement professionnel sera devenue claire, le monde extérieur vous accueillera comme un participant à part entière, et vous en offrira la contrepartie : la sécurité matérielle (toujours), l'abondance financière (fréquemment) et la reconnaissance de votre apport éventuel par l'accès au groupe des décisionnaires.

Maison XI

Tous les jours choisir ceux que vous aimez, vous remettre en cause et avancer d'instinct vers une vérité plus haute, participer largement à l'évolution de la collectivité en toute indépendance, agir activement pour l'élévation intellectuelle ou spirituelle de ceux qui vous entourent, jouer clairement votre rôle dans l'œuvre du grand Tout et y trouver votre joie et votre épanouissement personnel, voici quelques-uns des nombreux buts de cette position du nœud Nord.

L'amitié, le groupe, le monde vous servent de terrain d'action dans cette existence. L'esprit de liberté qui vous anime a été développé dans une vie antérieure dans laquelle vous vous laissiez guider par votre instinct, vos désirs et vos sentiments. Vous avez pris soin de vos enfants (vous pouviez être aussi bien leur père que leur mère) et éventuellement de ceux des autres. Vous aviez alors à cœur de perfectionner vos talents éducatifs. Il est, par conséquent, naturel que la collectivité y fasse appel aujourd'hui. Vous pouvez choisir les activités de formation qui vous plaisent le plus car votre ambition sociale ne vous consignera vraisemblablement pas au poste de simple enseignant.

Votre projet implique une perspective plus large de votre rôle d'être humain dans le monde. Vous pouvez le développer aussi bien en milieu associatif que dans un poste représentatif au service de la collectivité. Vous appartenez dans cette vie au groupe karmique des gardiens de la vie sociale. Ce qui vous ouvre la porte des fonctions d'ordre civil (police, par exemple) ou de la gestion des grandes collectivités publiques (préfet, ministre, chef de cabinet, groupes politiques). Vos expériences sociales ne sont pas limitées, visez assez haut. Vous avez également des chances de réussite dans l'animation sociale quel qu'en soit le domaine : associations, syndicats, groupes d'intérêts divers.

Ce projet de vie favorise souvent l'accession à une tribune nationale ou internationale. Une fois engagés dans cette direction, les porteurs de ce projet peuvent difficilement faire marche arrière et en subissent les conséquences aussi bien dans leur vie privée que sociale. Ils disposent, en échange, d'un vaste libre arbitre qu'ils doivent apprendre à gérer correctement, en évitant notamment des comportements d'appropriation du bien public qui portent à lourdes conséquences karmiques (déshonneur, ruine, phobies handicapant l'activité sociale, etc.). C'est pourquoi les planètes rétrogrades en maison XI, indiquant une expérience antérieure du même type, suscitent plus souvent une fuite devant les propositions de renommée qu'une recherche de ces dernières.

Votre niveau de réussite publique dépend donc en grande partie des planètes figurant dans votre maison XI, des spécificités de votre nœud Nord en signe et des lignes d'action de vos régents. Si ces derniers émettent des freins à votre progression sociale, vous devrez surtout corriger des comportements qui ne favorisent pas une réalisation personnelle de plus haut niveau. Vous n'avez donc pas à forcer votre niveau d'ambition. Les significateurs politiques de la maison XI impliquent surtout une croissance vers la conscience sociale. C'est cette dernière que vous devez atteindre, et rien d'autre. Et vous y parviendrez davantage en prenant en charge vos images personnelles qu'en multipliant les conflits sociaux. Vous misez certainement trop sur l'amour, l'admiration ou la reconnaissance que vous attendez en échange de votre apport social non négligeable. Votre générosité ne peut être mise en doute (vous avez dans l'ensemble une image positive des autres), mais elle n'est pas nécessairement compatible avec le fonctionnement sécuritaire d'une collectivité organisée. Si vous désirez participer à la révision des institutions que vous estimeriez périmées, vous devrez vous investir personnellement dans les bouleversements que vous préconisez et rencontrer la contestation de vos idéaux, la remise en cause de vos images de pouvoir et la sanction – positive ou négative – de vos réelles capacités. Même si la transmission fait partie de votre projet, elle est directement associée à la réalité de l'expérience personnelle. Elle vous conduira simplement à vous interroger sur les réactions psychologiques et mentales que suscite la rencontre d'une expérience collective. Dans ce contexte, rien ne serait pire, sur le plan de votre évolution, que de consigner à votre profit les signaux de reconnaissance qui résulteraient de vos interventions. Votre image de soi est déjà suffisante : elle est appelée à décroître et non pas à s'enfler démesurément d'un sentiment fallacieux de réussite égocentrique. Le comprendre vous permettra de mieux gérer votre autorité et votre autonomie pour vous établir dans la maîtrise intérieure.

Mais les conseils des autres n'exercent guère d'impact dans vos choix. Vous êtes fondamentalement un être de passion et vous ne croyez qu'à vos idéaux. Rien ne vous empêchera dès lors de les tester sur le terrain et d'en tirer vos propres leçons de philosophie.

Sachez seulement que la maison XI conditionne plutôt les formes sociales de l'avenir que des résultats immédiats. Vous n'avez aucune garantie d'obtenir le bénéfice de vos efforts de votre vivant ou ce sera au prix d'un combat à long terme. Autant le savoir pour mesurer la véritable portée de votre projet de vie, et éviter de courir sans profit de passion en passion et de déception en déception.

Cette liberté que vous recherchez par-dessus tout, et dont la bonne gestion relève de votre projet de vie, possède donc ses revers, assez peu évolutifs. Votre projet est de libérer l'énergie consignée dans vos conflits et vos paradoxes au profit de votre croissance intérieure. Sinon vous sacrifierez, par votre comportement exclusif, nombre des opportunités sociales qui s'ouvrent à vous dans cette existence. Inutile de proclamer, par exemple, que vous êtes quelqu'un de trop exceptionnel pour faire n'importe quoi. Prouvez-le par vos actes, vos apports à la collectivité, et le monde ne manquera pas de le reconnaître. Vous pouvez mettre votre esprit d'invention au service de techniques de pointe, de la recherche scientifique, de nouvelles méthodes pédagogiques, ou d'exégèses visant à améliorer les rapports des groupes sociaux. Cela vous permettra de renoncer à une certaine hauteur de vue et à un orgueil mal géré au profit d'une ouverture d'esprit plus universelle.

Si vous préférez jouir paisiblement des fruits de vos existences antérieures (un poste de fonctionnaire), vous limiterez considérablement l'exercice de votre liberté mais l'administration publique peut vous offrir à la fois sécurité, capacité d'action et notoriété. Ce n'est pas incompatible. Tout dépend de votre niveau d'implication et de la qualité de votre « fibre sociale ». Certains titulaires de ce projet de maison XI n'ont pas la moindre idée de la façon dont elle peut vibrer. Ils sont trop individualistes, traitent tout le monde à égalité, comme des frères et sœurs, et ne se sentent à l'aise ni avec des subalternes, ni avec des supérieurs hiérarchiques. Si c'est votre cas, votre choix social se réduit à une activité (importante éventuellement) de représentation personnelle ou au travail avec des associés, chacun dirigeant ses propres dossiers.

Le sens de l'amour que vous avez développé dans d'autres existences associé à votre projet actuel devrait vous conduire à une bonne synthèse entre autonomie et expression des sentiments. Cependant, votre investissement social peut vous transformer en un compagnon peu disponible ou qui redoute de perdre son initiative personnelle dans des liens affectifs trop étroits. Il serait pourtant dommage d'opter pour la solitude du célibat, car vous aurez besoin d'une affection désintéressée si vous voulez conserver votre équilibre psychologique dans les combats d'une carrière publique. À terme, l'amitié fraternelle vous apparaîtra sans doute aussi souhaitable, sinon davantage, qu'un attachement amoureux.

Vous n'êtes pas forcément contre le mariage, mais l'attention naturelle que requièrent des enfants peut vous apparaître comme une contrainte qui handicaperait vos recherches et vos ambitions. Vous avez eu votre part de parentage dans d'autres existences et il n'est pas évident que vous désiriez vous occuper d'une progéniture aujourd'hui.

❋ *Pour un homme* : si le goût de la paternité est demeuré vivace en vous, évitez de déléguer entièrement le rôle d'éducatrice à votre compagne sous prétexte de conduire votre carrière tambour battant. Les enfants, dans leur ensemble, recherchent plutôt un père présent qu'un père brillant.

❋ *Pour une femme* : un enfant unique devrait vous suffire. Vous conserverez ainsi, sans culpabilité, les conditions de liberté nécessaires à votre projet social et éviterez les fausses couches qui accompagnent souvent le désir d'un second enfant.

❋ *Homme ou femme* : par réaction à votre peur des modèles, vous avez tendance à accorder à vos enfants une liberté absolue de pensée et d'initiatives et parfois à ne pas concevoir la nécessité de bases d'éducation. Si vous confondez votre besoin de liberté ou de marginalité avec le leur, vos enfants risquent de ne pas y trouver leur compte. Certains se satisferont très bien d'une vie d'aventure (peut-être cela a-t-il été votre cas), mais la plupart d'entre eux ont besoin de sécurité et de stabilité, de cadres et de modèles bien définis.

En revanche, en cas de difficulté de conception, la collectivité vous confiera volontiers ses propres enfants. Vous êtes un parent « adoptable » tout autant que vous pouvez être un enseignant remarquable.

Maison XII

Vous ne trouverez votre voie de réalisation dans cette vie qu'en offrant vos motivations de service au plus grand nombre.

Ce projet de vie parle de la fin d'un temps, de nettoyage mental et psychologique, d'énergie dont les orientations doivent parvenir à leurs termes avant de trouver de nouvelles voies d'expression. Il contient une forme d'obligation qui se joue en quitte ou double : ou bien vous avez atteint la maturité psychologique et spirituelle nécessaire pour être médecin, un de ces vrais médecins que l'on trouvait autrefois dans les campagnes, ou bien les problèmes de santé vous conduiront à vous interroger sur le sens que vous voulez donner à votre vie. Vous devrez donc choisir entre vous mettre volontairement au service des autres ou y être contraint(e) par vos conditions d'existence. Si cette expérience du service vous paraît de peu d'intérêt, si vous recherchez la réussite et la valorisation personnelle dans vos activités, vous aurez vite l'impression qu'un destin facétieux a oublié votre berceau dans sa distribution. Dans ce cas, votre vie risque d'être bien obscure mais vous pouvez éviter de vous investir dans des travaux peu valorisants sans pour autant vous perdre dans la maladie ou la dépendance sans fin.

Vous possédez d'instinct une certaine maîtrise pour les disciplines reliant le corps et l'esprit. Le dévouement, la foi, la réceptivité, la médiation neutre, la découverte de l'Amour impersonnel font partie de vos objectifs d'incarnation. Si vous savez les mettre en valeur, vous figurerez parmi les privilégiés de cette position des nœuds lunaires. Les années passant, tandis que vous atteindrez un plus grand stade de clarté mentale qui fera de vous un véritable méditant dans la vie active, vous sentirez s'éveiller ce sentiment de participer à une œuvre utile qui trouve en elle-même sa justification.

Votre libre arbitre est nécessairement limité dans cette vie. Il en va de même pour toutes les personnes qui ont décidé d'apprendre à lâcher prise et à se laisser porter par le courant des choses. La nature de leur projet n'implique pas de développer beaucoup d'orgueil de soi. Encore que certains se laissent prendre à ce piège en valorisant de façon excessive leur générosité de comportement. C'est humain, mais ce n'est pas très évolutif. En revanche, vous aurez certainement de multiples occasions d'exercer votre désir d'aider les autres dans des circonstances que vous n'imaginez pas. Mais vous ne pourrez le faire dans un but intéressé ou bien vos projets n'aboutiront pas. Quand les qualités humaines nécessaires à votre projet de vie seront suffisamment développées, le monde extérieur vous le fera savoir par ses propositions. Vous n'avez donc pas à les rechercher particulièrement. Vous aurez toujours la possibilité d'accepter ou de refuser si vous n'avez pas compris le sens de votre projet. Mais, dans ce cas, vous risquez de passer votre vie à contretemps de celles des autres : en travaillant la nuit dans les usines ou les rues, au tri postal ou dans les bars (attention à l'alcoolisme !), sous terre ou sous la mer, ou sur un bateau loin de tout port d'attache. Ce comportement d'isolement résulterait de votre difficulté innée aussi bien à établir des relations utiles qu'à vous impliquer dans la vie quotidienne.

Dans d'autres existences, vous avez déjà eu l'occasion de développer ce sens du service. Vous pouviez aussi bien être artisan ou commerçant qu'infirmier, cuisinier ou modiste. Bien vécues, ces anciennes activités auraient dû faire de vous un technicien de la santé ou de la beauté, un diététicien, ou un médecin. Vous pouvez tester vous-même les résultats de cet ancien projet de service à la lumière des opportunités d'évolution sociale que vous avez reçues dans votre milieu natal aussi bien qu'à celles que vous avez su vous donner.

Si vous avez rencontré dans votre enfance ou votre adolescence un barrage à votre vocation, si vos parents ne l'ont pas encouragée et même si, les occasions vous en étant données, vous les avez négligées ou refusées, c'est que vous n'y aviez simplement pas droit et que vous le saviez. Quelque chose en vous ne se sentait pas prêt à aller dans cette direction qui exige un sens inné du dévouement et de l'investissement personnel au service de tous les êtres humains.

Pourtant, les motivations humanitaires que vous n'avez pas su conduire à terme dans le passé sont certainement encore vivaces dans votre esprit. Vous n'en tirerez guère de bénéfices sur le plan de la notoriété ou de l'argent. Si vous voulez œuvrer dans ce sens, vous devrez d'abord prouver vos compétences psychologiques et professionnelles dans les domaines qui vous intéressent. Vous avez bien entendu tout intérêt à le faire, ne serait-ce que pour votre équilibre personnel. Cela vous évitera d'entrer dans la recherche de « missions » inaccessibles qui vous détourneraient encore une fois du vécu simple et quotidien de votre projet. Vous devez veiller particulièrement à ces sentiments de frustration, d'échec ou de vide qui vous conduiraient à vous enfermer dans la maladie.

Cette position du nœud Nord démultiplie les risques médicaux, physiques ou psychologiques, indiqués par le projet de vie en signe. Il serait nécessaire, si vous en arriviez à ce stade, de vous interroger sur le comportement qui a engendré cette forme d'exclusion sociale et sur les raisons positives de ce que vous pouvez considérer comme l'injustice du destin. Car la chance sera toujours prête à vous sourire si vous faites l'effort de prendre votre vie en charge et si vous acceptez d'abandonner des rêves ou des ambitions sans issue.

Ce projet est destiné à provoquer une rénovation de la personnalité par une interrogation sincère sur ce que vous êtes.

Si vous le faites, vous sentirez naître en vous un désir profond de participer à l'œuvre du monde. Ce sera donc à vous, l'heure venue, de ne pas demeurer dans une obscurité que vous recherchez certainement sans même en avoir conscience.

DEUXIÈME PARTIE

L'ACTION DES RÉGENTS KARMIQUES

3

LA NATURE DES RÉGENTS

Tout projet de vie prend appui sur l'énergie des deux planètes traditionnelles qui gouvernent les signes traversés par l'axe nodal. Elles sont étroitement associées aux modalités de réalisation des nœuds lunaires et on peut les considérer comme les exécuteurs du projet de vie, ses régents.

Le régent Sud gouverne karmiquement le signe dans lequel se trouve le nœud Sud. Il indique l'origine du projet et parfois, par le jeu des planètes associées, les circonstances dans lesquelles il a été formulé. Il dispose d'une énergie de continuité, fondamentalement conservatrice qui peut susciter une résistance importante, mais non déterminante, aux transformations nécessaires pour conduire à bien la voie du régent Nord.

Le régent Nord gouverne le signe dans lequel se trouvait le nœud Nord à la naissance et demeure dans tous les cas l'agent d'action privilégié du projet de vie. Il est doté d'une énergie de combat et de réalisation au service des objectifs karmiques qu'il contient. Ce qui en fait l'instrument par excellence du projet nodal. Son action bien comprise permet d'éclairer le sens global de toute une existence.

La position Sud ou Nord des régents

Il est toujours intéressant dans une lecture karmique de situer les lignes de force de la personnalité appartenant aux résultats des vies antérieures et celles qui ont été induites depuis la naissance par l'énergie de développement du projet. La répartition des planètes (régentes ou non) entre les zones Sud ou Nord du thème natal représente sur ce plan un indice fiable. Pour les positionner, il suffit de relier l'axe des carrés aux nœuds lunaires par une diagonale. Chaque nœud gouverne la zone en carré à sa position natale.

Au carré inférieur du nœud Sud, dans le sens du zodiaque, commence la zone Nord. C'est le point focal où se forgent de nouvelles initiatives évoluant dans la direction du projet de vie, sous l'impulsion des transits et des progressions planétaires.

Au carré supérieur du nœud Nord, commence la zone Sud. Là se situe le point le plus dynamique de l'expression extérieure du projet Nord, avant que les résultats ne s'intègrent dans la mémoire karmique qui en conservera les tendances latentes dans le nœud Sud.

Vous découvrirez dans le chapitre consacré aux aspects des régents aux nœuds lunaires, l'influence déterminante dont disposent les planètes situés aux carrés entre Nord et Sud en tant que moteurs de transformation et de conscience.

On considérera que toute planète se trouvant dans la zone Sud manifeste dans ses voies d'expression des tendances fortement accentuées et le plus souvent statiques relevant des conditions de vies antérieures. Ces tendances se manifestent comme des croyances induisant des réponses prédéterminées, qui sont le plus souvent activées dans l'enfance et jusqu'à la fin de l'adolescence. Inversement, toute planète située dans la zone Nord, même si elle est tout autant chargée de croyances issues du passé, contient des rêves et des attentes qui se dynamisent dans la mise en place du projet actuel.

Il peut donc exister un combat apparent entre les tendances Sud et Nord du thème natal. Au point que certaines personnes, incapables de concilier les paradoxes de personnalité induits par les énergies contradictoires figurant parfois dans les deux zones, tranchent en direction du projet de vie en éliminant les circonstances du Sud au profit de celles du Nord. Les chocs en retour sont alors inévitables, car nul ne peut décider de vivre la moitié de son potentiel vital en excluant, par ailleurs, ce qu'il ne parvient pas à gérer, sans engendrer des déséquilibres même dans les domaines les plus favorisés par le projet. Un tel comportement revient également à ignorer que de nouvelles inscriptions karmiques se font en continu dans le thème natal, du Nord au Sud, et du Sud au Nord, sous traces de formes énergétiques laissées par les transits ou les progressions planétaires. Rien n'est plus illusoire que de croire qu'une fois « le Karma payé », on en sera quitte pour toujours. Le Karma n'est pas une machine punitive qui s'arrête parce qu'on a été bien sage et qu'on a bien appris sa leçon.

L'astrologue remarquera par ailleurs qu'une planète située dans la zone Nord peut évoluer par progression (directe ou rétrograde) vers la zone Sud et inversement, passant de la fixité protectrice à la dynamisation du projet de vie ou d'une certaine forme d'agressivité active à une forme d'expression défensive, comme si de nouvelles certitudes l'avaient figée dans son action.

Nous n'avons donc pas à choisir entre la zone Sud et la zone Nord, mais à laisser le jeu de l'énergie du projet opérer de lui-même les transformations nécessaires. Certains indices associés aux régents permettent pourtant de situer comment l'équilibre va s'établir et si la continuité entre l'origine du projet et son développement actuel évolue dans le sens d'une harmonisation ou non. Tout dépend de la position natale des régents.

Le régent Sud au Sud : son action accroît la force d'entropie des réactions antérieures. La personne fait le plus souvent des choix fortement imprégnés d'anciennes croyances qui renouvellent de façon automatique des réponses identiques à celles inscrites dans le régent. Il existe une tendance à croire que les choses ne peuvent pas se passer autrement. Elle se donne (et impose aux autres) des obligations de comportement ou de résultats dans la maison concernée, à l'image de ce qu'elle y a vécu autrefois. Si la frustration est trop importante, elle peut y renoncer en abdiquant des secteurs entiers de sa personnalité au profit du domaine d'activité du régent Nord. Les transits la ramèneront un jour vers les maisons laissées en friche avec tous les regrets qu'une telle abdication peut susciter aussi bien vis-à-vis de la zone Sud que de la zone Nord.

Le régent Nord au Sud : il est en relation avec une ancienne expérience dont le projet assure la pérennité dans cette vie. L'énergie repose sur des certitudes qui inscrivent d'emblée le projet du régent parmi les priorités des choix de vie actuels. Il existe, cependant, dans l'esprit de la personne une impression d'évidence dans la continuité, de savoir inné, qui sous-tend la pulsion à renouveler les inscriptions du régent Nord dans les formes anciennes plutôt qu'à rechercher de nouvelles voies d'expression ou d'expérimentation. Ce phénomène est lié à la force inertielle de la zone Sud, et l'on constate souvent une obstination « incompréhensible » à rechercher des modèles de vie (d'amour, de réalisation sociale, etc.) idéalisés et le plus souvent irréalistes dans le domaine du régent. Ainsi, certaines personnes font le vœu de rejoindre par-delà la mort un amour perdu et continue à rechercher l'aimé(e) de vie en vie (Vénus régente Nord en maison VIII). Nombre de ces images demeurent à l'état de rêves et entretiennent les personnalités successives dans une poursuite sans fin qui ne constitue qu'une échappatoire aux difficultés du présent et à l'évolution personnelle qu'elles peuvent susciter.

Le régent Sud au Nord : il entretient une forte continuité mentale entre d'anciens objectifs, plus ou moins bien maîtrisés, et de nouvelles voies de réalisation du projet actuel. La certitude contenue dans le régent Sud se projette dans l'absolu et sera d'autant plus renforcée que la planète est rétrograde, donc fortement chargée d'attachements à des impressions anciennes. Mais il n'existe pas de régression car le changement de contexte (la maison est différente), a déjà été reconnu dans le passé comme souhaitable pour élargir le champ d'expérimentation du régent. Il n'existe pas de sentiment de rupture dans l'esprit de la personne, et la maison de réalisation du régent Sud constitue le plus souvent le véritable pôle d'évolution et de transformation d'une vie à l'autre.

Le régent Nord au Nord : les deux énergies se conjuguent sur leur territoire respectif pour la mise en place des conditions de réalisation du projet. Cela représente la position la plus favorable pour inscrire automatiquement l'énergie de réalisation dans la direction du nœud Nord. La personne a l'impression qu'un fil conducteur la guide dans ses choix car il n'existe aucune confusion entre les impressions du passé et les désirs et nécessités actuels. La hiérarchie des besoins s'établit instinctivement en faveur du nœud Nord.

Les deux régents dans la zone Nord : ils représentent la position idéale pour la réalisation du projet de vie et dénote un certain niveau de conscience. Les anciens projets s'inscrivent dans une nouvelle dimension personnelle (celle de la maison du régent Sud) et adoptent ainsi d'autres moyens de réalisation. La continuité karmique consciente peut intervenir en relais en cas de difficultés dans l'expression du régent Nord. Le risque existe cependant d'évincer les secteurs de vie associées aux maisons du Sud. Les choix et les expériences se concentrent dès lors dans la zone Nord comme une volonté délibérée d'orienter son existence dans une seule direction : personnelle ou sociale par exemple, foyer ou travail, etc. Cette exclusion de pans entiers de ce qui constitue habituellement l'expression quotidienne d'un individu peut conduire à négliger les éventuelles transformations de comportement programmées au Sud. Les difficultés qui en résulteront ramèneront un jour ou l'autre la personne à objectiver que l'unité personnelle ne peut se construire dans le rejet d'une partie de soi-même. Les transits permettront d'opérer le retour sur soi nécessaire, sans perdre pour autant de vue la ligne conductrice du projet de vie.

4

LA VOIE SPIRITUELLE DU RÉGENT NORD

Indépendamment de sa participation active à la réalisation physique et psychologique du projet de vie, le régent Nord dispose d'une action spécifique sur le plan spirituel. Il semble conduire la personne, au-delà de la subjectivité personnelle de son projet de vie, vers une dimension plus universelle dont la manifestation dépend de la nature de la planète.

Pour comprendre ce qui va suivre, il faut admettre que la maîtrise mondaine d'un signe du zodiaque ne constitue pas nécessairement la finalité d'une énergie planétaire. Ces maîtrises-là appartiennent au domaine d'expression de l'ego, mais il existe en nous de nombreux états subtils qui dérivent de l'énergie fondamentale de la Conscience et s'organisent par densifications successives jusqu'à leur manifestation dans le visible. Ces états de conscience sont associés en astrologie karmique aux sept planètes traditionnelles gouvernant les fonctions mentales communes à tous les individus : pensée, perception, intellect, conceptualisation, désir, conscience sensorielle. C'est à travers leur action que s'organise l'infinitude des informations contenues dans la mémoire karmique aussi bien pour construire une nouvelle personnalité (planètes en signes) que pour déterminer ses moyens d'actions dans les maisons. On peut donc considérer, comme le font les hindous, les bouddhistes et les kabbalistes, que l'action des planètes ne se circonscrit pas aux plans physique (dont le mental fait partie) et psychique mais qu'elles interfèrent également dans le domaine de l'élévation spirituelle. Quand elles fonctionnent dans ce registre, elles tendent à orienter la recherche de la personne vers l'un des sept comportements justes constituant les premiers échelons de la voie de la Sagesse.

En ce sens, on peut considérer le régent Nord comme notre guide intérieur et évoquer sa voie spirituelle comme on parle de celle du Guerrier pour le *Tantra* ou de celle de la connaissance de soi.

Ces maîtres de transcendance, appelées par les bouddhistes « planètes de lumière » (*Paramitas*), sont :

- Mercure pour le Bélier et la Vierge.
- Vénus pour le Taureau et les Gémeaux.
- Lune et Soleil pour le Cancer aussi bien que le Lion.
- Jupiter pour la Balance et le Sagittaire.
- Mars pour le Scorpion et le Verseau.
- Saturne pour le Capricorne et les Poissons.

La synthèse d'interprétation entre le régent et sa planète de transcendance a été opérée, à chaque fois que nécessaire, dans le chapitre consacré à la voie du régent Nord. Cependant, le lecteur avisé se référera à la forme directe ou rétrograde des planètes associées aux nœuds lunaires ou en aspect aux régents pour orienter son interprétation :

- *l'énergie directe* laisse supposer un projet de vie orienté vers l'équilibre psychologique et éventuellement l'ouverture intérieure ;
- *l'énergie rétrograde* indique toujours un fonctionnement initial de niveau physique et mental, le plus souvent soutendu par un karma d'obligation ou une nécessité de transformation. On évitera donc de parler de comportement spirituel dans un premier temps pour décoder de préférence les mécanismes de répétition du thème natal.

En cas de double maîtrise planétaire

Lorsqu'il existe deux maîtrises planétaires par signe, nous retiendrons comme régent principal le maître karmique traditionnel, le second maître du signe étant second régent (Nord ou Sud).

Exemple : Mars pour le Scorpion, Pluton second régent. Mars pour le Verseau, Uranus, second régent. Saturne pour les Poissons, Neptune, second régent.

Dans ce cas, la seconde maîtrise du signe ne doit jamais être interprétée comme la transcendance de la première. On réservera ce rôle aux planètes de lumière. Mais la position d'un second régent est souvent significative de l'action mondaine du premier, dont il relaie les manifestations dans sa propre maison. Il n'est pas possible de généraliser ici ce type d'interprétation, chaque projet étant construit comme une globalité dont les mobiles exigent d'exercer son discernement au cas par cas.

Soleil : la voie de la conscience

La sagesse que vous êtes susceptible d'atteindre dans cette vie est le calme intérieur dans la conscience de soi.

Le Soleil, quand il apparaît en tant que régent karmique, évoque l'exigence d'un être humain en quête d'une vie consciente. Vous ne doutez pas de vous et avez déjà développé dans d'autres vies les bases de la connaissance de soi. Vous savez qui vous êtes et ne permettez guère aux autres d'interférer dans les décisions qui vous concernent. De même, vous différenciez facilement vos objectifs de ceux de votre environnement. Ce dernier peut vous reprocher votre esprit d'indépendance, très affirmé ou vos idéaux trop personnalisés.

Vous mettez votre orgueil à défendre votre spécificité et ne supportez pas les comparaisons avec qui que ce soit comme si elles vous faisaient ombrage. Vous êtes vous, rien que vous, vous le savez d'instinct, et même si cette hauteur de vue personnelle conduit à une certaine solitude, vous n'avez pas tendance à vous en plaindre. Sans cette liberté intérieure, vous ne pourriez développer la qualité de présence et de créativité qui favorise l'épanouissement de votre projet. Si vous en doutez encore, vos résultats sociaux, quand vous osez aller de l'avant sans vous référer à personne, sauront vous en convaincre.

Votre assurance personnelle résulte du courage et de l'esprit d'indépendance dont vous avez fait preuve autrefois. Si Uranus est rétrograde dans votre thème natal, vous avez réussi à vous opposer à ce que vous considériez comme contraire à la dignité humaine mais trop de revers relationnels ou politiques vous ont conduit à méditer sur les résultats d'une lutte idéologique qui ne reposait pas sur une conscience assez claire de vos véritables motivations. Vous revenez aujourd'hui à la bonne source : vous connaître d'abord.

Il vous appartient d'exprimer vos convictions avec plus de sérénité et de faire rayonner davantage de lumière et de conscience autour de vous. Le handicap le plus fréquent, dans votre projet, est un égocentrisme de bon poids qui s'oppose à un travail de développement personnel en profondeur. Plus vous assumerez ce que vous êtes, sans multiplier les questions existentielles inutiles, meilleurs seront vos résultats. Votre rôle est de parvenir à plus de neutralité en remettant en cause des comportements défensifs inutiles. Une telle ouverture est nécessaire si vous voulez un jour servir de guide spirituel auprès de vos semblables.

C'est vous qui déciderez jusqu'où vous voulez aller, car vous disposez d'un niveau de conscience suffisamment élevé pour savoir que nul ne vous invite à une mission qui ne vous conviendrait pas. Vous êtes pleinement responsable de vos choix et des résultats qu'ils produisent et vous apprendrez, au fil des jours, à ne plus vous faire aucune illusion sur ce sujet.

La dominante uranienne de l'existence à l'origine de votre choix de vie actuel appelle quelques réflexions. Votre curiosité intellectuelle dépasse le plus souvent celle du commun des mortels mais vous auriez tort pour autant d'accumuler des connaissances qui ne vous serviraient à rien. Votre esprit de synthèse tire parfois trop vite des conclusions sans les concrétiser par des applications sur le terrain. Ce serait d'autant plus vrai que vous auriez tendance à éviter les explications qui vous ennuient. Vous les considérez comme du temps perdu et vous pouvez vous irriter de la lenteur d'esprit des personnes qui n'ont pas perçu, avec la même rapidité que vous, la réalité des situations et la façon dont elles peuvent dégénérer. Un tel comportement limite le plaisir des échanges avec votre environnement et porte le plus souvent à s'égarer dans des abstractions ou des recherches ésotériques qui ne font qu'accroître un sentiment inné d'isolement.

Un peu de calme mental et de patience pour les errances des mortels ! Vous n'avez pas toujours eu cette clairvoyance et cet esprit d'avant-garde, et votre projet actuel vous éloignera, de toute façon, des spéculations intellectuelles. Vous devez comprendre l'importance d'un système sensoriel clair et ouvert sur les réalités du monde extérieur, et la voie naturelle qui y conduit est celle de l'écoute de vos sensations. Plus vous leur accorderez de confiance, plus vous accéderez rapidement à cette présence naturelle qui attirera, enfin, vers vous les personnes désireuses de suivre la même voie spirituelle.

LUNE : la voie de la méditation

La sagesse que vous êtes susceptible de développer dans cette vie est la méditation par la maîtrise de l'émotion.

La forme de votre esprit évoque les motivations pragmatiques des rationalistes de la fin du XIXe siècle. Vous accordiez, dans le passé, beaucoup d'importance aux preuves tangibles et à la sécurité matérielle, et il vous en reste sans doute quelque chose. Si vous prônez toujours la domination des sciences appliquées et applicables conjurant l'émergence de l'irrationnel dans les phénomènes quotidiens, cet esprit critique orienté sur la réalité visible vous sera d'une grande utilité dans cette vie. Cependant il vous appartient de ne pas entretenir, comme si votre sécurité en dépendait, une rigidité mentale qui tend à s'accroître aussi longtemps que vous ne l'aurez pas remise en cause.

Il n'est plus question dans votre projet de démontrer que deux et deux font quatre. Vous le ferez toujours assez, et vos amis et vos proches peuvent vous le reprocher. Mieux vaut aller dans le sens d'un bonheur intérieur communicatif que vous pourrez partager avec ceux que vous aimez.

Vous êtes rattaché(e) karmiquement à la lignée de vos ancêtres paternels et leurs modèles ont une grande importance dans votre projet actuel, notamment en ce qui concerne vos modes de pensée. Vous disposez, dans votre hérédité personnelle, de tendances semblables à celles de votre père. Vous l'avez choisi pour sa façon d'assumer ses responsabilités (ou de ne pas le faire, ce qui revient au même). Sans doute vous faudra-t-il beaucoup de temps pour le comprendre.

Vous pouvez vivre dans la continuité de cet héritage, matériel ou intellectuel, ou bien opter pour des comportements plus affectifs qui changeront votre approche des autres. Mais dans tous les cas, vous êtes en recherche de modèles sociaux et familiaux, et ne trouverez votre équilibre que dans des cadres et des limites bien établis.

Vous dirigez votre existence selon des valeurs assez traditionnelles basées sur la fidélité, la sécurité et la morale. Essayez de ne pas défendre ces principes d'une façon trop rigide, faute de quoi vous iriez à la rencontre de bien des déboires relationnels.

Vous apprendrez avec le temps à relativiser tout cela en cessant d'imposer aux autres votre mode de vie comme s'il était le seul choix objectif possible, ce qui vous permettra de construire vos relations sur une philosophie un peu plus souriante.

C'est auprès de votre mère que vous êtes venu(e) chercher l'ouverture à la tendresse, à l'émotion et à la créativité qui peut dynamiser votre évolution. Vous tenez à elle bien au-delà de ce que votre environnement estime raisonnable, mais vous l'avez choisie comme modèle de base et votre destin présente bien des similitudes avec le sien. C'est en reconnaissant la force de ce lien et en acceptant de vous ouvrir avec plus de confiance à la tendresse qu'elle vous peut offrir, que vous découvrirez la voie d'accès à la véritable méditation, sans freins et sans blocages émotionnels.

On voit parfois des personnes porteuses de ce régent lunaire investir toute leur vie auprès de leur mère, comme si elle représentait, pour eux, tout l'amour et toute la sécurité du monde. Pour construire votre équilibre relationnel et social, vous devrez pourtant vous dégager de cette forme d'attachement qui relève de l'enfance et accepter les séparations nécessaires pour grandir un peu. En revanche, si votre mère a été absente dans votre enfance ou qu'elle n'a pas pu assumer le rôle que vous lui fixiez dans l'idéal, vous accéderez, en renonçant à cette recherche de fusion, à la construction émotionnelle de plus haut niveau qui participe à l'épanouissement de votre projet.

❋ *Si vous êtes un homme* : vous portez certainement un attachement instinctif puissant à la mère de vos enfants, et vous tenez à respecter vos engagements et votre responsabilité envers votre famille. Mais pour vivre sans divisions affectives, interrogez-vous sur la façon dont un sens trop étroit de la responsabilité parentale interfère négativement sur votre liberté émotionnelle et l'expression de vos sentiments. Évitez de vous rigidifier dans un rôle paternel qui implique, dans votre cas, plus d'intelligence du cœur que d'autorité patriarcale.

❋ *Si vous êtes une femme* : vous parcourez de nouveau dans cette vie le chemin de la maternité, comme source d'identification et d'ouverture à l'univers du féminin. Même si vous investissez tout votre amour et votre dévouement dans ce beau rôle, n'oubliez pas qu'il implique une certaine créativité pour être évolutif. Évitez de reproduire quelque modèle que ce soit, même si vous avez jugé admirable celui de votre propre mère, ce qui est fréquemment le cas, à tort ou à raison. Il s'agit de découvrir dans la douceur de l'émotion maternelle d'autres ouvertures plus profondes. Ainsi, vous pourrez considérer votre rôle actuel comme une source constante de méditation sur la chaleur humaine partagée et l'élargir au-delà de votre clan familial à ceux qui en ont besoin.

La Lune prédispose au rôle de guérisseur de l'âme et si vous n'avez pas eu d'enfants, le monde vous offrira les siens pour jouer auprès d'eux le rôle de la mère qui leur a manqué. La compréhension de votre régent peut vous porter à vous investir dans la relation d'aide, la psychothérapie ou des professions d'accompagnement des mères et des jeunes enfants.

L'image traditionnelle de la famille qui vous habite, peut nuire également à la qualité des échanges affectifs et sexuels dans votre couple. Vous avez tendance, de naissance, à privilégier le devoir plus que la relation affective. Vos vies antérieures peuvent susciter en vous l'idée qu'avoir des enfants représenterait des sacrifices et une attention trop importants pour ne pas y réfléchir à deux fois, et si vous n'y prenez garde, c'est effectivement ce que vous vivrez.

Si vous ne comprenez pas l'importance d'une méditation sur vos besoins et vos attachements, vous risquez de les prolonger aveuglément sans jamais vous interroger sur les raisons d'être de ces modèles trop figés. Les identifications parentales sont trop puissantes dans votre mémoire des vies antérieures, et il vous faudra faire un effort de vigilance pour qu'elles ne s'emparent pas de votre esprit au détriment de la réalité de votre projet. Ce conseil vous concerne particulièrement si Saturne, votre régent Sud, est rétrograde de naissance. Si c'est votre cas, vous trouverez, dans la suite de cet ouvrage, quelques indications pour vous dégager de cette influence et ne pas vivre, dans la rigueur de l'obligation mal comprise, une responsabilité destinée à vous ouvrir au bonheur émotionnel partagé.

Cette prise de conscience peut être facilitée par le fait que la Lune exerce une influence dominante dans la formation psychologique des individus et qu'en la choisissant pour maîtresse de vie, vous avez décidé d'aller résolument dans cette direction. Dans tous les cas, la vertu développée vous conduira à une meilleure gestion de l'émotion et de l'équilibre intérieur, que vous découvrirez tôt ou tard comme les seules véritables richesses qui vous tiennent à cœur.

MERCURE : la voie de la vérité

L'action de Mercure, votre régent Nord, conduit à développer vos qualités d'esprit à travers toutes sortes de moyens de communication, aussi bien dans vos relations intimes que dans la recherche et l'expression de la vérité intérieure.

En quête de la parole juste, qui exprime totalement ce que vous ressentez et pensez, vous avez à cœur d'établir des relations aussi sincères que possible avec des personnes dont le projet est, comme le vôtre, d'authenticité et de clarté mentale. Ce qui implique un certain courage personnel pour exclure les compromis intellectuels que d'autres estiment nécessaires, ne pas mentir ou ne pas vous calquer sur les idéaux de qui que ce soit. Vous y parviendrez certainement quand vous aurez appris à discerner la simplicité naturelle du faux-semblant, et la vraie spontanéité du bavardage et de la dispersion intellectuelle.

Votre projet de vie favorise également toutes les formes d'intervention orales ou écrites et la possibilité de vous insérer dans des milieux professionnels ou amicaux qui mettent en valeur la créativité verbale ou gestuelle. Nombre de personnes ayant Mercure pour maître de vie s'orientent d'instinct vers les métiers du spectacle, de la communication, de l'animation ou de la littérature qui leur offrent de nombreuses opportunités d'épanouir leurs dons innés.

Le plus souvent les premières années d'un projet mercurien fournissent la matière nécessaire aux prises de conscience déterminant l'évolution de ce régent. Une certaine contrainte rencontrée dans votre foyer natal vous a certainement permis d'acquérir la discipline intellectuelle qui vous manquait car vous aviez trop tendance, dans vos vies antérieures, à favoriser les plaisirs de l'esprit plutôt que la profondeur du discours. Il n'est pas question de vous enfoncer dans un perfectionnisme intellectuel tatillon, mais de comprendre comment construire en vous un fil conducteur mental qui ne prend pas pour référence des modèles extérieurs. L'important est de conserver ou de retrouver une spontanéité qui s'oriente vers des projets créatifs constructifs. Ces derniers, lorsque vous les aurez découverts, vous passionneront autant qu'ils soutiendront l'évolution de votre projet.

Vous recevrez dans l'existence actuelle largement matière à transformation mentale et intellectuelle. À vous de savoir en tirer parti pour multiplier les rencontres heureuses avec les autres plutôt que les causes de tristesse et de séparation. En tout état de cause, vous évoluerez plus vite et de façon plus créative, en ne prolongeant pas avec complaisance vos impressions d'enfance et en évitant d'accorder vos choix relationnels sur votre peur de l'abandon ou du rejet. La conscience que vous pouvez en avoir sera une aide précieuse dans ce parcours : en reconnaissant cette difficulté humaine, vous apprendrez à mieux la gérer dans vos relations quotidiennes.

L'enfant qui demeure en vous sait bien vers quel chemin conduit son projet. Laissez-le vous prendre par la main, en acceptant cette existence comme un itinéraire initiatique que vous pouvez parcourir avec une certaine légèreté. Souvenez-vous que Mercure, l'enfant dieu de l'Olympe, possède l'art de remettre en cause la toute-puissance divine par son intelligence et l'habileté de ses questions. Il gouverne une sagesse de très haut niveau qui s'appelle « les Moyens habiles ». Ces derniers consistent à discerner la réalité derrière les apparences et à savoir déjouer les pièges du mental en ne prenant pas ses jeux trop au sérieux. Vous développerez ainsi progressivement la sérénité de l'esprit, objectif spirituel de ce beau projet de vie, lorsqu'il est conduit à terme. Mais comment y parvenir ?

• *Si votre nœud Nord est en Vierge* : essayez de ne plus confondre intelligence et savoir accumulé, et cessez de comparer votre façon de penser à celle des autres. L'accès à votre vérité intérieure et la copie de modèles extérieurs sont incompatibles. La plupart des personnes n'ont pas pour objectif de développer la finesse d'expression et la vivacité d'esprit auxquelles vous pouvez accéder dans cette vie. N'hésitez pas à entrer en contact avec des partenaires qui apprécient votre sens inné de l'ésotérisme et la qualité de votre discrimination. Leurs réactions vous permettront de mieux vous connaître et avec le soutien actif de ces frères d'âme, vous trouverez le courage de sortir de votre coquille et de produire des œuvres appréciées pour leur clarté et leur vérité.

• *Si votre nœud Nord est en Gémeaux* : les meilleurs partenaires de votre vie sont les enfants, les vôtres ou ceux de votre environnement. Vous êtes certainement attiré(e) par l'enseignement, qui vous permet de passer au test de la communication une forme d'esprit trop portée aux exégèses philosophiques. Le monde vous confiera d'autant plus volontiers ses enfants que votre vocation s'appuiera sur le désir de les aider à découvrir leur juste place et à évoluer dans la droiture intérieure et la générosité personnelle. La vie d'enseignant vous permettra également de découvrir s'il est possible de corriger par l'éducation les lignes de fond du karma personnel que vous aviez tendance à confondre, dans d'autres vies, avec les résultats de l'injustice sociale. Cette dernière question surgira plus particulièrement, dans le cours de votre existence, si Jupiter est rétrograde dans votre thème natal. Vous trouverez, dans le chapitre consacré aux corrections planétaires, des éléments de réflexion pour ne pas vous égarer dans les jeux sociaux d'une planète qui a tendance à reproduire à l'identique les modèles du passé aussi longtemps que l'on ne s'est pas interrogé sur l'importance que nous leur accordons dans nos choix de vie.

VÉNUS : la voie du don

Votre projet est d'apprendre à aimer, donner, échanger et établir toutes sortes de relations positives avec les autres. La vie vous offrira de nombreuses opportunités de le faire. Vous ne manquerez jamais de partenaires pour vous entraîner à l'expression de vos sentiments et de vos pensées, et découvrir le plaisir d'échanges simples et quotidiens de cœur à cœur.

De naissance, votre comportement était surtout axé sur la réalisation de vos désirs et de vos ambitions. Vous n'aviez guère conscience de la présence et des besoins des autres. C'est pourquoi vous avez pu rencontrer, dans vos jeunes années, des déceptions affectives aussi incompréhensibles pour vous que décourageantes. Mais la pulsion de vos désirs est trop puissante pour renoncer à ce bonheur intérieur, non dépendant, que vous recherchez, et cette forme de sécurité profonde qu'engendrent les liens du cœur bien vécus. Vous apprendrez, avec Vénus comme régente, à contacter votre cœur et à laisser rayonner le sentiment de la beauté autour de vous. Les arts, peinture, danse, chant, musique, constituent également des instruments précieux pour vous ouvrir à l'influence bénéfique de cette planète. N'hésitez pas à développer vos talents même si vous n'avez pas l'intention de les transformer en activité professionnelle.

Votre voie est celle du don et de la générosité. Ce « oui » total, cette ouverture du cœur constituent l'un des projets fondamentaux de votre existence. Ce dernier ne passe pas par les raisonnements ou la volonté, pas plus que par l'abnégation ou le sacrifice personnel. Vous disposez, de naissance, d'un esprit sportif, sans calculs, qui s'attache à la réalité des faits et aux résultats immédiats. C'est lui qui vous sert de guide pour aller tout droit vers ce que vous ressentez comme positif sur votre voie personnelle. Cette belle qualité, même si elle présente des traces d'agressivité, vous permet d'éviter le piège de la recherche d'une harmonie factice qui s'établirait au détriment de votre vitalité et de votre spontanéité innée. Car toute volonté de produire l'état d'amour qui caractérise votre projet ne peut qu'être décevante sur le plan relationnel. Vous risqueriez surtout d'engendrer des discordes, des conflits ou de la haine de la part de ceux que vous voudriez convaincre de répondre à des sentiments mal maîtrisés.

Vous vivrez une relation plus détendue en reconnaissant simplement votre désir de bonheur quelles que soient vos difficultés relationnelles. Vous éviterez ainsi de rejeter les pulsions personnelles que vous estimez négatives et de les refouler sous forme d'ombres inconscientes, alors que votre lumière intérieure ne demande qu'à se révéler.

Tout cela relève d'une démarche à accomplir et vous oblige à rencontrer votre égocentrisme et votre difficulté d'aimer. C'est pourquoi vous pouvez douter longtemps de votre capacité à donner quelque chose aux autres. Ne vous en affligez pas : c'est un atout précieux que de savoir ce contre quoi vous luttez et d'être d'accord pour le faire car l'objectif de ce régent est moins de développer une quelconque vertu que d'accéder à une profonde compréhension de vos fonctionnements dans la relation aux autres. Vous apprendrez ainsi à ne jamais exprimer votre générosité au détriment de votre équilibre et de vos propres besoins en constatant qu'un tel comportement vous éloigne de votre principal outil de conscience : la clarté des sensations et des sentiments. Apprendre à dire « oui », c'est savoir dire « non », dans vos comportements, à tout ce qui pourrait vous blesser ou vous donner l'impression de vous renier. Si vous ne vous appréciez pas aussi bien dans vos qualités que dans vos difficultés, il est inutile d'espérer aimer les autres, quel qu'en soit votre désir.

C'est dans cette ouverture que la compassion trouvera ses voies d'expression naturellement et sans effort. N'hésitez pas à vous montrer comme vous êtes, et laissez aux autres le soin de vous reconnaître et de venir vers vous s'ils le désirent. Ils le feront quand ils se sentiront écoutés et acceptés sans jugements. Ils vous parleront de la chaleur et de la lumière, les émanations de Vénus, qu'ils ressentent en votre présence. Vous comprendrez alors que la vraie générosité exclut tout objectif personnel et vous la laisserez surgir de votre cœur quand elle voudra se manifester.

Mars : la voie de l'énergie

Vous conduisez dans cette vie une expérience sur la nature de l'énergie. Elle peut se manifester comme une quête répétitive du sens du désir et de ses manifestations dans chacun de vos actes, aussi bien que sous la forme de pulsions fondamentales qui vous portent à vous réaliser à votre plus haut niveau de conscience.

Vous avez déjà développé dans d'autres existences le sens de la générosité et de l'amour, et ce n'est plus votre objectif. Cependant la qualité de vos relations, dans cette vie, dépend des résultats obtenus. Si votre régent Sud, Vénus, est rétrograde à la naissance, il est nécessaire d'opérer une correction de comportement pour mieux tirer parti de vos objectifs actuels. Reportez-vous dans ce cas au chapitre consacré aux corrections planétaires car des difficultés affectives non résolues risqueraient de vous éloigner de la ligne droite de votre projet de vie.

Dans un premier temps, ce projet peut paraître assez banal. Il n'a apparemment rien d'ésotérique ni d'occulte. Au contraire, votre régent conduit plutôt à faire face à la réalité immédiate telle qu'elle est : ni imaginaire ni rêvée, un résultat finalement assez terre à terre. Votre sens inné de l'amour et de la beauté réclame certainement un peu plus de romantisme. Il peut même vous porter à fuir un univers de faits réels dans lequel chaque choix, chaque acte, chaque parole portent à conséquences. En pourtant, en allant tout droit votre chemin à travers vos sentiments, vos rejets, vos attirances, vos réactions, vous êtes plus près de la réalité spirituelle que vous ne le croyez. Si vous voulez accéder à l'éternelle Présence, c'est dans le présent objectif que vous pourrez la rencontrer. Il s'agit de découvrir la voie de l'action juste, et rien d'autre.

Vous avez une nature de guerrier. Les arts martiaux vous conviennent bien : imaginez le sort d'un samouraï qui ne prêterait pas attention à son adversaire. Sa vie ne pèserait pas cher dans la balance. Vous avancerez ainsi dans votre existence quand vous aurez compris que l'énergie de Mars conduit vers la seule réalité existante : celle qui est, ici et maintenant. C'est pourquoi votre vie peut se dérouler sur le mode d'une chasse à l'illusion.

Toutes les traditions parlent de ce voile que notre volonté jette sur la réalité des choses. Nous passons notre temps à engendrer un monde personnel qui se superpose au monde réel. Ce dernier existe cependant en toile de fond. Vous avez comme projet de le rejoindre. Pour cela, vous devrez dégager votre énergie de tout état de conflit, de défi et parfois de guerre qui engendre de la confusion dans votre personnalité. Vous ne pouvez pas bien diriger votre attelage si vos chevaux tirent dans toutes les directions à la fois. Avec ce régent, vous ne risquez pas, cependant, de vous maintenir longtemps dans des voies sans issues.

La voie de Mars consiste à reconnaître le jeu de l'énergie dans chacune de ses manifestations, sans en préférer aucune. Elle conduit à l'acceptation des manifestations du désir, qu'elles s'appellent attirance, répulsion, envie, colère, passion ou peur. Quand vous parviendrez à vivre consciemment tous vos sentiments, vous saurez clairement qu'ils se résument à une demande d'amour et de reconnaissance. Vous orienterez alors vos choix vers des objectifs qui vous permettront de satisfaire cette dernière pour qu'elle cesse de semer d'obstacles votre chemin spirituel.

Le jour ou vous « verrez », ce ne sera pas une question de foi, de concepts, de croyances. Vous rencontrerez alors en toute clarté vos motivations, vos désirs et vos rêves, et les distinguerez facilement de la réalité du monde extérieur. Cela vous conduira vers la forme spirituelle de votre projet de vie : la sagesse de la Discrimination. Discriminer, c'est séparer le projectif (le voile de la réalité) de la vision objective des choses. Le réel n'a rien à voir avec ce que votre imagination projette sur lui. La vision dépouillée de toute illusion que vous recherchez à travers ces grands combats personnels ne vous rapportera rien. Mieux vaut le savoir à l'avance pour ne pas vous tromper de projet.

Le réel permet également d'accéder à une merveille dont la plupart des êtres humains, et particulièrement les esprits rationalistes, ignorent tout : un monde précis, plein de couleurs et de vie, que l'on peut contempler avec les yeux émerveillés, comme le font les chamans ou les sorciers amérindiens. Le monde est Énergie. C'est une évidence. Sa puissance s'appelle action et désir. Vous « tomberez » dedans, un jour, par inadvertance, quand vous déciderez de stopper net l'un de vos combats habituels. Vous saurez alors comme votre volonté s'opposait à la réalité de ce que vous êtes, et n'aurez plus envie que d'être « cela » : vous-même à chaque instant. Et vous passerez à un autre stade de la voie spirituelle.

Cette énergie, libérée de vos objectifs personnels, peut devenir formidablement active dans la transformation de votre personnalité. De plus en plus rayonnante et chaleureuse, elle dispose d'une puissance de réalisation dans la dimension de la Terre. Elle agit et opère en pouvoir de guérison. Ne cherchez pas à développer ce dernier par des moyens artificiels. Jouer les apprentis sorciers peut se révéler dangereux pour votre équilibre mental. Si l'accession à ce don de l'énergie vous concerne vraiment, un travail sur la clarté de vos désirs vous y conduira en toute sûreté ; dans la mesure où vous réaliserez d'abord la qualité de conscience qui y donne accès.

JUPITER : la voie du Dharma

L'une des fonctions les plus élevées sur le plan spirituel, selon la tradition bouddhiste, est celle de l'éducateur ou de l'instructeur. Ce rôle évolutif vous revient de droit dans l'existence actuelle. Vous en avez le talent et les capacités et découvrirez, par la transmission d'un enseignement, la voie par laquelle vous pouvez accéder à l'une des sagesses fondamentales : la Patience illimitée.

Vous n'avez pas à rechercher ces expériences. Elles vous sont proposées l'heure venue par d'autres instructeurs qui ont mis en pratique une démarche similaire. C'est ainsi que fonctionne votre régent. Le monde extérieur favorise vos prises de conscience en vous offrant les situations nécessaires pour mûrir votre réflexion. Vous les transformez en expérience sur le sens du rôle que vous jouez à la place où vous êtes. Vous restituez ensuite les résultats de cette expérience au monde qui vous propose d'autres rôles, d'autres sujets de réflexion, etc. Vous ne manquerez jamais de matière pour avancer dans votre projet. Cela semble se traduire, vu de l'extérieur, par un facteur chance assez surprenant et qui se renouvelle dès que le besoin s'en fait sentir.

Observez bien votre vie et vous pourrez reconnaître à quel point le hasard fait bien les choses lorsque vous œuvrez dans la direction de votre projet. Vous n'avez pas besoin de faire des efforts pour y arriver. Le chemin semble s'ouvrir devant vous. Vous rencontrez facilement les conseillers qui vous sont nécessaires. Savez-vous que d'autres les recherchent en vain au bout du monde ?

Vous pouvez également recevoir des héritages qui vous permettront de réaliser vos rêves ou votre vocation. Des inconnus peuvent intervenir pour vous offrir une aide efficace, dans n'importe quel domaine. Vous constaterez également que personne n'exigera de vous la contrepartie des présents que vous recevrez.

Il ne s'agit pas d'une chance mais d'une juste rétribution. Vous avez largement développé la vertu de la Générosité dans d'autres existences. Quelqu'un vous rend ce que vous avez donné. L'équilibre de l'univers est rétabli. Mais si cette chaîne du don, dont vous êtes un maillon, vous permet d'accéder à la place qui vous revient selon vos désirs et vos capacités, n'oubliez pas de la perpétuer pour demeurer dans la tradition de votre lignée spirituelle.

Votre projet inclut donc une forme de méditation sur la façon dont les relations s'engendrent dans un jeu croisé entre le monde extérieur et le monde intérieur. Si vous étudiez ce mécanisme, vous comprendrez rapidement que les rôles que vous jouez n'ont de sens que par rapport à l'expérience qu'ils suscitent en vous. Dans le cas contraire, ils n'engendrent qu'ostentation ou ennui.

Un jour où l'autre, vos conclusions sociales ou idéologiques évolueront vers la dimension spirituelle. Il deviendra évident pour vous qu'une recherche de représentation ou de pouvoir social sans conscience du rôle qu'elle sous-entend est une perdition de l'âme. Cela vous conduira à cesser de jouer les tuteurs ou les pygmalions auprès de personnes qui ne seraient pas disposées à se prendre en charge socialement. Si les demandeurs se font plus rares, vous aurez tout le temps et toute la patience du monde à consacrer à ceux qui veulent parcourir à vos côtés le chemin de la connaissance du Sacré.

Votre rôle d'instructeur ne consiste pas nécessairement à élever des enfants même si leur formation d'esprit vous passionne. Il s'agit d'exercer dans votre entourage cette influence, si particulière, qui était autrefois dévolue aux parents spirituels – parrain et marraine en Occident, oncle ou tante dans les sociétés traditionnelles – et dont le sens s'est quelque peu perdu. Le collatéral ou le parent de substitution n'est pas, en principe, intéressé dans les conseils qu'il donne. Il n'a pas à garantir l'avenir de ceux qui lui sont confiés (rôle plutôt dévolu au père), mais à veiller, avec la plus grande neutralité possible, sur leur croissance intellectuelle et personnelle. Ainsi, même s'il est appelé à faire rémunérer ses services dans nos sociétés modernes, le véritable instructeur est d'abord un ami, un confident autant qu'un bon conseiller. Il suscite la confiance en soi par son écoute, sa vigilance à ne pas influencer l'esprit de l'autre et son ouverture à ses besoins réels. Il incite donc ceux qui l'approchent à prendre en charge la responsabilité de leurs choix et à s'interroger sur le sens qu'ils veulent donner à leur vie.

Des fonctions juridiques ou judiciaires vous conduiraient aux mêmes interrogations. Votre nature innée de justicier ne vous permettra pas de vous en tenir aux codes ou aux termes de la loi. Quand on aborde sincèrement la question du sens de la justice, avec la volonté de trouver une réponse personnelle, il est bien rare que l'on ne débouche pas sur la relativité des lois humaines, la quête des lois invisibles qui gouvernent l'univers et la nécessité d'aligner ses choix de vie dans leur direction.

La voie que vous suivez dans cette vie s'appelle « la Sagesse de la connaissance de la Loi ». Elle est représentée par une roue à huit branches qui tourne sur elle-même dans un cercle de flammes. Cette sagesse incite à reconnaître la justesse des lois du Karma, en développant la conscience des expériences que nous recherchons, et par là-même attirons vers nous. La progression dans cette voie spirituelle oblige à reconnaître comme strictement personnelle l'origine de nos options sociales ou affectives et à lâcher prise sur les mécanismes de pouvoir qui subsistent encore en vous. Tant pis pour l'image de prestige personnel, tant mieux pour la vérité intérieure.

Si vous avez tendance à rejeter les lignes qui précèdent, Jupiter est peut-être rétrograde dans votre thème natal, et les prises de conscience que susciteraient ses manifestations dissonantes seraient d'autant plus intéressantes qu'elles vous conduiraient à redresser la barre et à remettre en cause des ambitions ou des images de grandeur qui peuvent manquer d'humour et de distanciation.

Le rôle d'enseignant auquel vous pouvez accéder à n'importe quel âge de votre vie est destiné à élargir, par l'expérience, des concepts parfois étroits des mécanismes de l'intelligence. Mais cela ne devrait pas vous poser de problèmes : vous avez déjà provoqué les ouvertures mentales nécessaires lors de l'existence à l'origine de votre choix actuel de vie. Les qualités de discrimination que vous avez acquises peuvent cependant être perturbées par des tendances à la dispersion intellectuelle qui apparaîtrait particulièrement, dans votre thème natal, sous la forme de Mercure ou d'Uranus rétrogrades. Si tel est votre cas, vous trouverez au chapitre des corrections planétaires les conseils nécessaires pour vous détacher de comportements de facilité, qui handicaperaient l'expansion de cette générosité intérieure à laquelle vous aspirez. Redresser la barre ne devrait pas présenter de bien grandes difficultés, car vous faites toujours les choses dans votre intérêt.

La maison où se trouve Jupiter, la planète de la rétribution karmique par excellence, représente votre meilleur territoire de recherche intérieure. Cette position astrologique privilégiée n'exclut pas d'autres types d'activités. Elle indique simplement que, dans ce secteur de vie, vous vous poserez des questions justes sur le Dharma. C'est également dans ce domaine que vous découvrirez votre rôle le plus satisfaisant. Si vous recherchez votre juste place, ce à quoi porte naturellement votre projet, reportez-vous au chapitre consacré aux planètes en maison.

Saturne : la voie de la discipline

Vous entreprenez dans cette vie une recherche dont l'étendue et les résultats dépendent de votre niveau de compréhension. Tout le monde, en effet, peut développer, avec la meilleure bonne volonté, un comportement de discipline et de responsabilité en se trompant sur le sens de l'expérience.

Si en lisant cette phrase, vous avez pensé « c'est dur », il était temps – puisque conscience du temps il y a – de vous interroger sur le contexte mental que vous introduisez dans le mot « volonté ».

Celui dont il est question dans la sagesse de Saturne représente le contraire de la contrainte. Nous avons tous été élevés dans le respect d'une morale ou de codes sur lesquels reposait la cohésion de notre milieu natal. L'enfant, plus ou moins dressé à devenir un être social, a tendance par la suite à confondre ces lois mentales avec des lois universelles. Il répète ce qu'il a appris, c'est normal. Mais quand ce qui se répète sans conscience engendre des comportements instinctifs et des pensées automatiques, on ne peut guère parler de moralité ou d'éthique personnelles ; tout au plus d'un suivi aveugle de modèles qui inscrivent une existence dans la limite de cadres autorisés.

La sagesse de Saturne vise à réorganiser tout cela en faveur d'une discipline libre de toute pression ou motivation extérieures à soi. Elle permet d'accéder au mécanisme des pensées pour ne plus en être esclave. Cela revient à ne pas juger des choses en fonction des références et croyances acquises, et à accorder son vécu sur son propre ressenti. En changeant de plan, les anciens apprentissages sont perçus pour ce qu'ils sont : des mécanismes interactifs de reconnaissance. Cette transformation implique une certaine maturité d'esprit accordée sur la mise en place d'une éthique personnelle et la prise en compte, dans sa vie quotidienne, des effets de la loi du Karma. Il devient alors possible d'assumer les résultats de ses actes en pleine responsabilité. C'est ce que vous essayez de développer dans cette vie.

Il s'agit, littéralement, d'un yoga mental qui s'exerce hors de tout contexte religieux ou dogmatique. Il ne s'agit pas de changer une règle de vie pour une autre, même si cette dernière vous paraît plus proche de vos nouvelles aspirations, mais d'acquérir l'intelligence d'une moralité consciente non soumise aux variations circonstancielles. Le concept de récompense pour bonne conduite n'existe pas dans une véritable éthique de vie. La recherche porte essentiellement sur l'adhésion à certaines lois personnelles qui nous permettent de demeurer en paix mentalement.

Saturne représente ce repositionnement intellectuel qui se développe lorsqu'une personne a compris que sa volonté de maintenir la cohérence apparente de sa vision du monde revient à nier la réalité extérieure. Nous investissons une énergie considérable à maintenir en place un mensonge qui s'entretient lui-même. C'est la « petite roue dans la tête » dont parlent toutes les personnes concernées par la dominante saturnienne. La seule façon de l'arrêter est de prendre conscience qu'il n'existe pas plus d'innocence que d'impunité dans le résultat de nos actes et que les chocs en retour baptisés « épreuves » ou « prix à payer » par notre ignorance sont totalement relatifs à notre façon de penser. Le véritable enfer, l'origine de toute souffrance psychologique, c'est le fonctionnement du mental. Nous n'avons pas d'autre choix : il faut maîtriser le mouvement incessant de la roue pour cesser de vivre en esclave dans un monde clos. Le maître tibétain, Chögyam Trungpa, assimile ce fonctionnement à celui d'un individu qui, vivant à perpétuité dans une tour avec cinq fenêtres carrées – les cinq sens – regarderait par une fenêtre en disant : « Le monde est carré[1]. » La construction d'une éthique personnelle, avec tous les risques d'erreurs et les corrections successives qu'elle implique, prend dès lors tout son intérêt et il n'est plus pensable de vivre autrement.

Mais la sagesse de Saturne ne s'arrête pas là. Pour comprendre l'action de votre maître de vie, essayez d'observer l'orientation de votre volonté. Quand vous voulez quelque chose, comment faites-vous pour l'obtenir ? N'avez-vous pas tendance à vouloir forcer les événements, à vous obstiner, convaincre et argumenter ? Comme tout le monde, vous faites des projets à long terme, comme si votre temps ne devait jamais avoir de fin. Comme tout le monde, vous remettez des choses à demain, sans réaliser que vous projetez sans cesse l'idée d'un futur qui sera à l'image de vos pensées et de vos choix d'aujourd'hui. Même si votre esprit tend vers l'objectivité dans cette existence, cela ne veut pas dire que vous acceptez les choses telles qu'elles sont ou que vous les vivez au présent, sans les surcharger d'un désir de continuité. Ainsi s'engendre la répétition karmique, en égal ou opposé, selon notre désir de poursuivre

1. *Le Mythe de la liberté*, éditions du Seuil, Points Sagesse, 1979.

dans la même direction ou notre refus d'assumer les conséquences de nos pensées, de nos paroles et de nos actes.

Si vous voulez changer tout cela, essayez de procéder par constats successifs : est-ce que cela se passe bien ainsi ? Ne faites rien d'autre. Ne tentez pas de corriger ce qui ne vous convient pas. Arrêtez de vous imposer des choses ou de les imposer aux autres. Peu à peu, vous apprendrez à écouter vos sentiments et vos désirs plutôt qu'à les juger. Votre esprit s'orientera vers des projets plus évolutifs que de contrôler l'apparence d'un monde « carré ».

En accédant à ce sentiment de bienveillance, envers vous-même et envers autrui, qui représente la vertu cardinale de votre régent, vous comprendrez comment le mental est tout aussi éducable sur le plan de l'intelligence et de la réflexion personnelle qu'il peut l'être comme instrument de répression.

Quand vous aurez constaté la vanité de vos efforts à devenir quelqu'un de bien (pour qui ?), vous partirez certainement à la recherche du maître à penser qui vous aidera à lever tous ces imbroglios de personnalité et à construire votre intégrité sans comparaison avec un référentiel.

Si vous voulez entrer sur ce chemin (rien ne vous y forcera), ne remettez rien à plus tard. Abandonnez l'idée que l'étendue de vos responsabilités et la nécessité de prendre en charge les autres ne vous permettent pas de baisser les bras. Ce sont les arguments qui surgissent instantanément dans l'esprit des personnes qui essaient d'accéder à la conscience du présent.

Observez des moines, si vous en avez l'occasion. Vous les verrez rire et vivre apparemment dans la plus grande liberté d'expression. Et pourtant, ils pratiquent à chaque instant la discipline dont il est question ici. Elle ne passe donc ni par la répression ni par le contrôle qui oblige à faire tant d'efforts pour n'être jamais que soi-même.

Cette démarche implique une grande patience car les habitudes réactionnelles ne se défont pas en quelques jours. Cependant, en développant la capacité d'observer vos pensées, vous entrerez en contact avec des états d'intelligence plus subtils que ceux de la logique habituelle et vous constaterez que la répétition des mêmes comportements ou des mêmes événements n'est pas une obligation éternelle dans votre vie.

Il est inutile pour cela d'apprendre par cœur les bonnes recettes des autres : votre itinéraire ne passe pas par les livres mais par la pratique personnelle qui remettra en cause la confiance exagérée que vous accordez au connu.

Vous entrerez peu à peu dans une plus grande égalité d'esprit et sentirez grandir en vous une forme de certitude qui ressemble à une colonne vertébrale mentale. Ce sentiment, lorsqu'il est fermement installé, conduit à vivre chaque instant qui passe, avec toute la passion que nous investissions dans la construction d'un futur. C'est cela la maîtrise de Saturne. Si vous avez choisi pour maître de vie celui que les hindous appellent « le Grand Démon », c'est que vous vouliez « comprendre », dans le bon sens du terme, comment cesser de faire tant d'efforts pour devenir demain ce que vous êtes déjà aujourd'hui.

URANUS (Mars de Verseau) : le projet de connaissance de soi

Le régent moderne du signe du Verseau, Uranus, n'est pas considéré comme tel dans la tradition astrologique. Vous relevez de la planète Mars en position solaire, qui correspond à une expérience vitale de conscientisation et d'individuation. Vous n'en êtes pas à votre première expérience sur la façon dont le désir nous enchaîne dans la roue des incarnations. Votre esprit s'oriente maintenant vers la voie de la connaissance de soi comme instrument de libération. C'est pourquoi rien d'autre dans cette existence ne vous paraîtra plus captivant que la renaissance intérieure qui vous est promise par ce régent.

Le désir qui s'exprime à travers Mars œuvre dans deux directions différentes. Sur le plan mental, il peut exaspérer les divisions entre attirance et répulsion, et démultiplier l'impact des pulsions dans vos choix de vie. Le désir l'emporte alors sur le raisonnement.

Sur le plan spirituel, Mars représente l'androgyne primordial, la réunification de l'*animus* et de l'*anima* (action-sentiment = Mars-Vénus). L'objectif atteint permet d'orienter consciemment son existence entre créativité et continuité, responsabilité assumée et libre arbitre. Si vous y parvenez, vous deviendrez un humain à part entière, comme il en existe peu sur la planète aujourd'hui et, sans doute, un précurseur des tendances dominantes de la future ère du Verseau.

L'instrument de travail de votre projet est défini par la nature de votre régent : c'est le désir et rien d'autre. Dans votre comportement, la puissance de ce dernier se manifeste par la façon dont vous investissez une énergie considérable dans la réalisation de vos rêves et de vos attentes. Vous ignorez certainement à quel point la réalisation de ces projets conditionnent votre sentiment d'existence. Si vous n'y prenez garde, cette course à l'affirmation individuelle n'aura pas de fin car vos désirs se projetteront sans cesse dans le futur en cherchant de nouvelles voies pour s'accomplir. Si vous ne les réalisez pas dans cette vie ou ne parvenez pas à vous en détacher, ils chercheront un nouveau corps pour se donner, encore et encore, l'opportunité de renaître.

La vie d'un uranien est un combat perpétuel pour se libérer des entraves du désir. Cependant, sans conscience de ce qui vous enchaîne, vous deviendrez ce que vous êtes déjà : une personne qui défend sa propre valeur et met tout en œuvre pour la faire reconnaître par les autres. L'absence de conscience de soi conduit, dans ce cas, à valoriser de façon excessive l'expression de la personnalité ou des concepts, et ne fait qu'accroître la dispersion mentale et l'orgueil d'être quelqu'un d'aussi unique. Avez-vous déjà pris conscience que n'importe qui (ou quoi) l'est autant que vous et que cela ne constitue pas la preuve d'une quelconque valeur personnelle ? Ne vous trompez pas de direction si vous ne voulez pas finir votre existence avec des motivations intellectuelles tellement égocentriques qu'elles rejetteraient tout ce qui les conforte pas dans le monde extérieur.

La quantité aussi bien que la qualité d'énergie que vous investissez dans votre quête de liberté peut donc aussi bien accroître que handicaper votre sentiment de réalisation. Rappelez-vous la légende d'un de vos archétypes de comportement : Hercule. Il savait que les multiples têtes de l'Hydre de Lerne repoussaient aussi longtemps que la dernière tête n'avait pas été coupée. Mais lorsqu'il eut réussi cet acte héroïque, qui lui donnait accès au rang de dieu, il ne put s'empêcher de redonner vie à la bête en trempant son manteau dans son sang. En astrologie, le sang aussi bien que la couleur rouge dans le corps humain est attribué à Mars et la maîtrise de la circulation sanguine au signe du Verseau [1].

Là où Hercule a échoué, ne vous pressez pas de crier victoire. On peut consacrer une infinité d'existences à comprendre comment le désir d'immortalité projette ses ramifications dans une multitudes d'actes apparemment sans rapport les uns avec les autres.

---

1. D'après l'enseignement de Paracelse, né à Zurich vers 1496, père de la médecine hermétique. Il fut le premier (en Occident) à associer les fonctions du corps et la signification des planètes.

Seule, la conscience de vos vrais désirs, ceux qui sous-tendent l'ensemble de vos choix, vous permettra de vous connaître en profondeur et de découvrir la réalité de ce que vous êtes. Il est nécessaire pour cela de relativiser l'importance que vous accordez à vos idéaux. Votre ignorance est entretenue par le fait que vous croyez, avec une grande force de conviction, n'être que ce que vous pensez. Vous ne maîtriserez pas le sens de votre projet de vie aussi longtemps que vous n'aurez pas pris conscience de votre véritable nature.

La réalisation de votre nature divine ne passe pas par l'accumulation des connaissances. Si vous cédez à cette tentation, présente dans le fonctionnement de votre régent, vous aurez toujours l'impression d'être en train de vous évader de quelque part. Vous ne cesserez jamais de courir autour d'un univers clos en multipliant des déclarations d'indépendance sans comprendre ce qui vous sépare du monde et de vous-même.

Tel est le jeu de l'ego pour la survie duquel vous menez un si grand combat. L'antidote de la continuité karmique, à votre stade, est le développement d'une harmonisation synthétique de tous vos fonctionnements. C'est à vous de réaliser l'unité personnelle que vous recherchez et non pas de demander au monde de vous offrir des conditions favorables à son expression.

Vous gagnerez du temps en considérant l'observation neutre de votre mental comme le seul sujet évolutif de méditation au stade où vous en êtes. Vous découvrirez alors à quel point, sous prétexte d'évolution, vous rejetez les préoccupations terrestres, laissant aux autres la charge et le bénéfice des applications de vos découvertes. Tout va bien si vous le faites sans frustration de reconnaissance : mais ne vous prenez pas pour une courroie de transmission avant d'être certain(e) que vous avez renoncé, du fond du cœur et de l'esprit, aux résultats de vos entreprises.

La tradition bouddhiste affirme que votre projet est le seul, avec celui du Capricorne, qui relève de la quête de ce qu'est de la nature humaine. Elle assimile la méditation sur le Verseau (et sur Uranus par extension) à la voie de la Libération par la connaissance de soi. Son objectif est la découverte de ce que vous êtes vraiment, dans votre essence et non pas dans votre fonctionnement mental. Si vous parvenez à ce stade, vous constaterez que nul ne vous juge ou ne vous impulse la moindre direction de choix.

La rencontre avec la peur d'une aussi grande liberté fait partie de votre parcours. Elle implique la traversée du désert de la solitude, et le risque d'assumer sans modèles et sans projections la responsabilité de ses choix. Vous serez alors, tant dans votre sentiment d'existence que dans vos réalisations extérieures, aussi unique que vous avez toujours désiré l'être. Ce qui implique, comme le disait Krishnamurti, le maître qui a le mieux défini votre parcours spirituel, de traverser « un pays sans chemin ». Dès lors, la foi dans votre intelligence et votre intuition deviendra votre seul repère. Mais à ce stade, le guide intérieur se sera déjà manifesté, et vous ne pourrez plus envisager de faire marche arrière.

NEPTUNE (Saturne des Poissons) : la voie du lâcher-prise

La maîtrise du signe des Poissons a été accordée au XIXe siècle à Neptune, la planète de méthane glacé. Dans la mythologie grecque, Océan est le créateur du monde. Son petit-fils, Saturne, qui a pour symbole le plomb, le plus lourd des métaux, n'en est que la manifestation. Votre projet est donc de ramener ce qui, en vous, relève de la pierre immuable et pratiquement éternelle, dans l'univers du fluide et du mouvant.

La fonction océanique de votre maître de vie vous invite à dépasser le monde de l'apparence des formes pour vous remettre dans le courant de la vie. Les expériences de lâcher-prise que vous avez choisies de rencontrer vous aideront à découvrir ce bonheur non limité que vous recherchez.

Saturne des Poissons opère le passage entre l'univers mental sur lequel se construisent les bases de l'ego et celui des aspirations à devenir la partie indifférenciée d'un « grand Tout », considéré comme la dimension ultime de l'être humain. La quête de dépassement que vous entreprenez dans cette existence ouvre sur des échanges, très vastes mais dépersonnalisants, que vous ne savez pas encore bien gérer. Il était nécessaire, à votre stade d'évolution, de les explorer pour accéder à la sagesse de la Compassion et mettre un terme, si vous le désirez vraiment, à vos expériences terrestres. Cependant, la conscience innée de cette finalité peut conduire à une interprétation erronée de votre projet : il ne s'agit pas d'éviter les confrontations avec la réalité extérieure en excluant de vos relations les causes de souffrance, de conflits ou d'interrogations. Ces dernières font partie de votre parcours et en constituent les instruments prioritaires. La fuite en avant dans la recherche d'une bulle de bonheur artificiel n'est dès lors pas de bon conseil.

Vous avez certainement une personnalité attachante. Vous exprimez spontanément l'amour et la confiance illimitée d'un enfant dans les bras de sa mère. Vu de l'extérieur, cela peut donner l'impression d'une attente dépersonnalisante, comme si vos sentiments, désirs ou besoins n'entraient pas en ligne de compte dans votre désir de dévouement. Les autres n'en sont pas forcément dupes et certains peuvent exploiter ce comportement à leur profit, sans grand bénéfice affectif en ce qui vous concerne. Pour ne pas multiplier dans votre vie les déceptions inutiles, une question s'impose : l'autre est-il, dans votre esprit, toujours plus important que la satisfaction de vos besoins ou un tel comportement traduit-il seulement une demande infinie (et non définie) de votre part ? Si vous pouvez envisager de plonger dans la souffrance qu'implique ce questionnement, c'est que vous avez déjà objectivé l'obstacle majeur qui s'opposerait à votre progression spirituelle. Dans ce cas, Mercure, joue positivement son rôle de régent Sud, en associant dans votre esprit contacts relationnels authentiques et discernement. C'est un atout qui vous permettra de ne pas confondre l'ouverture du cœur que vous recherchez dans cette vie avec la stagnation dans une éternelle enfance.

Il est vrai, cependant, que vous n'avez pas tendance à favoriser la réalisation de vos objectifs personnels. Sans références aux besoins des autres, réels ou supposés, vous pourriez passer une vie entière sans vous donner la moindre obligation. Mais est-il nécessaire, pour autant, de consacrer toute votre vigilance à deviner ce que l'on peut attendre de vous, comme si vos propres désirs n'avaient aucune importance ?

Le plus souvent, les porteurs de ce projet sont incapables d'établir la différence entre les modèles reçus et leurs propres objectifs vitaux. Ils s'effacent, dans leur enfance, derrière les modèles et la volonté de leurs proches, comme si c'était la seule façon d'en recevoir de l'amour. Cela s'est produit si vos parents n'ont pas favorisé l'expression de vos besoins ou n'y ont pas répondu. Dans ce cas, votre ouverture apparente relèverait plutôt d'une adhésion implicite à la pensée et aux désirs des autres que d'un réel lâcher-prise, dans l'objectif d'éviter tout manifestation de rejet ou toute séparation. Si cette tendance à occulter vos perceptions s'est manifestée au contact de votre mère dans votre prime enfance, il est important de la remettre en cause pour mieux prendre en compte votre vécu et ne pas confondre une difficulté comportementale avec la réalité spirituelle de votre régent.

Le rayonnement de votre maître de vie ressemble à celui d'une mère aimante quand elle ouvre les bras à son enfant. Il y trouve la sécurité et la paix, dans la certitude de toute absence de jugement et cela lui donne la liberté d'exprimer ce qu'il est. Vous pouvez ressentir la même ouverture sans limitation envers tous les êtres humains, aussi bien qu'exiger cet accueil inconditionnel de la part de tous ceux qui vous approchent en niant leur différence. Les deux comportements ne sont pas incompatibles, ils font partie des paradoxes de votre régent. Car rien n'est moins naturel à l'esprit humain que de lâcher prise sur ses objectifs pour s'abandonner dans le courant d'amour de l'énergie vitale.

Vous risquez donc de patauger longtemps dans un univers maritime, fluide et mouvant, incertain, avant d'en comprendre la nature. Vous ne sortirez de l'impression de noyade qu'en apprenant à apprécier vos véritables qualités personnelles dans le cadre des ouvertures spirituelles qui arrivent à échéance dans cette existence. Vous en avez créé le potentiel dans d'autres vies. La faculté de discrimination engendrée par votre régent Sud constitue de l'intelligence à l'état pur. C'est elle qui vous rend sensible à la vérité des ambiances et ouvre l'accès à des états de réalité le plus souvent inaccessibles à ceux qui privilégient la logique et le visible avant toute chose. Votre univers verbal a déjà été suffisamment développé dans d'autres existences et la capacité d'écoute à laquelle vous pouvez accéder aujourd'hui vaut tous les discours de ceux qui ne sont pas encore parvenus à votre stade d'évolution.

Ainsi, même si vous ne croyez pas à votre importance, vous n'êtes pas rien. Le sentiment de vide qui vous habite est l'une des manifestations de Neptune. Sa nature de miroir reflète les perceptions qui relèvent de la nature du préverbal, de l'indéfinissable. C'est pourquoi vous ne pouvez pas définir votre projet comme une matière tangible à manipuler selon votre volonté, et nul ne peut le faire à votre place. Vous n'aurez jamais de certitudes mentales sur ce plan. Vous ne trouverez la paix intérieure qu'en adhérant à ce mouvement, cette transparence qui ressemble à de l'eau pure comme l'état mental d'un très jeune enfant. Tout s'y reflète sans déformation, sans jugement. Une telle adhésion peut vous conduire à l'état de non-agir et de non-volonté, ce qui ne veut pas dire ne rien faire et demeurer en attente que la vie vous apporte sa provende. L'adaptation à la réalité mouvante des événements vous fournira, au contraire, de multiples opportunités d'atteindre, par vos actes, vos paroles et vos pensées, une dimension humaine universelle. Tout le reste, mental, idéation, désirs, appartient à la superstructure de l'ego et ce n'est plus votre objectif que d'en favoriser la croissance indéfiniment.

Dans ce contexte, il est important que vous compreniez le sens de l'indifférenciation que vous essayez de développer dans cette vie. N'établir aucune différence, dans le sens spirituel, c'est ne rien préférer. Ne pas choisir entre plaisir et souffrance, ne plus définir les choses comme favorables ou défavorables et les vivre simplement telles qu'elles sont pour mieux se connaître.

Toute comparaison entre vos mérites intellectuels ou affectifs et ceux des autres (en général ceux de vos frères et sœurs) ne ferait donc que renforcer un sentiment d'inexistence réel et significatif d'un certain niveau spirituel, que vous pourriez utiliser à mauvais escient comme instrument de manipulation de votre environnement. Vous n'éviterez pas la souffrance en voulant paraître plus démuni(e), plus abandonné(e) ou plus inférieur(e) que nature. Un tel comportement serait pourtant significatif de Neptune rétrograde et si votre régent présente cette dissonance à la naissance, il en va de votre bonheur et de votre équilibre psychologique d'opérer le plus rapidement possible les transformations indiquées au chapitre correspondant.

Votre projet implique également une certaine vigilance sur la manifestation d'états mystiques sujets à de multiples interprétations illusoires. Les hallucinations auditives existent dans les manifestations dissonantes de ce régent. Vous les éviterez en n'opérant pas d'amalgames douteux entre une prédisposition contemplative, réelle, et la recherche d'une « mission » particulière, sujette à caution. Votre capacité d'ouverture et d'écoute trouveront un meilleur terrain d'application dans une œuvre sociale ou humanitaire bien concrète que dans un rêve de dépassement incontrôlable. Vous n'avez pas à rechercher des conditions de vie particulières pour cela. Quand vous aurez atteint un état de libération suffisant, la vie vous conduira là où elle peut l'utiliser, et vous n'aurez pas à vous plaindre de la distribution qui vous reviendra.

PLUTON (Mars de Scorpion) : la voie du tantra

La planète Pluton assure une double régence dans votre projet de vie conjointement avec Mars, le premier maître du signe. L'action de vos deux maîtres se conjuguent pour démultiplier l'impact spirituel d'une recherche sur la nature de l'énergie et du désir et la vision juste dans le réel (voir Mars).

L'action de Pluton, pour sa part, transforme votre intérêt inné pour la réalité visible en recherche passionnée des phénomènes gouvernant le monde invisible. Votre attention est orientée sur les origines de la vie et de la mort et peut vous conduire très loin dans ce domaine. Mais cette quête de la nature de l'univers a un prix : vous devrez renoncer notamment aux efforts que vous mettez en œuvre pour vous prolonger et laisser derrière vous une trace exemplaire. Maintenir toute votre énergie dans cette direction ne serait guère profitable sur le plan spirituel et vous découvrirez, dans cette existence, largement matière à le comprendre.

Une puissante détermination intérieure vous pousse à rechercher jusqu'où vous êtes capable de transcender votre dimension personnelle. Vous ne faites guère la part des choses mais sans une plus juste mesure dans vos choix de vie et un peu plus d'humour dans vos analyses, vous risquez surtout de transformer votre vie en une mise en scène dramatisée qui n'aboutira qu'à vous perdre de vue. Ne vous trompez pas de direction. Si vous voulez vraiment vous connaître, c'est dans votre propre intériorité qu'il faut plonger à la découverte des racines karmiques à l'origine de votre histoire actuelle.

Pour réussir ce parcours hasardeux, évitez de vous prendre, comme c'est trop souvent le cas, pour un agent de vengeance ou d'exécution du destin. Même si vos pulsions vous incitent à frôler des situations limites qui mettent en danger vos relations sociales et affectives, votre projet ne conduit pas nécessairement à saborder vos bases de sécurité (durement acquises dans une autre existence), pour atteindre un objectif exaltant dont vous rêvez mais dont vous ignorez tout. Un comportement distancié vous permettra de garder auprès de vous ceux qui vous sont chers, en établissant la différence entre vos tendances de pouvoir et de manipulation et celles que vous projetez trop facilement sur votre entourage.

Vous comprendrez alors comment certaines personnes peuvent ressentir, de votre part, un désir de les dominer ou de les contrôler dont vous n'avez certainement pas conscience. D'autres personnes, au contraire, peuvent être fascinées par le climat de magie ou de mystère que vous entretenez autour de vous. Il n'est pas rare d'ailleurs que ce soit une affaire de famille, remontant à quelque aïeule qui fait référence dans votre arbre généalogique. Vous n'êtes pas né(e) par hasard dans ce contexte-là.

Plus vous avancerez en âge, plus vous comprendrez que vouloir et agir sont la source même de la vie, et que la mort n'est pas une fin en soi. L'instinct de survie et de mort qui vous anime peut susciter en effet des conversions ou des révélations spectaculaires. Mais la foudre de l'illumination frappe où elle veut, quand elle veut et ne semble pas privilégier particulièrement les guerriers qui partent en aveugles à sa conquête. Ne vous trompez pas de voie : le phénix que vous recherchez sommeille en vous. Si vous désirez le réveiller, sachez que sa puissance volcanique réduira à néant toute motivation et toute quête d'objectifs personnels. Les Orientaux l'appellent la *Kundalini*, l'énergie de feu vital lovée sous la forme d'un serpent à la base de la colonne vertébrale. Toutes les légendes antiques vous le diront : il n'est pas souhaitable de provoquer ce serpent qui dort avant d'être fermement établi dans les fondations de la Conscience.

Nul ne peut savoir où vous conduit cette recherche. C'est votre affaire et vous l'affirmez haut et clair. Vous ne tolérez pas que qui que ce soit vous juge ou vous donne des conseils de prudence et particulièrement dans le cadre de ce que vous pouvez considérer comme votre œuvre spirituelle. Les phénomènes énergétiques que vous pouvez ressentir ne sont pourtant la preuve de rien, sinon de leur propre existence. Il existe cependant quelques repères évidents. Si votre quête éclaire d'amour et d'humour le regard que vous portez sur les autres, vous êtes sur la bonne voie. Si elle vous éloigne d'eux, vous donne envie de les convaincre de l'importance de votre mission ou de jouer les mages, si elle vous fait avancer les poings fermés, guettant les actions secrètes d'ennemis tapis dans l'ombre, orientez-vous le plus rapidement possible vers des préoccupations plus concrètes et plus faciles à gérer. La réussite d'une vie sexuelle épanouissante, par exemple. Car sans maîtrise des désirs physiques, la voie du tantra peut se révéler dangereuse, notamment sur le plan mental. Essayez de vivre joyeusement ce que vous êtes, dans l'expression affective et physique la plus totale possible de vos émotions et de vos sentiments. C'est la façon la plus spirituelle de réaliser votre projet de vie et cela vous évitera de sublimer une difficulté existentielle dans une recherche transcendantale qui n'aurait rien à voir avec lui.

5

LES PROJETS SECRETS DES RÉGENTS

Indépendamment des projets de vie qui figurent dans tous les thèmes de naissance, certaines personnes disposent d'une orientation karmique particulière qui semble les orienter, comme un fil conducteur, vers la réalisation de la voie spirituelle du régent. Il s'agit d'une sorte de quête de soi et de réalisation de ses plus hauts potentiels réalisée à travers certaines expériences dont le programme apparaît comme une condition suspensive qui prend le pas sur toute autre expérience. Cette ligne d'orientation karmique prioritaire est inscrite dans des aspects traditionnels, mineurs ou spécifiques, associant les régents à l'action des nœuds lunaires.

La planète en question est aussi bien le régent Sud que le régent Nord. Dès lors que l'un d'entre eux est relié par une position remarquable aux nœuds lunaires, son énergie entre en action dans notre vie comme un moteur de questionnement qui nous maintient en éveil dans nos actes quotidiens. La direction de travail des régents est alors si fortement marquée dans l'inconscient que les choix s'orientent spontanément dans les directions nécessaires. Les personnes qui disposent de cet « ange gardien » exigeant gèrent mieux que d'autres la capacité de tirer parti des expériences rencontrées et d'en tirer matière à une maturation spirituelle. Cela ne veut pas dire que leur vie en est facilitée, au contraire : les conditions suspensives rigoureuses associées aux régents en aspects aux nœuds lunaires sont nombreuses et ces derniers suscitent autant d'impasses événementielles, sinon plus qu'ailleurs. Nous dirons simplement que la personne ne semble pas pouvoir se perdre dans des voies sans issue : l'énergie intervient immédiatement pour stopper l'expérience et ramener le déviant dans le droit fil de son projet.

On m'a souvent demandé quelle était l'origine de ces aspects dont certains semblent inconnus en astrologie occidentale.

Les aspects en conjonction relèvent des nombres attachés par la tradition orientale aux formes subtiles de la conscience et aux sagesses qui en découlent. Ainsi, les nombres de 1 à 5 sont associés aux cinq sens (cinq *skandhas*), dont la synthèse forment la conscience sensorielle. Leur gouverneur est le Soleil dans le Lion.

Le nombre 6 est celui de la discrimination (en spirituel) et du jugement lié à la recherche de modèles (en interprétation mentale), qui se forment dans le signe de la Vierge. Sa voie de dépassement est celle de la Lune blanche, ou *Dhyana*, qui siège dans le Cancer, d'où le rattachement aux images de la mère et de l'émotion.

Le nombre 8 gouverne la double croix de l'énergie (double *vajra*) qui anime le Scorpion. Il associe les énergies de l'amour (Vénus) et du désir (Mars) sous la forme d'une union sacrée. L'énergie du masculin et celle du féminin qui se reconnaissent mutuellement comme égales engendrent l'androgyne divin, qui transcende la dimension terrestre du désir et de ses conflits.

Le nombre 9 est traditionnellement celui du *guru* par lequel est transmis le sens de la discipline intérieure et des bienfaits qui en découlent sur le plan spirituel.

Le nombre 10 est associé aux planètes spirituelles qui gouvernent les décans. Il s'agit d'une énergie de réalisation qui favorise l'expression du disciple dans le monde et lui confère un rôle particulier parmi les enseignants de la Loi. Ainsi, les mérites acquis des vies antérieures semblent valoriser la chance personnelle, notamment sur le plan des opportunités sociales qui permettront de développer le projet de vie.

Les autres petits aspects relèvent des *dwads*, division de chaque signe en autant de séquences de deux degrés et demi qu'il y a de signes dans le zodiaque. Ces *dwads* ont été développés par Ébertin selon une interprétation occidentale dont la séquence n'est pas la même que celle du bouddhisme. Ainsi, le degré 13 appartient à la Vierge, sagesse de Mercure, et le degré 15 à l'équilibre de la Balance (absence de passion dirigée par Saturne). Le degré 18 est celui du Scorpion au même titre que le degré 36. Le degré 20 relève d'une thématique attachement/détachement propre au sens spirituel du Sagittaire.

Les autres subdivisions se comprendront aisément si nous les considérons comme les harmoniques du zodiaque, divisées le cas échéant par deux ou quatre, pour tenir compte du fait que les aspects aux nœuds lunaires sont strictement circonscrits à la zone de leurs carrés Sud et Nord. On constatera ainsi, à la lecture, qu'il existe une progression du sens et du risque personnel d'affirmation entre le 18e et le 36e degré (pouvoir du Scorpion), dont les résultats doivent engendrer le service bien compris au 72e degré. De même les 30e et 45e degrés nous confrontent aux étapes d'obligation et d'intégration de l'énergie dans la matière, induisant la maîtrise personnelle nécessaire pour parvenir sans dommage à la transmutation du carré.

Conjonction des régents (Sud ou Nord) à 5°30' maximum des nœuds lunaires : la connaissance de la conscience

Vous avez décidé de porter à leurs plus hauts potentiels votre capacité de conscience et l'expression de votre personnalité. Vous êtes à la recherche d'une forme de sagesse qui ne peut s'acquérir que dans la maîtrise quotidienne des réactions émotionnelles et mentales.

On dit souvent des porteurs de ce projet que les dieux sont avec eux car la chance semble leur sourire quelles que soient les circonstances extérieures qui pourraient la contrer. Il arrive même que le jeu des événements et du « destin » les conduisent à s'imposer dans le monde par leurs œuvres ou le charisme de leur personnalité.

Vous faites partie de ceux qui expérimentent un indice karmique particulièrement rare (il n'apparaît pour certains projets que quatre ou cinq fois par siècle pendant une courte période). L'important, dans votre cas, est d'apprendre à vivre dans l'unité intérieure, sans faux-semblants et sans peurs des dimensions subtiles que vous pouvez rencontrer. Vous le ferez plus facilement en ne vous comparant pas à des modèles extérieurs et en décidant d'aller votre chemin, tout droit, vers un but secret qui n'appartient qu'à vous et qui oriente toute votre existence. Vous découvrirez ce but comme une évidence, lorsque vous serez suffisamment avancé(e) sur votre itinéraire. Sachez seulement que, dans tous les cas, ce dernier vous conduit vers la conscience d'être à travers la connaissance de vos désirs, de vos pensées et de vos sentiments.

Vous disposez d'une aptitude spontanée à tirer des leçons positives des expériences quotidiennes et à les transformer en matière de conscientisation. Faites confiance à votre vécu et vous parviendrez à votre plein épanouissement. Plus vous avancerez en âge, plus vous aurez l'impression de maîtriser votre destin. Vous découvrirez toute l'étendue de votre libre arbitre et ce qu'implique une pareille autonomie en matière de comportements justes et de sens de la responsabilité dans chacun de vos choix.

Toutes les expériences de votre vie sont matière à vous connaître. C'est pourquoi il ne peut y avoir d'erreurs dans votre parcours personnel, mais uniquement des prises de conscience successives qui vous permettront de tenir de mieux en mieux la barre de votre expérience intérieure.

Un tel comportement est assez inhabituel pour susciter autour de vous des peurs ou des rejets : très peu de personnes disposent de l'audace de s'affirmer et de s'exprimer telles qu'elles sont. Pour votre part, cela vous semblera un jour si naturel que vous n'y penserez même plus. Vous saurez que vous êtes apte à diriger de main de maître votre destin, et vous aurez à cœur de le conduire sur les rails de la droiture et de l'évidence d'être.

Vous connaissez certainement déjà cette aptitude innée à abandonner spontanément des initiatives, ou à refuser des propositions qui aboutiraient à l'échec ou perturberaient trop votre sentiment d'unité. Votre énergie est trop mobilisée vers la réalisation des raisons de votre incarnation et vous n'avez pas tendance à mener de faux combats.

Vous pouvez suivre avec confiance cet instinct qui vous fait éviter les impasses affectives ou intellectuelles qui ne seraient d'aucune utilité dans votre évolution. Vous apprendrez à le faire de plus en plus rapidement jusqu'à abandonner spontanément les projets les plus ambitieux lorsque vous ressentirez qu'ils ne vous conviennent pas. Ainsi, à l'âge de la maturité, vous pourrez affirmer que vous avez reçu de la vie tout ce que vous pouviez en attendre et que votre existence correspondait en tout point aux expériences qui vous étaient nécessaires.

La sagesse que vous pouvez développer est directement fonction de la nature du régent en conjonction à votre nœud lunaire Sud ou Nord. Reportez-vous au chapitre qui lui est consacré dans la suite de cet ouvrage. Mais quelles que soient la forme de son énergie et les facultés qui lui correspondent sur le plan mental, vous disposez du courage nécessaire pour vous élever au-dessus des contingences quotidiennes. Il résulte d'un certain regard sur le monde et d'une distanciation par rapport aux événements dont l'acuité ne peut que s'accroître avec le temps.

L'expansion continue de votre champ de conscience peut attirer vers vous des personnes moins avancées qui vous demanderont de les guider sur le chemin de votre propre sagesse. Vous pouvez ainsi acquérir peu à peu la notoriété d'un maître à penser ou d'un éducateur remarquable que l'on recherchera pour son aptitude à élever les âmes ou à ouvrir les cœurs. Votre nature de transmetteur se révélera pleinement dans la maturité de votre existence lorsque vous aurez défini avec clarté votre message personnel. Ce dernier vous servira de guide aussi bien qu'il est susceptible de guider ceux qui feront appel à vous car toute avancée sur le plan spirituel présente des risques pour l'équilibre psychologique et mental. Celle de l'enseignement spirituel comme les autres. Exercez votre vigilance sur le sentiment d'orgueil, assez légitime mais dangereux, qui peut surgir devant la reconnaissance ou l'admiration que vous pouvez susciter. Vous sentirez vite ce qu'une identification aveugle au rôle que vous jouez représenterait comme perdition dans le plan de votre évolution, pour vous-même aussi bien que pour ceux qui voudraient copier votre message d'unité au lieu d'en faire l'expérience.

C'est à vous de gérer votre parcours avec juste mesure et suffisamment de sensibilité et d'écoute intérieure pour détourner les pièges des habitudes et des comportements répétitifs. Cela vous permettra de mieux tirer parti de cette aptitude à remettre en cause spontanément vos certitudes et vos convictions, qui constitue l'un de vos meilleurs atouts spirituels.

Si vous avez déjà rencontré l'énergie de la Conscience dans cette vie, vous savez qu'elle n'attend rien de vous et n'a rien à voir avec les mécanismes du moi tels qu'ils s'établissent à travers l'ego. Sa manifestation est impondérable. Vous ne pouvez pas la rechercher, mais juste ouvrir les portes intérieures qui la recouvrent d'un voile opaque. Votre régent karmique peut vous servir de guide dans cette quête d'intériorité.

Régent (Sud ou Nord) entre 6° et 7°59' des nœuds lunaires : la quête de la maîtrise émotionnelle

Le régent que vous avez choisi de développer dans cette vie oriente votre attention sur l'attachement très particulier que vous portez à votre mère et les réactions émotionnelles profondes qui vous relient à son histoire. Vous pourrez constater ainsi à quel point un destin commun semble vous lier à elle, comme si vous l'aviez déjà connue dans une autre vie. C'est possible mais nul ne peut l'affirmer, et votre objectif actuel n'est pas de prolonger indéfiniment cet attachement en le colorant de suppositions invérifiables. Vous pouvez simplement vous reconnaître dans beaucoup de ses réactions et comportements comme si vous l'aviez choisie pour cette ressemblance.

Cette très forte exigence vous porte vers « la » mère (et pas spécifiquement votre mère d'aujourd'hui) comme si, dans d'autres existences, son absence ou sa mort avait privé l'enfant, dont vous portez les racines karmiques, de toute sécurité affective. Cet enfant éprouve des difficultés à grandir, il ne supporte pas la souffrance de la séparation. De telles réactions émotionnelles mal gérées vous rendent certainement trop sensible au manque affectif, aux reproches ou à l'éloignement des personnes auxquelles vous vous attachez.

Si vous ne comprenez pas comment vous situez votre mère au centre de tout votre univers, vous risquez de privilégier ce lien au détriment d'autres attachements tout aussi précieux et même de faire l'impasse sur la création ou la continuité d'un foyer personnel. Même si vous avez l'impression que vous ne pourriez recevoir de personne une aussi grande attention et une aussi grande protection, il faut bien un jour couper le cordon ombilical.

Cette grande identification constitue un support de méditation très évolutif dans cette vie. Vous travaillez sur ces liens du mental et du cœur qui gouvernent nos réactions et nos choix dans l'inconscient, et vous avez choisi votre foyer natal pour vous servir de terrain de travail spirituel.

Vous avancerez plus rapidement en prenant conscience de la façon dont vous aviez tendance à vous identifier à ses projets pour capter sa tendresse et vous sécuriser sur la continuité de cette relation. Si vous n'êtes pas parvenu(e) à vous en persuader, vous l'avez certainement rejetée abruptement et avec elle, les lois et les modèles de votre milieu. Mais dans ce cas, vous avez perdu votre objet de travail intérieur et un jour où l'autre, vous reviendrez vers elle pour essayer de trouver la paix de l'âme auprès de la seule personne qui peut véritablement la troubler.

Cette perméabilité émotionnelle orientée vers d'autres objectifs peut provoquer une ouverture psychique qui vous permettrait d'aller vers les autres avec plus de clarté. La confusion que vous entreteniez avec votre mère parviendra alors à son terme et vous pourrez mieux tirer parti de votre aptitude – rare – à explorer vos états d'âme quand vous ne les confondrez plus avec ceux du voisin. Pour peu que vous preniez la peine de faire un travail sur vos comportements psychologiques, vous accéderez aux mécanismes de l'inconscient et à la connaissance de ce que l'on appelle les états subtils ou transpersonnels.

La méditation constitue le chemin idéal de la Lune, qui gouverne votre projet secret. Son objectif est de calmer les vagues de réactions qui vous rejettent toujours dans les mêmes angoisses affectives et de vous permettre d'accéder à la connaissance de soi. N'importe quelle école spirituelle vous convient dans la mesure où son objectif est de mieux vous connaître en toute lucidité, dans l'acceptation de vos émotions et de vos sentiments. Le yoga constitue un bon instrument pour y parvenir, mais vous devrez veiller à ne pas le transformer en outil de contrôle, comme cela arrive si souvent. Car il est important, pour vous, d'apprendre à laisser s'écouler librement le flux émotionnel sans céder à la tentation de le refouler pour ne pas « gêner les autres ».

Lorsque tout cela sera éclairci, comme un lac clair après une tempête, vous aurez l'impression d'avoir éliminé les scories qui encombraient votre personnalité. Alors les dons subtils que vous pouvez développer apparaîtront spontanément. Vous disposiez certainement, à la naissance, d'une forme de médiumnité ou de clairvoyance, mais vous ne pouviez l'utiliser avec le comportement trop projectif inné. Plus vous aurez conscience de l'exigence de vos réactions affectives, mieux vous serez à même d'apprécier les qualités de votre mère, en la voyant telle qu'elle est. Dès lors surgira ce bonheur non dépendant que vos anciens emballements émotionnels vous empêchaient de découvrir.

Cette quête de maîtrise émotionnelle constituait une nécessité pour parvenir à la maîtrise de vos dons psychiques. C'est à cette seule condition que vous pourrez transformer ces derniers en de précieux instruments d'écoute et de compréhension dans la relation d'aide qui constitue souvent la vocation spontanée des personnes porteuses de ce projet.

Votre meilleure chance semble, en effet, de tirer parti de votre intérêt pour les sciences de l'âme en vous orientant vers les métiers qui vous permettront d'approfondir votre démarche : psychologue, relations humaines, assistance sociale, enseignement en école maternelle, etc. Il ne manque pas de secteurs professionnels dans lesquels vous pourrez développer positivement votre écoute du cœur.

Une femme peut également jouer dans votre existence un rôle important en tant que maître de méditation ou formatrice spirituelle. Veillez seulement à ne pas projeter sur elle la mère idéale dont vous avez toujours rêvé. Cela vous empêcherait d'aller à la rencontre de votre inconscient et d'accéder à la transparence psychologique qui vous est nécessaire pour mener à bien votre projet de vie.

Régent (Sud ou Nord) entre 8° et 8°59' des nœuds lunaires : l'apprentissage du don de soi

L'énergie de Vénus, qui gouverne le monde des sensations et des sentiments, joue un rôle important dans votre projet. Elle vous conduit à explorer vos images personnelles et le sens du vrai don. Sans doute n'êtes-vous pas encore parvenue au stade de l'amour impersonnel mais quelque chose en vous tend vers cette direction.

Vous aurez l'occasion, dans cette vie, de rencontrer les multiples formes de l'univers affectif et des relations de couple. Vous avancerez dans cette direction à travers de multiples tâtonnements et bien des erreurs de parcours mais ce projet vous tient – littéralement – à cœur. Il vous porte à vous connaître à travers l'expression de vos sentiments et à développer avec vos partenaires des amitiés profondes basées sur la compréhension et la reconnaissance des autres tels qu'ils sont. Vous ne manquerez jamais de compagnons de route pour cultiver, de toutes les façons possibles, une aptitude au bonheur qui évoluera progressivement vers la sérénité et le détachement bien compris.

La première étape de votre projet – rencontre du ou de la partenaire élu(e) – peut vous permettre de développer toute la richesse des sensations rendues conscientes par la richesse des échanges quotidiens. Il ne s'agit pas, ici, de valoriser un idéal d'amour ou d'harmonie mais d'ouvrir davantage votre sensibilité physique et psychologique aux réponses de votre environnement. Cela vous permettra de corriger les images négatives personnelles que vous avez pu rapporter d'autres existences.

Il importe, en revanche, de ne pas vous tromper d'objectif affectif : les amours ou les amitiés qui s'offrent à vous sont plutôt non conventionnelles mais vous disposez de l'aptitude de réinventer l'amour au jour le jour en défiant éventuellement les jugements de votre entourage. Ces derniers vous importeront d'ailleurs de moins en moins au fur et à mesure du déroulement de votre existence.

Vous savez instinctivement capter et conserver la fidélité de vos amis et de vos amours, et prolonger avec eux de tendres liens de confiance bien au-delà du temps de la passion et, éventuellement, de la séparation. Votre cœur reste attaché à ceux à qui vous le donnez, sans réticences et sans conditions.

Vos rencontres disposent souvent d'une qualité particulière : vous pouvez avoir l'impression d'une récognition spontanée. Vous allez vers l'autre, d'instinct, sans vous poser de questions. C'est lui ou c'est elle, c'est tout. Il serait cependant hâtif d'en conclure que vous avez déjà rencontré les élus de votre cœur dans le passé. Car la personnalité ne se réincarne pas et vous ne pouvez avoir déjà connu qui que ce soit – en tant qu'individu spécifique. Vos choix reposent plutôt sur une attirance spontanée vers des objets d'amours compatibles avec votre évolution personnelle et le désir généreux qui vous anime les transforme aussitôt en âmes sœurs.

Dès lors, vous êtes prêt à faire preuve de beaucoup de patience envers votre partenaire de vie et à lui apporter votre aide psychologique ou votre soutien matériel dans tous les domaines de l'existence. Vous le faites sans aucun sentiment de devoir ou d'obligations. Pour vous, un engagement doit se vivre totalement – corps, cœur et esprit unifiés dans la même intention – ou il n'a pas de sens.

Une aussi belle expression de l'amour dans la vie quotidienne possède pourtant ses revers. Vous risquez, par exemple, de transformer la spontanéité d'une rencontre vécue dans la liberté et le respect mutuel en obligation de dévouement pour demeurer fidèle à une belle image de vous-même. Ce qui ne pourrait que freiner la compréhension de votre projet. Ce genre de relations a trop tendance également à provoquer un repli sur le couple, au détriment de relations sociales plus vastes et parfois même de contingences matérielles laissées pour compte dans l'histoire. Il serait dommage que votre amour s'étouffe dans l'attachement passionnel faute d'être resté connecté à la réalité et aux contraintes d'organisation de vie commune qui en découlent.

Il peut y avoir quelque chose de juvénile dans votre façon d'aborder l'amour. Si vous n'y prenez pas garde, vous constaterez un jour que vous avez pris trop en charge la responsabilité de la survie d'une belle histoire et que votre objet de dévouement n'est guère intéressé par l'apport de la contrepartie initialement prévue dans votre contrat d'entraide, si ce dernier a été fixé. Car vous considérez certainement qu'une relation est implicitement établie dès lors que quelqu'un sollicite votre affection et vous lui accordez une confiance illimitée même si votre enthousiasme et votre désir de tout partager et de regarder ensemble dans la même direction ne sont pas toujours justifiés sur le plan des résultats.

En refusant de vous laisser submerger par d'éventuelles déceptions, vous pouvez perdre le sens de votre projet. Il ne s'agit pas d'aimer n'importe qui et à n'importe quel prix (et le prix matériel est parfois excessif dans votre cas), mais d'assumer vos besoins et vos attentes sans les imposer à l'autre. Lorsque vous aurez compris comment la spontanéité affective est un effet de votre liberté intérieure, vous prendrez le risque de laisser grandir l'autre à vos côtés en n'essayant plus d'influencer ses choix. Cela ne changera pas grand-chose à vos résultats affectifs car vous avez reçu, de naissance, un mérite d'amour. Mais une plus grande clairvoyance vous permettrait certainement d'aller plus rapidement dans le sens de la sagesse de la générosité. Cette dernière n'implique nulle vocation de sacrifice, ni de votre part ni de celle de vos partenaires, ce qui reviendrait à engendrer une relation de pouvoir sous couvert d'assistance et de compassion. De même, si vous renoncez à vos propres intérêts dans cette quête, cette dernière évoluera à rebours de votre projet d'évolution des sentiments et d'approfondissement des sensations.

Cette expérience, vécue avec un(e) ou plusieurs partenaires, est destinée ensuite à s'élargir à un bien plus grand nombre en dépassant le cadre de la vie privée. À l'âge de la maturité, vous vous orienterez naturellement vers un projet spirituel dans lequel le sens du don tiendra une large place.

Votre voie est bien connue en Orient. On l'appelle la *Bakti.* L'énergie féminine, dégagée des lourdeurs de la pensée qui oriente les préoccupations vers les réalisations terrestres, tend à s'épanouir en compassion et en amour pour tous les êtres. Vous devrez alors veiller à ce que ce sentiment d'amour ne se fixe pas sur de nouveaux objets d'attachement idéologiques ou religieux. Sinon, vous risquez de devenir le défenseur d'une cause « spirituelle » avec la même passion que vous investissiez dans vos relations affectives. Vous n'aurez guère changé de plan dans la réalité de votre vécu.

Votre meilleur critère pour vérifier si vous demeurez dans le juste comportement du don est de vous interroger sur votre ressenti dans les expériences que vous rencontrez. L'affectivité est toujours en attente de quelque chose : il y a conflit, doute, ou satisfaction et plaisir reliés à une situation extérieure. Dans le sentiment de la *Bakti* au contraire, tout est joie intérieure, beauté, acceptation de soi et des autres. Vous ne pouvez guère vous tromper dans cette démarche, et vous accéderez certainement à cet état de complétude quand vous aurez cessé totalement de le chercher.

Conjonction des régents de 9° à 9°59' : la discipline mentale

Le maître de votre projet ésotérique, la planète Saturne, oriente votre attention vers une meilleure maîtrise des fonctionnements de votre esprit.

Cela vous permettra de sortir d'une forme de dispersion intellectuelle nuisible à votre évolution. Cette dernière peut se manifester par des centres d'intérêt trop axés sur le monde extérieur ou par une tendance à accumuler des connaissances sans les mettre en pratique.

L'obligation de cet entraînement pratique, pour un temps donné ou pour toute votre existence, vous ramènera donc les pieds sur terre. Car il ne peut pas exister de véritable recherche de connaissance de soi sans un bon ancrage dans la réalité quotidienne.

Vous avez certainement déjà entendu ce message dans votre foyer natal car vous l'avez élu pour apprendre le sens de la responsabilité sur la base d'obligations plus ou moins contraignantes. Un tel projet peut épouser la forme d'une prise en charge physique, psychologique ou matérielle d'une personne proche de vous, aussi bien dans votre milieu d'origine que dans le cadre de vie que vous pouvez créer. Il oriente vos objectifs vers la compréhension des mécanismes du Karma à travers ses manifestations dans le monde extérieur et le terrain de la réalité demeurera toujours la meilleure voie pour votre développement personnel. Vos qualités de volonté, de responsabilité et de réflexion y trouvent matière à s'exercer dans l'idéal. Ainsi cesserez-vous progressivement de vous chercher à travers la démultiplication de rencontres ou de lectures pour établir votre personnalité sur une base plus propice à la recherche spirituelle.

Il se peut, cependant, que les demandes de vos proches vous paraissent trop lourdes à assumer. Essayez, dans ce cas, de mieux mesurer vos efforts et de sortir du volontarisme. L'objectif n'est pas de porter le monde sur vos épaules ou de sacrifier votre vie pour quelqu'un. Vous pouvez, en effet, exagérer la portée de la charge matérielle qui vous revient en passant du refus de vous investir dans ce type de préoccupations à un comportement de culpabilité tout aussi négatif sur le plan de votre équilibre psychologique. Pour demeurer dans la juste mesure, demandez-vous si votre excès de sollicitude ne risque pas de nuire à la croissance ou à l'autonomie de ceux que vous désirez aider. Vous parviendrez ainsi à une qualité d'attention plus juste qui peut évoluer vers une forme de sérénité mentale.

Saturne est le maître astrologique de l'équanimité. Il vous invite à considérer à égalité vos préoccupations physiques les plus quotidiennes et vos aspirations intellectuelles ou religieuses les plus élevées. Quand vous parviendrez à ce stade, vous cesserez de vouloir influencer la réalité – la vôtre et celle de votre environnement – et n'aurez plus jamais de raisons de tomber dans la dépression.

Vous réaliserez alors que vous disposez d'une grande liberté d'action et de réussite dans tous les autres plans de votre existence. Mais cette chance est capricieuse et peut s'évanouir quand vous croirez la tenir. Évitez de refermer les mains sur ce qui vous est donné. Si vous recherchez confort et sécurité, dans le but de prévoir encore et encore l'avenir, vos résultats resteront décevants.

La Terre est lieu d'abondance, vous n'avez pas à faire de réserves pour l'hiver et n'aurez certainement pas à vous plaindre de la générosité du monde visible à votre endroit. Si vous voulez bien observer objectivement votre peur de l'insécurité, vous parviendrez à relativiser les angoisses du passé, liées le plus souvent au manque de confiance envers vos modèles d'enfance et plus particulièrement aux défaillances – réelles ou supposées – de votre père.

Vous disposez pourtant d'une aptitude certaine à forger des modèles de vie forts et sécurisants que vous communiquerez avec succès à vos propres enfants. Mais évitez pour autant d'exiger d'eux qu'ils vous imitent en assumant des responsabilités qui ne leur reviennent pas.

Victoire ou défaite, pauvreté ou richesse, sécurité ou aventure, notoriété ou effacement, tout cela vous paraîtra bien relatif à la fin de votre existence. Vous saurez que leur interprétation dépend uniquement de la façon de penser la vie et des systèmes de croyance de chaque individu. C'est alors que votre parole et vos pensées disposeront de la maîtrise et du poids nécessaires pour attirer à vous ceux qui doivent apprendre à faire confiance au temps et comprendre les leçons du Karma.

Le vieux sage, détaché des passions du monde, que vous serez devenu, ne risque pas de s'enfermer dans la solitude. La reconnaissance des autres ne vous manquera pas, mais vous la trouverez sans doute alors dépourvue d'intérêt. Vous accueillerez chacun avec sourire et bienveillance sans être dupe de ses demandes. Ce type de karma vous promet une très longue vie pour expérimenter toutes les réalités de la Terre, faire le tour du mental humain et traiter le moindre événement avec une totale égalité d'esprit.

Régent de 10° à 10°59' des nœuds lunaires : le mérite de la fortune et la générosité

Vous pouvez penser qu'au tirage au sort du Karma, vous avez reçu la roue de la chance. Mais il n'existe pas de hasard dans la distribution des rôles en ce monde. Le mérite de fortune qui vous revient représente une étape très importante d'évolution si vous en comprenez bien le sens.

Vous pouvez choisir dans cette existence de privilégier l'argent et le développement de positions sociales avantageuses. Quel que soit votre milieu de naissance, la possibilité vous est ouverte de parvenir à une certaine notoriété personnelle et d'en tirer d'importants bénéfices, tant sur le plan matériel que sur celui de votre image.

Que la bonne fortune se manifeste à travers les héritages que vous recevrez, la qualité de l'éducation et des études dont vous avez pu bénéficier ou par ces chances insolites qui vous permettent de vous élever au-dessus de la condition de votre foyer natal, tout cela ne vous est donné que pour déverser autour de vous la même abondance et la même générosité.

Il importe donc de bien comprendre l'enjeu de la planète Jupiter, qui dirige votre projet secret. Il ne s'agit pas de collectionner des relations. Voyages, contrats, positions sociales plus ou moins spectaculaires, rencontres avantageuses ou insolites, vous aurez tout ce que vous désirez ; mais ne vous trompez pas d'objectif. Ces présents de la vie vous sont offerts pour apprendre à jouer votre rôle en toute conscience à chaque instant. Il peut exister, en effet, dans votre comportement une difficulté à vous situer clairement parmi les autres et à savoir gérer vos relations. Ce qui représenterait un handicap de poids dans la continuité de vos chances sociales. Cette tendance serait particulièrement accentuée si Jupiter était rétrograde dans votre thème natal. Vous trouverez dans ce cas, au chapitre des planètes, les conseils nécessaires pour opérer les transformations nécessaires et revenir dans la droite ligne de votre projet.

Rien de tout cela n'est acquis ou ne vous est dû, comme vous pourriez trop facilement le penser. Dans le courant de vos existences successives, l'heure était simplement venue d'apprendre les jeux sociaux du pouvoir et de l'élévation sociale, et d'essayer de vous en détacher après en avoir fait l'expérience la plus large possible. Vous avez choisi cette expérience parce qu'elle correspondait à un besoin de croissance dans la rencontre avec votre propre autorité. Aussi n'avez-vous pas tendance à considérer comme valables les modèles extérieurs. Cette tendance est accentuée si vous n'avez pas considéré votre père comme un éducateur à la hauteur de vos espérances. Il vous appartient d'en découvrir un autre si vous le désirez, maître à penser ou maître spirituel dont vous pourriez prolonger l'héritage. Votre projet inclut une pratique de la transmission et vous recueillerez, dans ce domaine également, les résultats selon vos vrais mérites.

Détenir la possibilité de conduire votre existence selon vos concepts et désirs vous oblige à prendre conscience des différentes partitions que vous êtes susceptible de jouer dans le concert social. Il existe, avec ce régent, un fond d'agressivité, d'ambition, voire une certaine rudesse (même bien dissimulée) qui motivent des rapports humains basés sur la comparaison et la compétition. Vous comprendrez, avec le temps, qu'il est inutile, et parfois dangereux psychologiquement, de vous servir de vos vastes opportunités pour assouvir des désirs de revanche personnelle. La position à laquelle vous pouvez accéder perdrait tout son sens et deviendrait involutive si elle ne s'exerçait pas dans le cadre d'une large restitution collective.

Voici quelques questions pour vous aider à vous positionner dans la ligne droite de votre projet secret : pensez-vous que vous devez quelque chose en échange de tant de présents du ciel ? Si vous avez reçu en héritage des biens sociaux importants (c'est fréquemment le cas), qu'êtes-vous susceptible de donner en échange de cette bonne fortune ? Que pourriez-vous offrir à votre tour à des personnes en recherche de leur place dans la collectivité ? Avez-vous quelque chose de neuf à communiquer dans le domaine de la formation ? Comment pourriez-vous participer à l'élévation de la réflexion philosophique de votre milieu ?

C'est en multipliant les expériences dans ces divers domaines que vous développerez le sens spirituel de votre régent secret : la patience illimitée. Vous y parviendrez en reconnaissant que chacun se situe à la seule place possible lui permettant de développer la conscience de ce qu'il est. Le comportement juste d'un bon éducateur est donc de savoir susciter la croissance de l'autre sans lui imposer ses propres projets.

Un mariage enviable représente le plus souvent le couronnement de ce karma d'élévation sociale. Vous devrez prendre garde, cependant, à ne pas engendrer de liens dans un but intéressé car vous seriez confronté(e) rapidement à l'une des malédictions de votre projet : amour et fortune vont, dans votre cas, rarement de pair.

Rien ne vous oblige pourtant à entrer dans la confusion des sentiments ou à favoriser l'avidité plutôt que la relation affective approfondie. Si vous aimez sincèrement vos partenaires et n'exigez pas d'eux qu'ils vous confortent sans cesse dans votre ambition, vous pouvez parfaitement obtenir le grand chelem : réussite dans votre profession, renommée personnelle, couple heureux, tout cela dans le respect des lois de la Vie et de l'évolution spirituelle.

Il est important, dans ce contexte qui semble vous favoriser à tout point, de conserver autant que possible un comportement détaché de l'orgueil de vos résultats. La patience envers ce que vous êtes et envers les autres est, et restera toute votre vie, votre meilleur guide.

Angle de 13°30' aux nœuds lunaires (sans orbe) : la liberté mentale

Cette vie est placée pour vous sous la protection de Mercure et favorise toutes sortes d'échanges relationnels, notamment dans la rencontre avec vos frères et sœurs. Ces derniers sont vos meilleurs partenaires de vie et, le temps passant, vous apprendrez à tout partager avec eux, dans une confiance croissante, basée sur la vérité de l'expression et la spontanéité de la parole.

Si le jeu de la vie ne vous a pas fait naître au sein d'une fratrie, vous n'aurez de cesse de développer ce climat d'ouverture amicale avec toutes les personnes de la même génération que la vôtre présentes dans votre environnement familial ou social. Tous rechercheront auprès de vous le plaisir d'un dialogue clair et vivifiant.

Vous pouvez vivre aussi bien dans un cercle élargi qui vous considère comme son animateur intellectuel ou culturel que passer par de longues phases de solitude. Ces dernières vous sont nécessaires pour approfondir votre capacité de réflexion et la richesse de votre monde intérieur.

C'est pourquoi on constate souvent, dans votre projet secret, l'alternance de deux phases relationnelles. La première consiste à parcourir le monde comme si votre curiosité d'esprit ne pouvait se satisfaire que d'une multiplicité de contacts différents. Vous allez vers chacun comme un frère confiant et amical. Puis vient le temps de la digestion et vous avez besoin de longues périodes de silence pour assimiler vos découvertes et les mettre en place comme autant de nouvelles ressources.

On peut vous estimer fantasque, voire peu fiable dans vos engagements ou la continuité de vos centres d'intérêts, mais vous pouvez constater que cela ne change rien à la fidélité de vos amis qui semblent tout vous pardonner. Les avez-vous interrogés sur ce sujet ? Lorsque vous vous reprochez vos absences ou vos chutes soudaines d'intérêt à leur propos, n'avez-vous pas simplement peur qu'on vous rejette si vous exprimez vos états d'âme. En fait, vous êtes d'une fidélité remarquable dans vos attachements et dans votre façon de soutenir ceux que vous aimez. Vos amis n'ont certainement rien à vous reprocher, et vous vivrez mieux les deux variantes de votre intelligence en leur expliquant votre fonctionnement et vos vrais besoins : la solitude vous est agréable et vous en tirez de grands enseignements ; la relation aux autres vous enrichit et vous ne sauriez vous en passer. Pour sortir de votre sentiment d'abandon ou d'isolement, évitez si vous le pouvez de réprimer votre tristesse, si fréquente, dans le but de demeurer, à votre détriment, l'animateur et le boute-en-train de votre petit groupe. C'est aussi simple que cela et tous le comprendront aisément, surtout quand ils pourront apprécier les œuvres que vous produirez dans vos périodes de silence.

Votre véritable interrogation porte donc plus sur la clarté de la parole et la vérité de l'expression que sur le problème de séparation. Quand vous aurez résolu l'un (dire immédiatement ce que vous ressentez et voulez), l'autre n'aura plus guère d'importance. Si vous ne travaillez pas dans cette direction, vous risquez d'organiser la chasse aux mensonges et aux non-dits dans votre environnement, ce qui serait régressif vu votre niveau natal d'évolution.

Vous travaillez dans cette vie sur la transparence dans tous les domaines. Cela passe d'abord par une meilleure conscience des jugements que vous projetez sur les autres. Vous accéderez également à une plus grande ouverture de perceptions en acceptant que les autres vous renvoient à ce que vous êtes comme si vous vous regardiez dans un miroir. Vous appartenez au groupe des sensitifs. Votre approche des autres ou des événements est essentiellement kinesthésique. Cette qualité si particulière, qui relève de l'action de Mercure, vous rend sensible aux moindres variations d'ambiance, et cette grande qualité est souvent synonyme d'une certaine frilosité psychologique. Vous pouvez redouter de rencontrer la souffrance, la vôtre ou celle des autres, mais cela fait partie de votre projet.

Pour mieux dominer cette éventuelle difficulté, dites-vous que vulnérabilité et réceptivité peuvent s'associer comme des atouts sur le plan spirituel. Vous avez déjà développé dans d'autres existences ce sens intime de l'expérience intérieure qui s'établit au contact de tout ce qui se manifeste autour de vous. Vous avez choisi d'élargir cette disposition d'esprit qui vous conduit vers les grandes profondeurs de l'intériorité et votre projet constitue l'une des étapes les plus dynamiques vers l'ouverture à la compassion.

La grande intelligence que vous manifestez spontanément peut être, également, handicapée par une timidité relationnelle qu'il vous appartient de combattre. Ce serait particulièrement le cas si Mercure était rétrograde dans votre thème natal, ce qui susciterait en vous un certain doute sur votre capacité d'évolution spirituelle. Vous avez trop tendance à vous juger selon la qualité des réponses affectives que vous recevez alors que votre approche du monde est plutôt intellectuelle. Votre univers relationnel connaîtra une nette amélioration quand vous cesserez de vous comparer aux autres ou de rechercher leur caution en vous calquant sur leurs modèles.

Le degré de notoriété que vous pouvez atteindre dans cette vie par la parole et l'expression créative n'est pas déterminé par votre projet. Il dépend du contexte plus général de votre thème natal. Votre croissance intérieure peut nécessiter d'établir le contact avec un vaste public et, dans ce cas, vous ne manquerez pas des opportunités nécessaires. D'autres fois, et particulièrement lorsque Mercure est rétrograde dans le thème natal, les prises de conscience passent par une obligation de silence et de relative obscurité pour permettre à l'intelligence de se recentrer.

Si vos conditions de vie vous contraignent à garder secret l'acquis évident de vos méditations, c'est que l'heure de dire n'est pas encore venue mais vous êtes en train de la préparer. Quand vous serez capable de vous exprimer avec cette vérité et cette spontanéité sans réserve que vous recherchez, ces dernières entreront en résonance avec le monde extérieur. Car il ne s'agit pas, dans votre projet, de « communiquer » qucl qu'cn soit votre désir, mais d'exprimer cette évidence d'être qui s'éveille dans les échanges avec vos semblables et provoque chez eux des étincelles d'éveil. C'est pourquoi il est important de faire l'effort de recentrage et de maîtrise de l'expression sur lequel s'appuie votre projet de vie. À la clé, la joie de vivre et la créativité qui engendreront le sentiment d'avancer avec certitude sur votre voie intérieure.

Angle de 15° aux nœuds lunaires : l'éthique personnelle

Cette expérience qui constitue une entrée sur le sentier spirituel est destinée à vous doter d'un authentique sentiment de responsabilité dans l'action au quotidien. Ce dernier facilitera largement votre représentation professionnelle et sociale.

Vous travaillez, dans cette vie, sur l'énergie de l'élément Terre et aurez l'occasion de rencontrer, en de multiples occasions, l'abondance matérielle et la reconnaissance chaleureuse de votre environnement. L'un de vos projets est de construire un foyer confortable, solide et durable, et ceux qui viendront vous y rejoindre ne pourront qu'apprécier vos qualités instinctives de bon parent.

Tout ce qui touche à la matière, la réalité quotidienne, ce qu'on tient bien en main, éveille en vous un grand sentiment de sécurité. Ce qui a, sans doute, favorisé votre naissance dans une famille répondant à ces attentes et qui vous a inculqué dès l'enfance les comportements nécessaires pour valoriser le sens des choses concrètes et le respect du patrimoine familial. En la matière, vous relevez de l'hérédité karmique de la branche masculine de votre père. Vous pouvez vous reconnaître aussi bien dans ses comportements que dans sa fermeté de convictions. Si ce modèle fondateur vous a paru sécurisant dans votre enfance, vous n'avez eu de cesse de le reproduire, à travers l'expérience que vous désiriez vivre avec vos propres enfants.

Une naissance dans un milieu plus défavorisé porte au contraire à la recherche de l'aisance et de la sécurité matérielle en toutes circonstances. Dans ce cas, vous n'aurez de cesse de participer à l'enrichissement et au bien-être de vos proches.

Votre attachement aux structures traditionnelles, familiales ou sociales, vous conduit à entretenir de bonnes relations avec vos parents et collatéraux âgés dont vous pouvez recevoir l'héritage aussi bien philosophique que matériel. Cela vous revient de droit car vous avez tendance à vous identifier aux valeurs morales de votre milieu natal, dont vous prolongerez à votre tour la transmission à vos descendants.

L'effort personnel et l'investissement dans le travail représentent pour vous des vertus essentielles même si vous avez, parfois, trop tendance à prendre en charge des responsabilités qui ne vous reviennent pas. Évitez de tout diriger si vous ne voulez pas sombrer dans une des tendances dommageables de votre projet : le surmenage et les comportements dépressifs qui peuvent en résulter. Un bourreau de travail risque de ne laisser aucune chance aux autres de faire leurs preuves ni de le relayer dans la multitude des tâches qu'il a tendance à s'imposer. Vous devez apprendre à mieux mesurer ce que vous pouvez assumer si vous voulez jumeler la tendresse et la sollicitude que vous portez aux vôtres avec la prise en charge des responsabilités que vous estimez constructives.

La réussite matérielle que vous atteindrez dans cette vie n'a rien de spectaculaire : elle est stable et progressive. Mais vous portez peu d'intérêt à une mise en valeur sociale qui vous obligerait à sortir des comportements routiniers mais efficaces lorsque vous les maîtrisez bien. Il est donc naturel que vos meilleurs résultats s'établissent dans le temps, comme si vous montiez, patiemment et avec une grande sûreté, les marches d'un escalier. L'âge venu, vous disposerez de toute la sécurité morale et matérielle que vous avez pu désirer et à laquelle vous avez décidé de consacrer votre vie.

Vous aurez alors largement mérité la confiance et la reconnaissance de votre environnement familial, et vous pouvez devenir un de ces aïeux que l'on vous citait en exemple dans votre enfance.

Rien ne vous empêche également d'élargir votre sens inné de la gestion à votre commune, particulièrement en milieu rural, ou de diriger une petite collectivité qui vous honorera pour votre sens de l'équité, de la rigueur appliquée à bon escient et de la responsabilité personnelle.

Même si ce projet ne semble pas, *a priori*, flatteur sur le plan spirituel ou intellectuel, vous conduisez, dans cette vie, une recherche sur l'origine et la construction des identifications dans lesquelles la plupart des individus s'embourbent sans même le savoir. Le vécu conscient de votre projet vous incite à développer la connaissance de la relativité des choses matérielles. Dans la mesure où vous l'assumez clairement, vous pouvez construire un terrain intérieur assez stable pour que le besoin de sécurité ne vous tire pas en arrière quand viendra l'heure du détachement. Ce sentiment grandissant de sécurité personnelle vous permettra d'exercer votre volonté et votre attention à bon escient vers des objectifs de plus haut niveau.

Angle de 18° aux nœuds lunaires (orbe 0°30') : le développement de la créativité

Les grandes qualités d'esprit que vous avez développées dans d'autres existences interviennent comme un mérite dans votre projet actuel. Vous avez déjà atteint une certaine maîtrise dans des arts d'agrément ou l'artisanat d'art. Ces dons anciens peuvent épouser la forme d'une vocation que rien n'empêchera de s'accomplir et vos qualités personnelles participeront à son succès. Votre personnalité s'épanouit facilement dans le mouvement, les voyages, la communication, la créativité, le rire et la légèreté. Votre dynamisme intellectuel peut se révéler très communicatif. Vous disposez de talents innés d'animation sociale et ne devriez pas manquer de propositions dans ce domaine.

Si vous disposiez dans votre enfance d'un don particulier (oratoire ou graphique), vous pouviez l'intégrer dans vos choix professionnels, ce qui n'aurait fait qu'accroître votre sentiment d'avoir pleinement accompli votre vie.

On peut ajouter, comme plus-value reliée à ces talents particuliers, un sens inné de votre propre mise en valeur et une croyance de bon poids dans vos capacités. Une ambition bien mesurée et un désir d'agir au mieux de vos intérêts vous permettent d'avancer sans douter un instant de votre aptitude à réussir. Tout le monde n'ayant pas votre aplomb, les résultats vous donnent raison.

Une autre face du projet vous rattache par des liens particulièrement étroits à vos frères et sœurs. Même si vous n'étiez pas l'aîné(e), vous devez connaître cette tendance à vous déclarer spontanément l'entraîneur de votre petit groupe. Vous disposez envers lui d'une réelle autorité qui possède sa contrepartie : votre fratrie fera toujours appel à vous en cas de besoin, et vous devez vous attendre à soutenir l'un de ses membres de toutes les façons possibles s'il devait traverser des difficultés matérielles ou personnelles. On voit souvent, avec ce projet, un chef de file créatif qui rassemble autour de lui un aréopage fraternel grimpant l'échelle de la réussite sociale, voire de la gloire, à ses côtés.

Il vous appartient de faire fructifier vos talents pour qu'ils atteignent, dans cette vie, leur plus haut degré de réalisation. Rien ne serait plus dommageable pour vous que de renoncer au développement de vos dons personnels ou de vous figer socialement par peur de l'insécurité matérielle car cette indication de réussite de très haut niveau n'apparaît que rarement dans les thèmes de naissance. Les mérites de gloire ne se cumulent pas de vie en vie et vous risquez de ne plus les retrouver de longue date sur votre chemin. Un don négligé meurt dans la gangue de l'attente et des rêves, et peut être à l'origine d'une frustration qui ôte tout sens à la vie quotidienne. Inutile donc de remettre ce beau projet à une vie ultérieure.

De même, votre chance en amour et en amitié dépend de la rencontre de partenaires dotés eux-mêmes du sens de la créativité et qui comprendront votre extrême besoin de mobilité, votre curiosité et votre façon, parfois débordante, de communiquer votre enthousiasme. Si vous êtes deux ou plusieurs à aller dans la même direction, sans peur du lendemain, vous connaîtrez un dynamisme accru dans vos projets. Nul ne pourra dire alors si vous êtes les meilleurs amis du monde ou des âmes sœurs qui se connaissent depuis toujours.

Il arrive que, du fait d'un projet plus prioritaire, les talents particuliers qui font l'objet de ce projet ne soient pas développés dans la première partie de l'existence. Dites-vous qu'il n'est jamais trop tard : on a connu des révélations tardives dans le monde des arts et de la création. Ce n'est pas une question de temps, mais de motivation et de confiance en vous. N'hésitez pas à pratiquer pour le plaisir et faites confiance à la vie qui ne peut que vous favoriser dans ce domaine.

Angle de 20°30' aux nœuds lunaires (orbe 0°10') : l'expérience du détachement

Vous avez décidé, dans cette existence, de vous forger une philosophie sur les aléas de la sécurité matérielle. Vous expérimentez également les limites à la relation engendrées autrefois par vos affirmations idéologiques.

Ce karma se manifeste de deux façons différentes selon votre milieu natal.

❋ Si votre foyer jouissait d'une certaine abondance matérielle, vous aurez tendance à y renoncer spontanément en vieillissant pour vous donner la chance d'évoluer vers des aspirations plus vastes.

❋ Si, au contraire, un foyer démuni n'avait pas les moyens de soutenir vos ambitions sociales, votre vie pouvait être plus frustrante au départ mais cette malchance apparente devait vous doter d'une forte motivation à réussir par vos propres moyens. Dans ce cas, vous pouviez aller de succès en succès dans la seconde partie de votre existence. Ce projet n'implique pas de difficultés matérielles particulières même si vous n'avez de cesse d'acquérir les biens matériels qui vous ont fait défaut dans votre enfance.

Cette remise en cause de la fortune ou de l'infortune natales se dessine surtout après quarante ans. Dans les deux cas, l'objectif est de rencontrer la réalité de votre attachement à la sécurité (matérielle ou intellectuelle), que vous aviez pu mépriser, négliger ou rejeter jusqu'alors.

Cette très importante interrogation spirituelle sur le détachement surgit essentiellement lors des ruptures de continuité qui surviennent dans votre existence. Mais on ne peut se détacher que de ce que l'on a connu et apprécié. Dans votre cas, rencontrer fortune après misère et doute de soi ou vivre dans de bonnes conditions d'aisance avant le renoncement, produit le même résultat : vous avez décidé de prendre conscience de ce désir de devenir qui nous enchaîne de vie en vie aux mêmes comportements et aux mêmes attentes.

C'est en envisageant clairement votre finitude que vous apprendrez à apprécier le courant de la vie, ici et maintenant, et à conduire une recherche approfondie sur les réalités de la vie et de la mort et sur le fonctionnement du Karma. Vous acquerrez alors la certitude que la quête de sécurité constitue le pire des barrages à l'évolution spirituelle. Elle nous maintient dans l'inertie des choix et dans le désir de devenir. Sécurité et ignorance sont des synonymes sur le plan karmique. Quand vous aurez compris cela, vous aurez sans doute à cœur, avec la passion qui vous caractérise, d'aider vos semblables à restaurer une part de leur libre arbitre.

On constate souvent dans ce projet des liens très puissants avec la lignée paternelle. Vous en détenez l'héritage, aussi bien dans vos modes de pensée que dans l'orientation de vos recherches intérieures. Rien ne vous oblige à le reconnaître s'il vous paraît trop lourd, mais les détours de la vie vous conduiront à mieux le comprendre et à l'apprécier. L'image de votre père, vécue en modèle ou contre-modèle, est particulièrement déterminante pour forger les motivations les plus profondes de la personnalité. Un jour, quand vous aurez cessé de rechercher un père idéal, le plus souvent inaccessible, vous constaterez à quel point votre esprit se rattache à la lignée de vos ancêtres paternels. Il ne s'agit pas d'un simple effet génétique ou du résultat d'un contexte culturel particulier. Vous avez choisi cette branche familiale pour qu'elle révèle votre appartenance à une très haute tradition humaniste et vous permette de continuer, dès votre naissance, votre recherche des origines de l'âme et des lois de la Vie.

Le maître planétaire secret qui dirige votre quête spirituelle dans cette vie est Saturne. Il induit souvent une expression assez rigide, voire dogmatique, qui résulte de vos anciennes expériences d'autorité intellectuelle ou spirituelle. Il n'est pas bon de se prendre trop au sérieux sur le plan karmique. Il vous appartient d'aborder les autres avec un peu plus de tact en reprenant à votre compte les jugements souvent sévères que vous portez sur eux. Car ce qui, chez les autres, ne présente pas le caractère impeccable que vous en attendez, trouve difficilement grâce à vos yeux.

Une profonde insécurité personnelle est sans doute à l'origine de cet abord difficile qui peut éloigner de vous les meilleures bonnes volontés. Vous pouvez analyser où se trouvent vos propres peurs et refus. Cela vous permettra de développer davantage de bienveillance pour vos erreurs et de confiance vis-à-vis de vos qualités mentales, souvent remarquables. Vous comprendrez alors que les autres ne vous jugent pas aussi sévèrement que vous le faites vous-même ou que ces jugements n'ont pas l'extrême importance que vous leur accordez.

Ne vous culpabilisez pas de ces tendances latentes dogmatiques qui peuvent figurer dans votre héritage karmique. Il convient de corriger puis de laisser disparaître ces fantômes du passé et non pas de les refouler ou de vous protéger de leurs conséquences, ce qui ne ferait que provoquer une rigidification accrue de vos comportements. Essayez simplement d'en prendre conscience en écoutant les réflexions qui vous sont faites jusqu'à ce qu'un jour vous agissiez et répondiez spontanément autrement. Vous comprendrez que nul n'est coupable de sa façon de penser, ce qui ne dégage personne de la responsabilité de ses actes ou de ses paroles. Cela vous permettra de vivre ce projet de haut niveau avec plus de sérénité, surtout si, dans votre thème natal, Saturne est associé aux nœuds lunaires ou figure parmi vos régents karmiques.

Vous pouvez ainsi évoluer dans cette vie en compréhension, ouverture et bienveillance envers vos proches et votre communauté, sociale qui n'en apprécieront que mieux vos conseils de sagesse.

Même si vous devez passer l'essentiel de votre vie à gagner ce combat contre des tendances latentes qui handicapaient votre progression sociale et personnelle, la sagesse de la Compassion qui résulte le plus souvent de votre projet de vie mérite d'y consacrer toute une existence. Vous vous libérerez ainsi d'un sentiment de pesanteur étouffant, lié à votre volonté de contrôler le cours des événements, et établirez des relations totalement différentes, simples, joyeuses et pleines d'humour.

Sans doute pourrez-vous aider ensuite d'autres personnes, attachées à la roue des certitudes, à sortir de leur karma d'ignorance et à retrouver le chemin du bonheur intérieur.

Semi-sextile aux nœuds lunaires (orbe 1°) : dépasser les certitudes

Vous aviez, de naissance, tendance à vous figer dans des modes de pensée et d'action que vous remettez difficilement en cause. C'est pourquoi, si votre père a été très présent dans votre enfance et si vous l'avez considéré comme la racine de toute sécurité, vous pouvez reproduire son modèle sans même en avoir conscience. Si au contraire votre père ne ressemblait pas au personnage stable et immuable que vous désiriez, vous avez pu tester sur lui avec obstination l'un de vos jeux sociaux favoris : savoir qui a raison.

Si vous estimez que votre père a été absent, ou s'il l'a été effectivement, vous n'aurez de cesse de découvrir un maître à penser, qui vous servira de colonne vertébrale. Cela présente un risque : rencontrer à l'extérieur votre modèle idéal de « re-père » ne ferait qu'entretenir votre quête innée de certitudes. Vous pouvez transformer n'importe quelle relation en défi permanent, tant vous êtes avide de preuves tangibles avant d'accorder votre confiance. Peu de maîtres sont disposés à vous prouver qu'ils sont dignes de vous enseigner quelque chose et vous pouvez tourner longtemps en rond dans une affirmation qui éloigne de vous les influences, même celles qui pourraient se révéler positives pour votre évolution.

La raison et la logique des faits gouvernent vos choix de vie avec une belle évidence. Le principe sur lequel repose votre stabilité mentale présume qu'il ne peut y avoir, pour une même situation, deux visions ou deux explications différentes. Quelqu'un doit savoir mieux que l'autre et en ce qui concerne vos choix, vos désirs, vos pensées, vous avez raison. Vous en faites une règle, un principe vital, comme si tout constat de la différence éveillait en vous un sentiment de danger et risquait d'entamer votre sécurité intérieure. Vous êtes-vous déjà demandé pourquoi la moindre contradiction représentait une telle atteinte à votre intégrité ?

Vous souhaitez pourtant établir des relations courtoises et sympathiques avec les autres. Vous possédez l'art de masquer un certain statisme mental sous des dehors aimables, et votre environnement peut apprécier vos conseils avisés et votre sens naturel de l'engagement. Ses réponses positives à votre générosité spontanée peut vous donner le sentiment qu'on vous apprécie à votre juste valeur. Bref, vos qualités humaines ne sont pas en cause. Cependant, ce sens des civilités et cette facilité à vous faire accepter quand vous le désirez vraiment peuvent masquer une résistance instinctive à la transformation qu'il serait dangereux, pour votre évolution, de confondre avec le rationalisme dont vous vous réclamez.

Quand vous vous sentez concerné(e), vous pouvez avoir tendance à rejeter les autres abruptement et à refuser toute explication ou tout compromis. Il vous est alors difficile de faire marche arrière car le plus souvent vous ne maîtrisez pas cette réaction de fermeture à la contradiction extérieure. Tout se passe comme si les désirs des autres ne pouvaient que s'opposer aux vôtres quand ils ne s'expriment pas dans la même direction ou sur le même ton. Si cette réaction mentale se répète trop fréquemment, vous pouvez éloigner de vous, sans même vous en rendre compte, des amitiés ouvertes au dialogue et basées sur un véritable échange entre personnalités autonomes.

Il serait donc avantageux pour votre qualité relationnelle de cesser de confondre les certitudes et la fixité de convictions avec l'expression de la confiance en soi. Cela ne mettrait pas en cause votre valeur personnelle mais vous permettrait de mieux la faire valoir auprès des autres. Car votre côté « Taureau assis » est autrement rassurant que son autre versant : « Taureau braqué ».

Votre façon d'affirmer, comme de grandes philosophies, des évidences parfois primaires signale surtout un besoin de vous conforter dans vos certitudes. Ces dernières peuvent se justifier à travers les résultats que vous obtenez, car un taureau fonçant ne rencontre guère d'obstacles et il y a peu d'amateurs désireux de se faire renverser par la charge d'une bête indomptable. Que ce soit votre côté « animal » ou votre côté « samouraï » qui s'impose, tous deux peuvent attirer autant de succès à l'arraché que de déboires inexplicables. N'avez-vous jamais eu l'impression de vous trouver sur un champ de bataille déserté tandis que les situations intéressantes se jouaient en marge de votre histoire et de votre contrôle ? Si cela vous est arrivé, il serait temps de vous dire que les raisons de chacun ont autant de poids que les vôtres mais que nombre de personnes savent les vivre et les faire valoir avec moins d'agressivité. Votre obstination, que vous pouvez estimer justifiée sur les plans des résultats obtenus, risque parfois d'amoindrir vos chances de réussite sociale. C'est dommage, car elle participe à vos atouts personnels. Vous ne croyez qu'à vos dons et talents et à la force de conviction qui vous anime. Vous pouvez aussi penser – parfois à juste titre – que les personnes qui vous apprécient ne peuvent que vous accepter et vous reconnaître en bloc, en tenant compte de la fiabilité de vos engagements. Ceux qui qualifient ce comportement abrupt de fermeture ou d'intolérance s'éloignent, mais vous ne vous en souciez guère.

Votre besoin de sécurité absolue ne s'applique pas qu'au domaine des convictions. Vous êtes en recherche de richesses matérielles, de biens tangibles et d'objets aussi confortables que représentatifs. Il peut y avoir en vous de l'ostentatoire. Tout cela trouve son origine dans la même source : le besoin de conjurer des situations instables et destructrices que vous avez déjà connues dans d'autres existences. Si votre nœud Nord se trouve en Taureau ou en maison II, cette tendance est encore accentuée et vous éprouverez bien des difficultés à vivre avec plus de sérénité si vous n'en venez pas aux questions essentielles. De quoi avez-vous peur ? Ne cherchez-vous pas à détecter à l'avance les situations d'insécurité ou de changement pour les conjurer ? Qu'est-ce qui vous empêche d'accéder à cette liberté de pensée et d'expression que vous revendiquez mais dont vous n'avez pas tendance à faire l'expérience personnelle ?

Votre évolution, dans cette vie, implique de remettre en cause des modèles devenus trop statiques et qui n'ont de raison d'être que dans votre esprit. Vous ne pouvez tirer parti des occasions de changement que vous offre le monde en exigeant à l'avance toutes sortes de garanties avant de prendre le moindre risque. Si l'on en croit la tradition des guerriers dont vous relevez, la défense de vos raisons contre celles des autres représente surtout une grande perte d'énergie que vous pourriez utiliser de façon plus utile dans la voie spirituelle.

Il vous appartient donc de mettre à jour ces certitudes et ces peurs inconscientes, de tester l'épreuve de la réalité extérieure, pour accéder à la Certitude (la foi) qui ne s'appuie pas sur le monde visible pour se démontrer. Cette dernière ne s'oppose à rien et appartient davantage au domaine du ressenti qu'à celui du verbal.

En avançant volontairement dans la direction de votre projet secret, vous pourrez ressentir cette forme de conscience qui ressemble à une plate-forme stable et sereine que ne troublent pas les orages du changement. Vous comprendrez alors que vous vous trompiez de direction dans votre recherche de certitudes et qu'un arbre solidement planté dans ses racines peut se balancer au vent sans en être affecté.

Si vous êtes déjà sensible à la différence entre ces deux comportements, vous connaissez certainement cette foi en vous-même et dans votre destin qui constitue l'essentiel de votre projet de vie. Vous n'avez plus à combattre sans cesse pour demeurer immuable face à des adversités supposées et dérisoires. Mais il convient de demeurer vigilant, car les tendances latentes ont tendance – c'est leur nature – à rebondir vers la surface au moindre événement qui les sollicite.

Une association de Saturne avec Vénus (la pensée concrète et la pensée subtile), vibrant dans l'élément de la Terre stable, gouverne ce projet secret. Si l'une de ces planètes est régente dans votre thème natal, vous trouverez dans la suite de cet ouvrage les conseils nécessaires pour conduire au mieux votre transformation. Il en va de votre sérénité et de votre bonheur. Un tel combat, fondamental dans le plan de l'évolution, devrait vous intéresser et vous plaire car il mérite d'y investir toute votre volonté.

Décile (36°) aux nœuds lunaires (orbe 0°30') : l'expérience du pouvoir

Les certitudes et la quête de sécurité matérielle dont les résultats se sont cumulés dans vos précédentes existences vous conduisent à vous interroger sur la fixité de vos attachements et à essayer de les remettre en cause.

Vous ne pouvez plus déterminer vos choix selon votre seule volonté ou prétendre gouverner dans l'absolu vos relations aux autres. Même si vous y parvenez durant de courtes périodes, cette obstination dans le pouvoir provoquera la ruine ou la perte des situations flatteuses auxquelles vous aspirez. Si vous ne comprenez pas ce qui est en jeu dans vos propres comportements, vous risquez également de traverser des phases dépressives importantes mais le monde environnant n'en changera pas pour autant. Ainsi, quelles que soient les voies que vous empruntez, elles vous conduisent à vous interroger sur la nature du deuil et du lâcher-prise et sur votre extrême difficulté à entrer dans le processus du changement.

Cette nécessité de vous remettre dans le mouvement de la vie n'exclut pas une certaine notoriété, plus ou moins vaste selon la nature de votre projet de vie dominant (voir l'interprétation du nœud Nord en signes et maisons). Mais vous pouvez saborder vos chances si vous n'êtes pas assez vigilant(e) aux signaux vous conseillant la prudence, notamment en matière d'investissements financiers.

Votre agressivité représente un atout évident quand il s'agit d'emporter à l'arraché ce que vous considérez comme une victoire personnelle mais elle vous entraîne également dans des chutes spectaculaires. Beaucoup de personnes porteuses de cet indice karmique ont tendance, en effet, à lancer des défis à l'adversité et à vivre sur le mode de la provocation. Ce courage, ou cette inconscience, peut se retourner contre vous. Votre vision de la réalité est trop déséquilibrée pour maîtriser longtemps votre barque contre vents et marées. Vous devez donc vous attendre à rencontrer les aléas du succès comme ceux de la défaite.

Votre ambition se manifeste trop souvent dans des rêves de pouvoir sans grands fondements et il est important, pour votre réalisation personnelle, de prendre le risque de passer aux actes pour vérifier le bien-fondé concret de vos attentes et de vos images personnelles. Cela vous permettra de mieux comprendre qui vous êtes véritablement en observant vos réactions face aux obstacles qu'un désir trop passionnel suscite autour de lui.

Dans votre projet secret, les séparations ou les événements inéluctables sont destinés à éveiller une interrogation sur la relation des causes et des effets. Cette vie peut vous orienter vers une recherche très évolutive sur le sens du Karma et de la transformation. Cela vous permettra de corriger quelques excès d'affirmation développés dans vos vies antérieures, et qui se manifestent instinctivement à travers vos réactions et vos choix de vie. Si le triomphe sur la mort ou sur la finitude des choses constitue votre principal enjeu de pouvoir, comme cela arrive souvent, vous apprendrez à vos dépens que, malgré votre grand courage et votre brio personnel, vous ne pouvez pas vous situer au-dessus des lois de la Vie.

Le plus souvent les personnes marquées par ce type de karma ne trouvent la sérénité qu'en acceptant l'expérience du détachement et en vivant au jour le jour sans rechercher un quelconque bénéfice dans le résultat de leurs actes. Il ne s'agit pas de refuser les relations affectives qui vous sont nécessaires mais de ne pas les maintenir, les poings fermés, à n'importe quel prix. Même si vous avez l'intention de payer le prix maximum, et même de vous ruiner pour garder ce que vous pensez vous appartenir, vous devrez reconnaître un jour un fait évident : vous ne pouvez conditionner le destin de qui que ce soit ni utiliser les autres, comme vous avez tendance à le faire, dans l'objectif de donner un sens à votre propre existence. Chacun vit son expérience individuellement et selon le karma qui vient à échéance. Plus vous vous obstinerez dans ce qui ressemble à une volonté de pouvoir sur le monde, plus vous êtes susceptible de provoquer le résultat inverse : l'échec de vos désirs et la fuite de ceux auxquels vous vouliez le plus de bien. Contre tout cela, vous ne pouvez rien, sinon arrêter de vous battre. Vous réaliserez ainsi une épargne d'énergie considérable qui vous permettra de mettre en œuvre tout ce que vous voulez du moment que cela ne concerne que votre propre intérêt.

Votre objectif est de sortir d'une réflexion psychologique encore infantile, qui envisage son action sur le monde sous forme d'actes de pouvoir et de magie. C'est la raison pour laquelle un esprit comme le vôtre est souvent attiré par l'occultisme et aspire à parvenir à un haut niveau de connaissances ésotériques. Si vous reconnaissez cette motivation, évitez de vous en servir pour briller dans le monde ou obtenir des satisfactions relationnelles que vous seriez incapable de découvrir par ailleurs.

Il se peut également que vous disposiez d'un don naturel pour le magnétisme ou les sciences occultes. Vous devrez vérifier dans ce cas si Pluton est rétrograde dans votre thème natal, ce qui peut évoquer un karma suspensif (conditions particulières d'exercice, allant parfois jusqu'à l'interdiction). Dans tous les cas, il est important, pour votre équilibre personnel, de faire le point sur la relation plus ou moins consciente que vous pouvez entretenir entre énergie, pouvoir et argent.

Il ne s'agit pas pour autant de vous installer dans le bénévolat ou d'éviter d'aider les autres si tel est votre désir. Veillez simplement à ne pas vous approprier les résultats de cette énergie de guérison et à l'utiliser à bon escient, dans la conscience de vos choix et de vos actes. Trop de personnes opèrent une translation abrupte vers la vie « ésotérique », à défaut de prendre en charge leurs difficultés sexuelles et affectives, pour ne pas formuler une mise en garde. La voie de réalisation plutonienne que vous expérimentez implique de ne rien exclure de son vécu et de ne jamais négliger les besoins biologiques fondamentaux. Faute de quoi, il peut survenir de graves désordres psychiques aussi bien que physiques qui réduiraient à néant les efforts entrepris dans la direction de cette recherche. Les énergies subtiles ne se prêtent pas à la manipulation par des apprentis sorciers et leur utilisation inconsidérée peut provoquer des chocs en retour dramatiques sur le plan de l'équilibre personnel.

Si la guérison énergétique s'inscrit dans vos projets de vie, elle trouvera d'elle-même des voies pour se manifester l'heure venue, car les projets secrets tendent toujours vers leur réalisation. Cela viendra quand vous aurez atteint un niveau de détachement suffisant pour en tirer un réel bénéfice dans votre croissance intérieure.

Vous auriez intérêt également à surveiller le développement d'un esprit critique acerbe, significatif d'un refus de la réalité de votre vécu. Face au sentiment d'échec ou d'impuissance qui peut surgir dans ce projet, il vous appartient d'orienter votre intelligence vers des manifestations intellectuelles de plus haut niveau que celle de la dérision. Votre énergie trouverait un meilleur exutoire en axant votre attention sur la voie du guerrier, qui vous convient idéalement. Il ne manque pas en Occident de maîtres en arts martiaux et, depuis peu, d'enseignants amérindiens, susceptibles de vous initier dans l'art de la maîtrise de soi à travers l'énergie de Feu. Ils vous apprendront l'humour et la jubilation mentale qui surgit devant l'absurdité des recherches intellectuelles sur le plan de l'évolution de conscience.

Sachez que cette voie abrupte n'est réalisable que pour des entités ayant déjà atteint un assez haut niveau d'évolution, même si la chute vers les abîmes de l'inconscience menace à chaque instant. Vous aurez souvent l'impression de marcher sur le fil d'une épée au-dessus de précipices, mais votre projet de vie représente l'une des meilleures chances d'atteindre la dimension transpersonnelle dans au moins un domaine de votre existence.

On a vu ainsi la vie de certaines personnes bouleversée par une révélation soudaine : des débauchés devenir de grands ascètes, des sceptiques se transformer en mystiques reconnus, des esprits critiques destructeurs muter en maîtres de la psyché et de la conscience, et des chefs d'entreprise, au sommet de la réussite sociale et de la richesse, abandonner toute quête matérielle pour s'investir dans la connaissance de soi et le chemin de la Libération.

Même si vous n'êtes pas natif de ce signe, le Scorpion et son équivalence, la maison VIII, constituent la toile de fond de votre projet. Les planètes Mars et Pluton jouent également un rôle important dans votre présente existence. Si elles sont rétrogrades dans votre thème natal, elles accroîtront d'autant la charge de transformations imposées par les événements et l'éventuel sentiment d'impuissance lié à vos comportements de pouvoir. Si ces planètes sont régentes dans votre thème natal, vous trouverez dans la suite de cet ouvrage matière à réflexion sur les transformations à opérer pour parvenir à une vision plus juste des choses.

Novile (40°) aux nœuds lunaires (orbe 0°30') : le mérite relationnel

L'indice inné de popularité que vous portez dans votre thème favorise particulièrement le domaine des relations sociales et affectives. Vous avez le don, on pourrait même dire l'art, d'attirer à vous la sympathie de vos proches et de susciter autour de vous des fidélités indéracinables. Vous avez développé ces qualités dans d'autres existences aussi bien dans le cadre de couples amoureux et stables que dans vos relations amicales.

Vous devez déjà savoir à quel point l'idée du mariage représente pour vous l'idéal de la vie à deux. Si vous n'avez pas encore rencontré le ou la partenaire qui corresponde à vos vœux, cela ne peut manquer d'arriver. On a même vu avec cet indice karmique, la réussite de plusieurs mariages ou unions libres successives. Si le divorce ou le veuvage devait intervenir dans votre existence du fait d'autres expériences indiquées dans votre thème natal, vous retrouverez toujours, et parfois jusqu'à un âge très avancé, des compagnons de vie avec lesquels recréer une relation réussie.

Mais votre mérite ne s'arrête pas à la vie affective. Vous pouvez être attiré(e) par toutes sortes d'activités associatives ou syndicales dans lesquelles vous vous appliquerez à défendre les intérêts de votre groupe. Le même indice peut concerner la vie politique et certains chefs d'État doivent davantage leur succès à ce charisme particulier qu'à leurs œuvres. Il semble que ce facteur chance relationnel s'exerce indépendamment des actes de son porteur.

Ce n'est pas un talisman magique, même si son action y ressemble. Il ne saurait durer toujours et n'exclut pas des revers dans d'autres domaines de l'existence. C'est un état d'être plus qu'un talent dont vous pourriez disposer à votre guise. Laissez-le s'exprimer librement et ne vous étonnez pas de la sympathie qu'il attire vers vous. Les porteurs de ce projet ne sont pas le plus souvent conscients de la façon dont ils opèrent. Vous n'avez donc rien à faire pour justifier cette sympathie, sinon laisser les autres venir à vous et vous exprimer leur amour ou leur admiration.

Une telle chance affective et une aussi belle qualité émotionnelle vous permettront de passer d'une personnalité assez égocentrée, voire parfois timorée, à un mode de relation ouvert dans la confiance et la chaleur du cœur. Ainsi apprendrez-vous progressivement à vous pencher sur les besoins des autres et à y répondre avec tact et désintéressement. Vos valeurs humaines s'épanouiront dans cette vie sur un mode tranquille et la sérénité intérieure qui en résultera vous conduira naturellement vers une interrogation sur le sens d'un don vrai. Cette expérience claire de l'amour sous toutes ses formes vous invite donc à intégrer un comportement empreint de spiritualité sans aucun effort pour aller dans cette direction.

La sagesse de la Générosité que vous travaillez dans cette vie est en correspondance avec les planètes Vénus et Jupiter, qui gouvernent ensemble la qualité des échanges relationnels. Si vous doutez, pourtant, de votre capacité à aimer, cela peut être relié à la rétrogradation de l'une ou l'autre de ces planètes à votre naissance. Dans ce cas, l'expérience du don implique, de votre part, une révision de votre comportement relationnel. Vous pourrez le vérifier dans la suite de cet ouvrage et opérer, si vous le désirez, les corrections nécessaires pour aller vers l'un des projets de vie les plus épanouissants qui soit. Mais en tout état de cause, vous apprendrez que vous n'avez aucune raison valable de douter de vos qualités affectives alors que les autres ne demandent qu'à les reconnaître et vous le prouvent sans cesse.

Demi-carré (45°) aux nœuds lunaires (orbe 2°) : le Karma d'obligation

Vous avez choisi de développer dans cette vie les qualités de base pour conduire à bon port une recherche spirituelle : la volonté bien orientée, la patience, le sens de la pratique des choses et du service. Ce dernier en particulier ne peut s'épanouir si vos choix trop égocentrés ne visent qu'à satisfaire votre appétit de plaisirs ou votre intérêt personnel sans tenir compte des besoins des autres. Si vous avez rencontré dans votre enfance un intense sentiment d'abandon, justifié ou non par les circonstances de votre vie familiale, ou si vous éprouvez aujourd'hui des difficultés à fonder un couple solide, dites-vous que la forme d'irresponsabilité qui vous habite n'est pas étrangère à cette carence affective.

Il existe une constante chez les porteurs de ce projet : la capacité d'insertion sociale semble être conditionnée par un investissement réel dans des postes le plus souvent peu gratifiants sur le plan de l'image de soi ou celui de la réussite matérielle. La chance n'est pas exclue, mais elle reste limitée et nécessite un effort constant dans la même direction. Ainsi, le mérite d'une relative aisance n'est souvent acquis qu'au prix d'une persévérance acharnée. Quel que soit votre sentiment sur ce sujet, c'est donc votre intérêt d'aller volontairement sur le terrain professionnel et d'en accepter les contraintes.

Cette difficulté de motivation sociale trouve le plus souvent son origine dans des modes de pensée développés dans d'autres existences. La nécessité de recentrage peut être liée à une dispersion intellectuelle rendant impossible une implication durable dans la direction de vos choix. Faute du sens de la pratique, vous n'obtenez pas de résultats. Mais ce karma est également associé à une relative ignorance des autres ou à un sens mal assumé de la responsabilité. Cette dernière peut être vécue en excès aussi bien que sous forme d'un refus de vous y investir. Vous imaginez certainement la responsabilité sous la forme de l'ennui ou d'un handicap à votre liberté. Cela vous empêche d'envisager qu'elle puisse avoir une influence positive dans l'organisation de votre vie et générer des situations motivantes sur le plan intellectuel. En cas de refus, on trouve aussi bien un manque d'aptitudes à gérer les choses dans la continuité qu'un désir trop marqué d'indépendance qui porte à fuir les engagements au profit du plaisir des études ou des voyages. Dans les deux cas, il s'agit d'une forme de dispersion et si vous n'y mettez pas un terme, votre vie peut se dérouler comme une longue suite d'échecs, de frustrations ou de travaux estimés fastidieux et répétitifs.

Dans la mesure où vous êtes dans la nécessité de développer plus d'intériorité dans le sens du service et de recueillir à long terme les conséquences de vos choix – en positif comme en négatif –, il serait particulièrement favorable de choisir un métier faisant appel à des qualités de patience et au sens des échanges dans les activités quotidiennes. En optant, par exemple, pour la recherche scientifique, le commerce ou l'artisanat, l'assistanat social ou la rééducation sous toutes ses formes, vous développerez au mieux la conscience du service qui vous manquait de naissance.

Dans ce contexte karmique de rétribution, toute quête de brio intellectuel ou personnel resterait donc nécessairement très limitée dans ses résultats. Si vous pensez avoir quelque chose à dire aux autres et si vous désirez qu'ils vous reconnaissent, mieux vaut réaliser vos ambitions par la transmission d'un savoir-faire plutôt que de vous installer dans la fuite et la revendication. Cette dernière serait parfaitement inutile : vous avez choisi le seul projet impliquant que la condition suspensive soit d'abord réalisée avant de pouvoir prendre la moindre initiative dans d'autres directions.

Votre projet peut prendre la forme d'une obligation dans le domaine de la responsabilité familiale. On voit ainsi des personnes passer de longues années de leur vie dans la dispersion, sans établir le moindre lien affectif durable, et ne trouver de vocation sociale et de stabilité dans leur existence qu'après avoir mis au monde un enfant. Le plus souvent, les enfants attirés par un tel projet fondé sur le sentiment de contrainte, ont également à voir avec la dispersion et la difficulté d'implication. Ce sont rarement des génies précoces, valorisant l'image de leurs parents. La venue d'un tel enfant représente une chance de sortir de poursuites erronées et de donner un sens à une existence qui en semblait jusque-là dépourvue.

L'acceptation de votre projet secret peut donc provoquer de nombreux bouleversements dans votre conception de l'existence. Non seulement elle peut engendrer une stabilité matérielle inaccessible jusqu'à ce choix conscient (qui survient souvent vers l'âge de trente ans), mais vous permettre également de mieux apprécier les relations que vous aviez établies jusque-là avec votre père et avec tous les modèles de type paternel contre lesquels vous auriez pu partir en guerre auparavant. Vous pourrez, en accédant à plus de sens de la responsabilité, non seulement fonder une famille, mais laisser à vos enfants un héritage matériel dû au seul mérite de vos entreprises personnelles.

Ce développement du sens du service représente une étape très importante dans le plan de l'évolution. Il permet d'orienter son esprit vers les autres, de comprendre leurs besoins, de créer des liens solides et de plus en plus désintéressés avec notre environnement. C'est une première étape vers la voie de la Compassion, considérée comme la plus élevée parmi les sagesses. Ce projet porte également à développer une meilleure compréhension de nos identifications et une stabilité mentale accrue, prélude à la discipline mentale nécessaire pour un travail de connaissance de soi.

Septile (51°30') aux nœuds lunaires (orbe 0°20') : la conscience des identifications

Vous travaillez dans cette existence sur une meilleure gestion de vos émotions et leur réorientation vers des projets créatifs.

De naissancc, cettc émotion a pu s'investir de façon trop possessive dans les relations à votre mère. Cette dernière pouvait constituer l'unique objet de vos attentes et de vos désirs. Vous ne manquiez, en naissant, ni de tendresse ni d'amour, et votre mère a sûrement accueilli avec bonheur un enfant trop dépendant qui la considérait comme la « déesse » de son existence. Quelles que soient les relations que vous avez établies avec elle, vous pourrez toujours compter sur son soutien inconditionnel. Car vous disposez d'un mérite affectif résultant d'une vie antérieure.

Une identification aussi importante à un objet unique d'attachement pouvait cependant constituer un frein dans votre développement personnel. Il vous appartient de mieux comprendre la nature de ce lien affectif et de vous interroger sur les peurs éventuelles (le plus souvent issues de l'enfance) qui vous empêcheraient de vous éloigner d'elle et de fonder votre propre foyer.

Ce qui vous porterait à valoriser exagérément ce que vous considérez comme vos attachements et devoirs envers vos proches. Veillez également à refréner les effets d'un désir de perfection qui accroîtrait votre dépendance à l'image que vous voudriez présenter aux autres. Une telle préoccupation vous empêcherait d'entreprendre quoi que ce soit en excluant de vos choix les propositions, même très favorables, qui ne vous offriraient pas les gratifications affectives que vous en attendez.

Le plus souvent, l'idée assez ambitieuse que vous avez des qualités nécessaires pour accéder à la réussite repose sur des comparaisons d'enfance mais il est douteux que votre environnement ait manifesté à votre égard autant d'exigences que celles que vous vous imposez. Tout cela résulte d'un désir exagéré de plaire et il serait intéressant de vous rappeler pour qui vous avez fait tant d'efforts de séduction et de vous interroger sur la validité des résultats obtenus. Vous éviterez ainsi une poursuite sans fin de preuves d'amour qui ne serait guère favorable au développement de votre créativité. En renonçant à cet objectif infantile, vous développerez avec plus d'assurance les talents, parfois rares, dont vous avez hérités de naissance, et qui vous apporteront toute la joie de vivre à laquelle vous aspirez.

La Lune de Cancer qui gouverne ce projet est maîtresse de la création des formes visibles et les personnes qui reçoivent ce « don du ciel » excellent dans de nombreux domaines artistiques.

La forme d'expression qu'épouse ce talent dépend de la structure du reste du thème. Elle se manifeste aussi bien par une vocation innée pour la danse, le chant que pour la peinture ou les arts appliqués. Ce projet favorise également l'accession à des professions lucratives et ludiques comme celles de la publicité, la création de mode, l'illustration ou la caricature.

Il s'oriente parfois davantage vers le service aux autres que vers les feux de la gloire, particulièrement si le nœud ou le régent Nord figure en maison VI. Dans ce cas, la réalisation personnelle passera par une transmission de savoir-faire à des personnes désireuses d'entrer à leur tour dans la carrière ou la réorientation d'un don développé dans d'autres vies vers les soins du corps et de l'esprit. Mais dans tous les cas, l'expression artistique est au rendez-vous.

À ce jeu-là, les hommes s'en sortent souvent mieux que les femmes en transférant leur besoin de tendresse et leur image positive de la femme sur la mère de leurs propres enfants. Rien ne les empêche de développer leurs remarquables qualités créatrices dans la mesure où leur émotion s'investit, avec fidélité, dans une compagne sur laquelle ils projettent la part affective de leur projet. Ces maris tendres et responsables font alors des pères remarquables aussi bien que des artistes reconnus.

Les femmes, en revanche, éprouvent plus de difficultés à développer le double volet de leur projet de vie. Elles s'imposent le plus souvent des obligations rigides entre leur désir de création artistique et celui de maternité. Si elles ne tranchent pas en faveur de l'un ou de l'autre ou ne trouvent pas le moyen de les concilier, elles peuvent nier leur capacité de réussite dans les deux domaines et demeurer dans l'expectative. Le temps passant, elles peuvent n'avoir rien réalisé de leurs deux vocations et se figer dans le sentiment de frustration ou d'échec. Mieux vaudrait, pour elles, se donner le droit d'assumer pleinement leur existence en cessant de se culpabiliser pour ne produire aucun résultat, ni dans un domaine ni dans l'autre.

Votre recherche d'équilibre émotionnel se manifeste surtout avec vos partenaires de vie, comme si le bonheur représentait la quête dominante de votre existence. Cependant, si vous êtes décidé(e) à tout sacrifier pour vos enfants, sachez que la déception sera au bout de la route. Car une personnalité adulte ne peut répondre indéfiniment au désir de fusion d'un parent, aussi admirable soit-il. Certains de vos enfants vous seront fortement attachés et vous rendront tout votre amour, d'autres peuvent étouffer dans votre sollicitude et fuir le plus loin possible pour développer les talents que vous leur aurez transmis.

Inutile, donc, de consacrer tous vos efforts à la constitution d'une famille unie et indissociable, surtout si votre propre milieu natal n'a pas su répondre à votre idéal fusionnel. Le parent parfait que vous désirez être n'existe que dans votre imagination et il n'est pas évident qu'un enfant tire un véritable bénéfice du rapport avec un père ou une mère « admirable » qui lui aurait consacré toute son existence.

De toute façon, vos chances affectives ou sociales s'étendent rarement dans la continuité. Elles subissent des fluctuations importantes selon les périodes et les circonstances de l'existence. Les phases de grand bonheur ou d'opportunités spectaculaires alternent avec de longues périodes de solitude et d'échec.

L'objectif de ce qui peut ressembler à un jeu du destin est

d'acquérir une plus grande stabilité émotionnelle, prédisposant à la méditation, en ne vous laissant plus bouleverser à tout instant par les variations des climats extérieurs. Plus vous aurez conscience que vos crises affectives et votre tendance au découragement sont liées à des identifications trop puissantes, meilleurs seront vos résultats personnels et professionnels.

Le bonheur ne peut se réclamer ni s'exiger de la part des autres. Il serait plus intéressant d'apprendre à vous aimer et à apprécier vos grandes qualités innées. Car votre don n'est certainement pas banal et il serait dommage de laisser passer l'heure où il pouvait éclore dans toute sa perfection soutenue par une pratique réelle. N'est-ce pas là votre difficulté principale ? Alors, faites le premier pas, n'attendez pas les encouragements et les applaudissements, et vous avez toutes les chances de les recevoir à l'heure des résultats. Car le monde a besoin de beauté pour évoluer et vous faites partie de ceux qui savent en produire et en donner.

Sextile aux nœuds lunaires (orbe 4°) : la conscience des images de soi

Un karma très positif favorise la naissance dans une famille qui accueille l'enfant avec joie. Chacun s'efforce de valoriser l'expression de ses désirs et de sa vocation. Au contraire, si son milieu natal ne correspond pas à son attente, c'est lui qui s'efforcera d'en améliorer l'image sociale et d'y apporter réconciliation, bonheur de vivre ensemble, aisance et renommée.

Vous disposez d'une personnalité solaire, rayonnante, et de l'aptitude de mettre chacun à l'aise autour de vous sans jamais perdre de vue vos propres intérêts. Ne doutant pas de vous, le faisant sans agressivité et avec évidence, vous suscitez l'ouverture des portes sans même vous en rendre compte. Ce don, développé dans d'autres existences, résulte de la qualité de votre présence, et vous n'avez rien à faire pour être apprécié par les autres.

Ainsi, votre vie peut se dérouler « comme en vacances » : sans grands combats ni heurts traumatisants, dans la bonne entente et la réussite facilitée par une aptitude innée à vous faire reconnaître.

Vous disposez de cette qualité d'écoute et de conscience qui attire des amis de toutes générations et de tous les milieux sociaux. L'intelligence de ce qui sous-tend les relations humaines, développée dans d'autres vies, vous sert aujourd'hui de passe-partout.

Vous aurez à cœur d'offrir les mêmes ouvertures à vos propres enfants : le foyer que vous pouvez facilement créer a toutes les chances d'être heureux car vous êtes naturellement détenteur de talents pédagogiques et relationnels remarquables.

Ce karma social très positif vous permet de recevoir des soutiens importants dans votre carrière professionnelle et de vous construire une vie très confortable.

Ce portrait, que l'on peut juger excessivement flatteur, vous oblige à une contrepartie dont vous devez prendre conscience. Rien ne servirait de vivre dans une sorte d'état de grâce au milieu de l'enfer quotidien des autres. Ainsi, il vous appartient de distribuer de la lumière autour de vous et d'entreprendre la découverte de plus vastes dimensions intérieures. Il ne s'agit pas d'une quelconque obligation, mais vous disposez des aptitudes nécessaires – le sens de l'unité intérieure, la clarté de l'expression, l'acceptation de la réalité – pour y parvenir sans difficulté. Vous étiez déjà ainsi dans votre enfance, et vous avez certainement surpris vos parents par la précocité et la qualité de vos réflexions sur la vie.

Vous pouvez aller plus loin maintenant en vous libérant des normes et des modèles qui vous serviraient encore de références et en décidant d'adopter la voie plus abrupte de la connaissance de soi.

Nul ne pourra vous guider sur ce chemin. La voie de la Conscience n'a pas de maître à penser. Mais vous pouvez découvrir par vous-même des images inspirantes de personnalités qui vous confirmeront dans votre évolution personnelle. Vous saurez vite qu'il s'agit d'une découverte solitaire, intemporelle, qu'il vous appartient d'inventer au jour le jour. Inutile pour cela de quitter le monde auquel vous pouvez offrir tant de belles qualités spirituelles car il n'est pas évident que vous en soyez au stade du détachement et de l'ascétisme. Un tel projet n'entrerait vraisemblablement pas dans les orientations de vos choix vitaux. Vous avez, en outre, besoin d'un vaste terrain d'expériences pour approfondir la connaissance de ce que vous êtes, et un environnement riche de perceptions sensorielles vous est encore nécessaire pour favoriser votre accès à la méditation. En suivant simplement votre penchant pour la voie solaire, vous comprendrez qu'il n'existe aucun barrage dans cette direction, sinon ceux que nous avons tendance à construire.

La méditation de type zen vous convient très bien. La rencontre de quelques difficultés, dans ce domaine, serait davantage liée au manque de pratique qu'à un choix erroné de philosophie. Il peut en effet exister, dans votre structuration intellectuelle, une certaine dispersion qui vous incite à accumuler des lectures ou des rencontres avec des modèles spirituels flatteurs plutôt qu'à pratiquer assidûment la méditation en solitaire. Mais il est très important, à votre stade d'évolution, de choisir clairement la voie qui vous convient et de vous y tenir. La voie solaire que vous suivez implique une constance dans les moyens utilisés. Imitez pour cela l'aigle, l'oiseau qui vous ressemble le plus : il fonce sur sa proie et il ne lui viendrait pas à l'idée de prendre des chemins de traverse pour s'en emparer. Vous disposez déjà de cette énergie bien orientée dans vos choix de vie quotidienne et il suffit de la mettre en œuvre sur le plan spirituel pour accéder à une évolution de plus haut niveau.

Quintile (72°) aux nœuds lunaires (orbe 1°) : l'obligation de service

La quête spirituelle que vous avez entreprise dans une autre vie n'a pu aboutir faute d'un sens suffisant du service et de l'ouverture aux autres. Dans ce cas, le plus souvent, une quête de dépassement mystique, ou une trop grande valorisation personnelle des opportunités sociales, provoque l'impasse sur la pratique de la compassion. Ces anciennes orientations vous habitent encore plus ou moins consciemment sous la forme d'un désir d'aider les autres et d'alléger leurs souffrances. Il est douteux, cependant, que les conditions aient été réunies au départ de votre existence pour vous permettre d'accéder directement à ce choix de vie altruiste.

Vous éprouvez sans doute parfois l'impression de vous être trompé(e) de lieu de naissance ou d'avoir peu de points communs avec les personnes qui vous environnent. Évitez de les considérer pourtant comme des étrangers qui vous obligeraient à vous sacrifier et à renier ce qui vous tient le plus à cœur. Si vous n'aviez pas besoin des autres, si vous aviez atteint un aussi haut niveau de détachement, vous n'auriez pas fait le choix de ce foyer qui est en correspondance avec la simplification mentale et les grandes orientations nécessaires pour votre réalisation spirituelle.

Votre projet ne consiste donc pas à pleurer sur vos malheurs, ceux de vos proches ou les obligations qui vous sont imposées, et pas davantage à vous sacrifier pour des causes illusoires. Il est beaucoup plus difficile d'appliquer ses idéaux dans la vie quotidienne que de multiplier les conseils aux autres dans une vocation d'aide mal gérée. Il est destiné à comprendre en profondeur comment vous rendre utile.

Si vous n'avez pu réaliser une vocation de médecin, pour des raisons que vous aurez certainement tendance à projeter sur votre milieu natal, dites-vous qu'une telle carrière n'appartenait en aucune façon à votre projet actuel. Il est inutile également de rechercher quelque position humanitaire pour investir votre besoin de dévouement. Même si l'occasion s'en présentait, il est vraisemblable que vous trouveriez toutes sortes de raisons pour la refuser. Vous n'en êtes pas au stade de la sainteté, mais il arrive que le porteur de ce projet de vie y parvienne, à son corps défendant, le jour où il a renoncé à ses rêves chimériques pour assumer simplement sa présence au service de ses semblables.

Vous ne pouvez rechercher, dans cette existence, quoi que ce soit qui vous assurerait titre, rôle prestigieux, argent ou renommée. En revanche, toutes les professions paramédicales vous sont ouvertes. Ce n'est pas une obligation : n'importe quelle activité, même circonscrite à votre vie familiale, peut faire l'affaire pour vous fixer un but d'application. Une lecture plus approfondie de votre thème natal permettrait de situer dans quelle direction de service votre projet secret est susceptible d'évoluer et quelles personnes ayant besoin d'aide feront appel à vous. Car vous n'avez pas le choix des armes : vous devez répondre aux propositions qui vous sont faites et rien d'autre.

Vos qualités intellectuelles ne sont pourtant pas en cause : elles peuvent être d'excellent niveau et vous permettre d'accéder à des postes d'enseignement. Mais dans ce domaine également, les offres porteront le plus souvent sur les travaux pratiques, la formation permanente, les activités de service ou de soins. L'action sur le terrain vous permettra de transmettre votre expérience, en sachant ce dont vous parlez, à des personnes susceptibles de les appliquer à leur tour. La discipline enseignée n'a aucune importance : seul le développement de l'aptitude qui vous manque entre dans le cadre de votre projet.

Vous pouvez ressentir comme frustrants les échecs que vous rencontrerez dans votre quête de la reconnaissance sociale aussi longtemps que vous n'en aurez pas compris le sens. Quelle que soit la profession choisie, si vous n'obtenez pas les résultats escomptés, essayez de toujours revenir à votre question fondamentale : en quoi n'ai-je pas été suffisamment au service des autres ? Quels sont leurs vrais besoins ? Quel rôle me demandent-ils de jouer auprès d'eux à la place que j'occupe ? Si vous vous interrogez inlassablement, viendra le jour où le sentiment de votre propre utilité et la sécurité que vous y découvrirez, l'emporteront largement sur la quête de récompenses et de notoriété.

On constate également une aggravation de ce type de karma, assez rare mais qui en accroît beaucoup la charge de souffrances et de doute de soi. Certaines personnes qui ont gaspillé leurs chances dans une existence de facilités et tiré des avantages exclusivement personnels de leur position sociale antérieure, naissent avec des perturbations intellectuelles ou nerveuses qui les obligent à s'investir dans des travaux qu'elles peuvent estimer d'autant plus dégradants que leur niveau d'intelligence n'en est pas affecté. Plus elles refusent ce qu'elles considèrent comme une injustice du sort, plus la vie semble s'obstiner à leur retirer la moindre opportunité de s'élever socialement. Ainsi, contraintes à réaliser leur projet de service, elles le vivent au plus bas niveau possible faute d'en reconnaître la nécessité sociale et humaine.

L'effort d'investissement personnel à accomplir dans le cadre de votre projet de vie renforce le plus souvent une indication secrète de votre régent karmique : vivre concrètement au quotidien pour construire pas à pas une réalisation sociale basée sur le don personnel. Vous recevrez en échange la rétribution juste de ce que vous proposez réellement aux autres. Plus vous serez utile, plus ils vous apprécieront et vous le feront savoir. Ce karma d'obligation peut donc s'étendre à d'autres domaines de votre existence que la vie sociale. Reportez-vous, pour le savoir, aux informations complémentaires de votre projet de vie. Elles peuvent aussi bien confirmer qu'infirmer l'importance de vos obligations, mais sans jamais lever la nécessité de développer le sens du service.

Un tel projet n'est pas, comme vous pourriez le penser, synonyme de misère et certaines personnes, qui en ont compris le sens, ont atteint un seuil assez élevé de renommée dans une activité professionnelle satisfaisante pour le cœur et l'esprit. Mais elles n'ont jamais accédé à la réussite avec l'idée d'obtenir ce type de résultat.

Double novile (80°) aux nœuds lunaires (orbe 0°30') : abandonner la sécurité

N'avez-vous jamais eu l'impression que les événements vous sont plus favorables quand vous ne décidez rien que lorsque vous essayez de mener de grands combats pour parvenir à vos fins ? Votre projet est de développer un trésor de sagesse qui passe par une adhésion à une expérience inattendue, du genre de celles dont on dit qu'elles « vous tombent sur la tête ». C'est la seule forme de projet qui laisse supposer l'existence d'une volonté extérieure intervenant *ex cathedra*, susceptible de bouleverser totalement le cours d'une existence. L'effet programmé provoque, le plus souvent, une évolution très constructive de la personnalité.

Vous déteniez, de naissance, une force de volonté peu commune, forgée à l'épreuve des événements dans d'autres existences. Ce qui était nécessaire, en ce temps-là, a pu dégénérer en sclérose de comportement et en opposition à toute transformation, même lorsque ce serait votre intérêt d'adhérer aux sens des événements. Comme si vous étiez incapable de votre propre volonté de lutter contre ces tendances inertielles, vous avez opté pour une solution assez expéditive : l'obligation de lâcher prise.

La quête de sécurité et de contrôle figure dans votre thème natal à un degré plus ou moins avancé, sinon, vous n'auriez pas choisi que le « destin » vous oblige à vous détacher, aussi bien de vos liens affectifs les plus profonds que de choix sociaux répétitifs que vous avez tendance à interpréter comme une fatalité. Faire face à l'inconnu constitue sûrement l'une de vos peurs capitales. Les porteurs de ce projet en ont souvent la prescience et redoutent de se retrouver dans le vide ou dans l'absence totale de choix. Ils sont effrayés à l'avance par ce qu'ils ne peuvent comprendre ou soumettre à leur volonté.

Il existe deux comportements dominants reposant sur une mauvaise gestion du jugement et qui peuvent être à l'origine de votre projet :

❋ une volonté excessive qui s'oppose aux événements. Le projet conduit à découvrir comment, en voulant trop diriger votre destin (et éventuellement celui de vos proches), vous fermez la porte aux chances que pourrait vous offrir l'inconnu. Il vous faudra pour cela lâcher les situations ou les rôles dans lesquels vous investissez votre pouvoir et votre sécurité, et abandonner des objectifs personnels auxquels vous avez tendance à vous agripper. Ce qui engendre une indéfinition personnelle aboutissant à la négation de soi. Vous avez, dans ce cas, tendance à vous identifier aux jugements que les autres portent sur vous, ce qui provoque un refoulement de votre ressenti et de vos perceptions ;

❋ vous pouvez aussi donner l'impression d'un manque de

confiance en soi mais cela provient surtout d'un manque d'écoute intérieure. L'objectif est, dans ce cas, de cesser d'attendre autant des autres pour mieux respecter vos sentiments et vos désirs à travers des décisions strictement personnelles. Si vous ne vous en sentez pas capable, les événements peuvent intervenir pour vous y contraindre.

Ce projet vous permettra, si vous le désirez, de passer de l'excès ou du manque de volonté à une meilleure écoute de votre intuition et de vos perceptions. Vous disposez sans doute déjà d'une capacité à pressentir l'émergence de situations sans aucune preuve ou signal avertisseur apparent. Lorsque cela arrive, vos facultés d'observation et de discrimination – vos meilleures qualités – prennent le pas sur votre besoin analytique ou vos désirs fusionnels. Mais vous accordez-vous assez de confiance pour utiliser consciemment ces prises de conscience dans vos rapports aux autres ? Lorsque vous aurez cessé de croire que le monde s'organise uniquement selon vos croyances, vous accorderez beaucoup plus de confiance aux états subtils qui vous mettent sur la voie d'autres formes de réalité. Un tel projet vous conduit donc à aborder chaque jour de votre existence sans buts ni orientations particuliers, et c'est sans doute ce qui vous effraie le plus, même si, comme beaucoup de porteurs de ce projet, vous en avez conscience par instants.

Vous n'avez rien à chercher de particulier : la vie s'en chargera. Tout se passera, un jour, comme si une obligation imprévisible vous obligeait à ouvrir les bras pour accéder à une plus vaste dimension intérieure. Cela peut prendre la forme d'un événement surprenant, de la nécessité d'opérer un deuil de vos images, d'un grand détachement aussi bien que du choc en retour d'une situation que vous aurez engendrée. Vous pourrez accepter ou refuser de lâcher prise mais votre volonté deviendra inopérante pour infléchir le cours des événements. Le plus souvent, cette situation survient abruptement et n'a été engendrée ni par le sujet lui-même ni par son environnement affectif et social. Elle est fondamentalement « imprévisible ». Tout au plus peut-on lire dans le thème natal l'effet qu'elle est supposée produire dans la vie de la personne concernée. Elle exige, pour en tirer un réel bénéfice, une réponse souple et adaptée aux circonstances, sans aucune idée préconçue. Il ne semble pas y avoir de choix, juste une obligation de lâcher prise qui conditionne les résultats positifs ou non de l'expérience.

❋ Si vous l'acceptez, vous ne pourrez en prévoir les conséquences mais elles seront vraisemblablement très heureuses sur le plan de votre évolution. Elles vous conduiront vers une nouvelle direction de vie plus propice à la mission dont vous rêviez déjà avant de naître. À vous de ne pas vous y perdre et de la vivre avec le maximum de conscience.

❋ Si vous la refusez, vous rencontrerez certainement la colère ou l'impuissance. Vous pouvez dénoncer l'injustice qui vous est faite, mais vous ne pourrez changer le cours des événements ni revenir en arrière. Vos certitudes ébranlées peuvent, bien entendu, se reconstruire ensuite à l'identique, mais vous aurez manqué un tournant évolutif important.

Ce projet revient donc à faire confiance à la vie et à abandonner toute idée de contrôle ou de volonté d'action à un instant donné, en combattant les réactions qui surgissent devant le côté inéluctable de l'expérience. Une fois le lâcher-prise accompli, vous n'en redouterez plus les effets, et vous pourrez le mettre en œuvre dans d'autres secteurs de votre existence. Pour y parvenir, il suffit de reconnaître que certaines circonstances ne nous laissent aucun pouvoir, aucune autre alternative que d'y adhérer et d'en tirer le meilleur parti personnel. Il s'agit rarement d'un événement dramatique mais plutôt d'un test d'adaptation qui force à lâcher ses peurs et ses habitudes de pensée.

Le plus souvent, les circonstances ne se présentent qu'une seule fois dans le courant de toute une existence. Elles représentent une véritable chance sur le plan de la liberté intérieure et de l'adaptation au mouvement de la vie. Mieux vaut donc s'interroger sur ce qui nous empêche de bien les utiliser plutôt que de s'obstiner à avoir raison contre l'impondérable.

Pour progresser plus vite sur ce chemin mouvant, vous pouvez dès à présent vous considérer comme un navigateur qui parcourt, avec confiance dans ses propres moyens, un océan inconnu. Quand on renonce à suivre une direction, on n'a plus besoin de boussole et l'on peut admirer les variations du paysage. La paix intérieure est au bout du voyage.

La planète qui dirige ce cheminement vers la dimension transpersonnelle est Neptune. Si votre nœud Nord se trouve en Poissons ou en maison XII, cet aspect secret est cohérent avec les indications d'ensemble de votre projet de vie. Vous ne serez pas en mesure de refuser cette échéance, l'heure venue, et vous vivrez l'acceptation comme une évidence.

Si Neptune figure parmi vos deux régents karmiques, vous trouverez dans la suite de cet ouvrage les conseils nécessaires pour vivre positivement la suite de cette expérience et accéder à la dimension de la foi véritable qui en résulte.

Carré aux nœuds lunaires (orbe 6°) : la transformation

Une puissante énergie d'action et de transformation s'exprime dans votre comportement comme un défi. On vous a sûrement signalé cette façon d'avancer, contre vents et marées, à rebours de ce qui semble important à la plupart des autres personnes, et parfois au détriment de votre propre sécurité. Vous vous conduisez comme si vous disposiez de la force nécessaire pour lever n'importe quel obstacle. Même si vous ne disposez pas d'une grande agressivité (qui dépend de la nature de votre régent), cette volonté de mutation s'exerce dans tous les domaines de votre existence et vous porte à jouer sans cesse votre vie à quitte ou double. Peu vous importent les résultats : vous savez instinctivement que votre enjeu n'est pas d'agir sur le monde extérieur, mais d'orienter votre action sur le fil conducteur de votre projet de vie : la transformation personnelle. Les circonstances s'organiseront toujours pour vous mettre à pied d'œuvre, comme si les événements eux-mêmes étaient dotés de la puissance nécessaire pour vous orienter en permanence dans cette direction.

Vous avez certainement l'intuition de la nécessité de cette aventure extrême, même s'il est impossible d'en prévoir l'aboutissement. Ce projet permet d'ailleurs à certains individus d'intervenir comme des moteurs de remise en cause ou de bouleversements politiques ou philosophiques à la dimension de la planète. Évitez cependant de vous prendre pour un agent du destin car vous n'êtes pas à l'abri des retombées karmiques de vos interventions. Cela vous oblige à mesurer les résultats de vos désirs et de vos actes dans les moindres détails. Inutile donc de vous accrocher à des boucs émissaires ou d'accuser les autres des nombreuses défaites apparentes qui peuvent jalonner votre parcours, vous arriverez forcément un jour à vous faire face et à vous considérer comme seul(e) responsable de tout ce que vous engendrez.

La qualité de discrimination que vous pouvez développer s'attache aussi bien à la réalité intérieure qu'à une vision de plus en plus claire de vos propres fonctionnements. Plus vous avancerez en âge, plus vous accepterez avec joie les bouleversements qui vous orientent sans cesse vers cette qualité d'être qui peut susciter autour de vous autant d'ennemis qu'elle peut attirer de fidèles inconditionnels.

C'est ainsi que l'énergie jusque-là consacrée à maintenir en place des combats souvent stériles pourra exécuter son œuvre de transformation. Vous accepterez la solitude d'une destinée hors du commun, qu'elle se déroule dans l'obscurité sociale ou dans la gloire. Vous démêlerez de mieux en mieux les fils de votre histoire et refuserez d'entretenir en vous ces liens pervers de l'illusion qui vous empêchent de vous exprimer dans votre véritable dimension personnelle. La lucidité et l'objectivité deviendront vos mots clés. Vous prendrez conscience également des limites mondaines de l'ambition personnelle et cesserez de vous battre contre l'inéluctable.

L'un de vos objectifs consiste à comprendre comment votre esprit manipule à sa guise le sens des événements. Le temps vous révélera, également, qu'il est inutile de faire des projets à long terme : les crises vitales qui peuvent bouleverser le cours de votre destin ne sont pas prévisibles et vous avez peu de chance de réaliser les objectifs remis à demain. C'est pourquoi vous vous sentirez de plus en plus libre dans vos choix de vie et dans l'acceptation de leurs conséquences que la plupart des êtres humains. Ce n'est pas une raison pour remettre sans cesse en cause les bases de votre existence ou vous arroger le droit de multiplier les provocations auprès de partenaires qui n'ont pas votre force de caractère. Si vous vous reconnaissez dans ce comportement agressif, c'est que vous manquez de maîtrise dans la compréhension de votre projet. L'état de guerre contre le monde extérieur est un défaut de jeunesse assez caractéristique dans cette expérience. Il importe de le corriger le plus rapidement possible pour mieux tirer parti de vos qualités exceptionnelles de mutation.

Les chances sociales et les capacités d'intervention qui découlent de ce jeu de la transformation sont à la mesure de l'effort que vous déciderez d'accomplir. La passion qui vous anime trouvera toujours des voies pour s'exprimer, surtout si vous avez puisé cette énergie indomptable dans des conditions de vie difficiles durant votre enfance. Rien dans ce cas ne peut vous arrêter, car vous savez que vous n'avez rien à perdre. Mais vous pouvez tout aussi bien abandonner les chances sociales qui vous ont été offertes par votre milieu natal pour choisir, en plein libre arbitre, des conditions d'existence totalement différentes.

Nul ne peut connaître la direction que vous allez prendre, mais à l'intérieur de vous quelque chose y mène tout droit. Ce sera votre dernier port, votre dernière illusion, votre véritable liberté ou votre échec le plus exemplaire. Dans tous les cas, vous aurez l'impression d'y avoir accédé de votre pleine volonté.

Vous vivez donc une expérience déterminante d'évolution. Elle vous permet de tenir la balance entre votre passé et votre avenir, et de vous libérer d'une charge importante de karma si vous le désirez.

L'aboutissement de votre projet devrait vous conduire à vivre dans le présent, en assumant consciemment la responsabilité des expériences rencontrées. Ce parcours escarpé implique pourtant une certaine vigilance car vous pouvez facilement dévier de la voie spirituelle en laissant se développer de façon anarchique des comportements de pouvoir ou une assurance excessive qui vous ferait perdre le bénéfice de votre expérience. Mieux vaut éviter également de considérer comme des épreuves les obstacles puissants qui peuvent se dresser sur votre route lorsque vos choix ont tendance à dévier de votre projet de vie. Une énergie aussi agissante vous évite cependant de vous perdre dans des impasses et trace d'elle-même son chemin. Si vous comprenez bien l'obligation de détachement – et parfois de renonciation – que vous avez décidée d'aborder de front, vous avez toutes les chances de parvenir un jour à un bon équilibre psychologique et mental et même à la sérénité. Vous pouvez également découvrir les vertus étonnantes de cet humour des sages que rien n'étonne et dont le rire désarçonne les drames que le mental ne cesse d'engendrer à défaut de comprendre ce qui est en jeu dans toute incarnation. Il n'est pas impossible, non plus, dans un tel projet, d'avoir accès à la féerique vision du monde réel quand le mental ne jette plus sur lui son voile de plomb. Même si cet état n'est pas permanent, il vous permettra de ne plus jamais confondre l'objectivité mentale et la réalité spirituelle.

La planète qui gouverne ce projet astrologique est Pluton. Vérifiez dans votre thème natal si elle figure également en tant que régent karmique. Dans ce cas, votre processus de transformation serait démultiplié aussi bien que les risques de comportement exagéré de pouvoir. Mais vous avez l'énergie nécessaire pour aborder avec succès ce parcours périlleux qui était absolument nécessaire à votre évolution pour aborder les étapes ultérieures. Le fait que la planète soit éventuellement rétrograde ne changerait rien à votre projet secret mais peut accroître votre désir d'influence et entraîner des combats aux issues très aléatoires contre le monde extérieur. Il vous appartient d'en rester bien conscient et de savoir jusqu'où vous pouvez éventuellement aller trop loin.

6

LE JEU DE LA TRANSFORMATION DES RÉGENTS

Si nous excluons certaines circonstances karmiques trop spécifiques pour être détaillées dans cet ouvrage, le régent n'est pas le plus souvent vécu de façon consciente. Il n'est d'ailleurs pas nécessaire de connaître ses voies de réalisation pour évoluer dans sa direction. Son action continue s'intègre dans notre existence, par le biais de personnages émergeant en temps voulu aussi bien que de circonstances favorisant la libération de son contenu. Il est donc rare que l'obligation du régent soit vécue comme une entrave à la liberté personnelle ou une épreuve insurmontable. Elle s'impose, le plus souvent, comme une nécessité vitale et évolutive à laquelle chacun, l'heure venue, a tendance à souscrire, parce qu'il en reconnaît la nécessité.

N'importe quelle expérience peut conduire, en outre, au développement de la sagesse du régent : il n'y a pas de voie meilleure qu'une autre, tout dépend de la nature énergétique de la planète qui oriente automatiquement l'esprit vers les questionnements qui lui correspondent.

Le programme personnel implique le plus souvent de passer par des cheminements intérieurs, la levée des empêchements karmiques existant dans le thème natal et une maturation de l'expérience sans laquelle il n'existe pas de transformation en profondeur. Inutile donc de se précipiter vers la pratique de la voie du régent Nord pour fuir les aléas de la vie quotidienne : sur ce plan, les personnes qui ne surchargent pas leur mental de références et de certitudes avancent plus vite que celles qui accumulent des connaissances inutiles s'apparentant à de la boulimie intellectuelle.

C'est à ce stade de la réflexion qu'intervient la nature directe ou rétrograde des régents.

A – Le régent Nord est direct

Il s'exprime le plus souvent spontanément et sans interrogation particulière. Dans la mesure où il impulse la direction d'un choix de vie correspondant à un vœu antérieur, ses résultats sont d'emblée considérés comme souhaitables : c'est cela que nous voulons vivre et nous passons aux actes. Nous en tirons les conclusions au fur et à mesure pour avancer vers la conscience finale du sens de notre existence.

L'action planétaire se manifeste, en outre, de manière active et dynamique dans notre comportement : pensant ainsi, nous agissons en conséquence. On considérera, en conséquence, qu'un régent direct est plutôt « confortable à vivre », dans la mesure où il ressemble à un mérite (un bonus de vie antérieure), révélant toutes sortes de chances dans son domaine d'expérience. Mais il nous appartient d'en dégager le sens psychologique et spirituel et de ne pas l'utiliser comme une évidence de ce qui nous est dû, ce qui, à terme, entraînerait une stagnation de la personnalité.

L'interprétation la plus judicieuse est celle d'affirmation spontanée de l'individu dans une direction donnée, sans préjuger des résultats. En interprétant d'abord le régent direct dans ses conséquences physiques et psychologiques quotidiennes, puis en élevant le niveau d'intervention si nécessaire, on évitera de qualifier d'évolutive une expérience qui ne produit pas nécessairement d'ouverture dans la direction de l'universel (humanisme, compassion, discrimination, etc.).

B – L'un des deux régents est rétrograde

Dans d'autres existences, une personne a pris conscience de blocages ou de difficultés comportementales particulières et a souhaité opérer une transformation assez importante pour en faire l'un des objectifs prioritaires de la vie actuelle.

La correction énergétique du régent est donc destinée à accroître le niveau de conscience potentiel en libérant la structure de la personnalité de ses anciens attachements par la confrontation directe avec leurs résultats dans la vie actuelle. Ces attachements dérivent aussi bien du fonctionnement mental que des actes accomplis et se manifestent soit par une attirance incontrôlable vers certaines situations répétitives, soit par une répulsion qui tend à les exclure de notre vie en mobilisant une quantité d'énergie excessive pour les combattre.

C'est la raison pour laquelle un régent rétrograde paraît souvent entaché d'un sentiment de faute ou d'erreur dont il importe de se libérer. Rencontrer les résultats du Karma comme une obligation majeure implique déjà un assez grand courage sans en rajouter dans la culpabilité, ni de la part du client ni, *a fortiori*, de celle de l'astrologue.

On considérera, pour mieux comprendre l'importance d'un travail sur soi dans ce domaine, que n'importe quel indice karmique rétrograde a été engendré dans la maison où il figure. Il y a excès ou déficit, et l'objectif est de rétablir l'équilibre de l'énergie du régent, et non pas de sanctionner ce qui constitue le plus souvent le résultat de l'ignorance de soi. Le Karma intervient en quelque sorte sur « le lieu du crime » et exerce son action en égal (la personne en est l'acteur par ses modes de pensée ou d'action) et/ou en opposé (elle en subit les conséquences de la part d'autres personnes).

La correction du régent Sud, pour sa part, est d'autant plus porteuse de résultats que les racines névrotiques plongent souvent dans une antériorité indéterminée. Nul n'est tenu de prolonger au-delà de la compréhension et du lâcher-prise une situation malencontreuse, et seul l'attachement à la sensation maintient en place des drames personnels qu'il nous appartient de résoudre.

La meilleure issue est toujours de comprendre comment notre façon de penser conditionne le vécu de n'importe quelle situation. Si nous ne pouvons pas éviter les conséquences karmiques de nos actes antérieurs, nous pouvons au moins en tirer une leçon de sagesse qui arrêtera le mécanisme de l'enchaînement. Il suffit pour cela de comprendre les enjeux que nous investissons dans la situation. La transformation opérera alors dans les ressources de l'inconscient en fixant de nouvelles chaînes de réactions comportementales plus saines, favorisant les prises de conscience inscrites dans la direction du régent Nord.

Nul ne serait contraint à cette révision si quelque chose en lui n'en avait pas exprimé le désir. Nous avons voulu cette expérience, elle est inscrite dans notre programme, et nous ne pouvons pas l'éviter. Le résultat n'est pas acquis d'avance : la personne peut aussi bien alourdir la charge karmique de la planète en demeurant dans son comportement projectif (elle supporte la situation en s'imposant des obligations mais n'y est pour rien...), que décider d'entreprendre, avec patience et courage, les mutations personnelles qui permettront de redresser dans le sens harmonique le terrain d'action du régent.

On peut donc estimer que le potentiel d'évolution d'un régent rétrograde est souvent plus puissant que celui d'un régent direct : la difficulté vitale donne plus de vigueur aux prises de conscience nécessaires pour favoriser l'élimination des comportements compulsifs innés.

L'expérience peut d'ailleurs produire des résultats très dynamiques dans la vie quotidienne. Beaucoup de personnes s'affirment à travers une rétrogradation par laquelle elles justifient leur vision du monde et en ignorent, volontairement ou non, le côté névrotique. Les psychologues le savent bien : la plupart des chances de réussite que nous nous donnons reposent sur la compensation de nos propres déséquilibres. Par ailleurs, un thème natal sans planète rétrograde induit une vie présentant peu d'intérêt sur le plan des prises de conscience et du développement personnel, car il n'incite pas à s'interroger sur l'origine de ses comportements ou sur leurs résultats.

Au terme de notre histoire, le résultat sera le même que la planète soit directe ou rétrograde (que nous soyons allés volontairement vers l'expérience ou que nous l'ayons subie), avec, le plus souvent, un bénéfice de conscience pour cette dernière.

MERCURE rétrograde

Ne vous a-t-on jamais accusé(e) de mensonge, à tort ou à raison ? Vous rencontrez, dans cette existence, les conséquences d'un mauvais usage de la parole ou de l'influence de vos écrits sur vos semblables. Le plaisir d'une trop grande facilité intellectuelle vous a, sans doute, incité(e) dans le passé à jongler avec les mots et les idées sans avoir conscience de l'impact négatif de vos certitudes et de votre charisme verbal dans la vie des autres.

On trouve souvent cette indication dans le thème d'anciens orateurs ou écrivains, ou dans celui d'anciens comédiens ou bateleurs. Mais un tel comportement peut aussi bien avoir été engendré dans les relations avec vos proches ou vos voisins.

La dispersion mentale et l'usage inconsidéré de la parole représentent l'un des karma les plus fréquents. Ils peuvent être engendrés dans n'importe quelles circonstances et relèvent de ce qu'on appelle « les empêchements mineurs », ces multiples habitudes ou comportements réactionnels inconscients qui nous éloignent de l'état de conscience. La dispersion, indiquée par Mercure rétrograde, a surtout pour conséquence de vous empêcher d'entrer en contact avec votre monde intérieur et de mieux vous connaître. Vous pouvez mentir, sans même vous en rendre compte, à propos de tout et de rien, par habitude de dissimuler vos pensées ou vos vérités intimes, par jeu ou sous la pression d'un sentiment interne de nécessité rarement justifié par les circonstances que vous pouvez invoquer.

Vous avez décidé de travailler sur cette prédisposition particulière car votre inconséquence en paroles était devenue dommageable pour votre propre évolution et vraisemblablement pour ceux qui vous entouraient. La rétribution karmique peut vous revenir dans cette vie sous diverses formes : accusations injustifiées, mensonges, calomnies, difficultés d'élocution, ce qui entraîne dans tous les cas la nécessité de remettre en cause votre communication aux autres pour mieux vous faire comprendre et mieux les écouter.

Même si vous n'en avez pas ressenti les effets sur le plan physique, vous éprouvez certainement des difficultés à parler clairement et simplement de votre vécu ou de vos idéaux. C'est comme si quelque chose vous empêchait de vous exprimer avec une « franchise » assez abrupte. Dans votre inconscient, vous mesurez le poids de vos expressions, ou bien la vie vous a appris à le faire, face aux réponses obtenues dans votre enfance et votre adolescence. L'effet de cette échéance karmique peut également intervenir dans les études, souvent peu valorisées, mais, si vous êtes sincère, vous reconnaîtrez que vos tendances intellectuelles portent plus à créer, jouer, parler, animer, qu'à se pencher sur les livres et à préparer des diplômes.

Votre créativité est cependant évidente. Il serait intéressant, pour parvenir à une meilleure maîtrise du langage, que vous l'investissiez dans une carrière vous amenant à entrer en contact avec un vaste public. Évitez cependant de prolonger trop longtemps un complexe d'enfant abandonné ou non écouté qui ne pourrait que nuire à votre développement affectif et social. Dans tous les cas, l'action répressive de ce karma n'a pu dépasser votre vingtième année et la prolonger indéfiniment relèverait d'une certaine complaisance. Inutile donc d'entretenir à répétition les bronchites ou les problèmes respiratoires de votre enfance car un adulte trop souvent « abandonné » ne reste pas longtemps crédible.

Vous disposez dans cette vie de la capacité de transformer vos idées par la pratique et de rénover votre forme d'esprit. Si vous comprenez les enjeux de votre régent, votre nouvelle créativité peut faire merveille. Il n'est pas rare, d'ailleurs, de voir d'anciens mercuriens rétrogrades rééduqués devenir d'excellents thérapeutes pour des personnes rencontrant les mêmes difficultés relationnelles que celles qui ont assombri leur histoire.

VÉNUS rétrograde

Vous avez disposé, autrefois, de beaucoup plus de chances en amour que dans cette existence. Votre beauté et votre charisme attiraient vers vous la sympathie des gens, ce qui vous a permis de multiplier les amours faciles et de développer un certain orgueil de vos diverses perfections. Vous en avez largement profité, voire abusé, et votre cœur a pu se dessécher dans cette abondance de gratifications affectives et de prestige mondain. À un certain stade, cette tendance aboutit au rejet ou au mépris de tout ce qui ne va pas dans le sens du plaisir personnel.

Vous avez décidé, dans cette vie, de revenir à des valeurs affectives mieux gérées et plus stables en modérant, notamment, un esprit critique qui s'ingéniait à susciter l'approbation des rieurs. Une moindre chance affective (ou une apparence moins flatteuse) devrait orienter votre réflexion sur des valeurs humanistes, basées sur un véritable échange émotionnel. Cela vous permettra également de redresser une image personnelle fortement dégradée par les comportements antérieurs, et de cesser de projeter vos difficultés sur les personnes qui tentent de vous aider à en sortir.

Dans votre mémoire des vies antérieures, quelque chose doute que vous ayez droit à l'amour. Peut-être les autres vous en offrent-ils moins que vous ne le désireriez, mais certainement plus que vous ne le croyez. Vous ne manquez ni de charme ni de combativité lorsque vous voulez plaire à quelqu'un, mais vous pouvez vous obstiner à détruire les bonnes relations dont vous rêvez. En quelque sorte, les demandes de reconnaissance dissimulées derrière vos anciens comportements altruistes apparaissent aujourd'hui au grand jour et semblent se retourner contre vous. Quand vous voudrez bien cesser de vous détruire avec vos jugements négatifs, vous vous rendrez compte simplement que vous ne saviez pas gérer vos relations dans la vie quotidienne et que cela s'apprend.

Vous mettrez fin à cet état de guerre affective en arrêtant de tester inlassablement les autres sur leur capacité de patience à votre égard. Pour cela, il vous appartient de vous rassurer sur votre aptitude à recevoir de l'affection. Entraînez-vous à apprécier les autres pour ce qu'ils sont plutôt que de les mettre à l'épreuve de vous donner davantage sans vous satisfaire des résultats obtenus.

Les personnes qui tirent le mieux parti de cette position planétaire sont celles qui décident d'investir leur vie dans la relation d'aide ou la recherche de l'ouverture du cœur. Vous découvrirez ainsi que vous faire confiance et vous ouvrir aux autres vaut mieux que de recevoir des hommages qui ne s'adressent qu'à votre apparence physique ou sociale.

MARS rétrograde

Cette indication apparaît rarement dans les thèmes de naissance et a d'autant plus de valeur dans le plan de l'évolution spirituelle. Elle indique que vos désirs tendent à s'orienter toujours dans les mêmes directions et à reproduire les mêmes choix avec un certain aveuglement. Il en résulte des expériences physiques souvent traumatisantes qui vous incitent à prendre conscience de l'exigence de vos désirs et des conséquences de votre impulsivité à la lumière des résultats de vos choix.

Les effets de ce karma se sont sans doute manifestés dès votre enfance, vous incitant à réfléchir sur les conséquences du désir mal contrôlé et mal orienté. Il ne sert à rien de vous replier sur vous-même pour éviter le comportement agressif ou violent que vous dénoncez facilement chez les autres. Cela ne reviendrait qu'à vous priver de toute intimité physique. Vous recevez ce que vous demandez ou ce que vous pensez que l'autre attend de vous, mais ni votre corps ni votre cœur ne peuvent en tirer la satisfaction attendue.

Vous vivrez plus clairement et plus sainement vos relations avec les autres en comprenant comment vous avez tendance à susciter ces rapports agressifs par vos propres réactions. La puissance de votre désir vous porte à vouloir obtenir tout, tout de suite, quitte à rejeter ensuite des relations ou des résultats dépourvus de projets réels. Vous ne prenez pas le temps de mesurer les enjeux des situations recherchées ni de prévoir les conséquences possibles de vos actes, et voilà un ennemi de plus !

Homme ou femme, vous ne savez pas vivre sans passion. La vie vous paraîtrait tiède et sans intérêt sans combat quotidien. Ne misez pas trop pourtant sur la chance, parfois insolite, qui semble vous protéger des situations de danger physique que vous semblez attirer tout autant qu'elles vous attirent. Vous avez un devoir de protection vis-à-vis de votre corps que vous n'avez pas su respecter suffisamment dans d'autres existences, et la qualité de votre vision, en particulier, dépend du niveau de stress auquel vous vous exposez. Attention à l'hypertension qui menace les yeux, cette zone sensible dans votre thème natal et dont les atteintes possibles proviendraient d'une mauvaise gestion émotionnelle. Quand vous voyez « rouge », quand votre cœur ou votre ventre battent la chamade, stoppez tout et prenez le temps de vous calmer avant de faire le vide autour de vous.

L'effet karmique de Mars est souvent d'assez courte durée (sa rétrogradation totale dure de soixante à quatre-vingt-dix ans), et devrait vous permettre d'ouvrir les yeux sur la réalité du monde extérieur. Vous découvrirez que ce dernier n'est pas aussi terrifiant que vous pouviez le redouter de prime abord et que « l'autre sexe » en particulier peut vous offrir des expériences affectives qui n'entraient pas, *a priori*, en ligne de compte dans votre recherche d'intimité.

Même si Mars rétrograde vous renvoie vers des situations critiques, identiques à celles que vous avez développées dans le passé, le niveau d'agression est rarement tel que votre volonté ou votre intelligence ne puissent conjurer le danger. En comprenant cela, vous verrez clairement que la réponse nécessaire n'est pas une déclaration de guerre. Et vous apprendrez à vivre dans un état de paix croissant avec les autres. Vous réaliserez que non seulement vous ne manquez pas de charisme (après tout, Mars est l'amant préféré de Vénus !), mais que votre esprit de décision et d'entreprise peut faire merveille dans des directions sociales et affectives bien maîtrisées.

Cette action du régent rétrograde est remarquable pour accéder à la connaissance du Karma. Certains arts martiaux (judo, kendo) constituent un correctif idéal de votre comportement et beaucoup de guérisseurs présentent cette qualité de Mars-Arès dans leurs thèmes de naissance. Vous pourrez y faire appel pour soigner les autres quand vous aurez cessé d'en redouter les conséquences, comme si ce pouvoir occulte pouvait se retourner contre vous. On ne brûle plus aujourd'hui les vrais ou faux sorciers, mais vous n'êtes pas à l'abri de chocs en retour sous la forme de réactions de peur ou d'agressivité dans votre environnement. Vous devez donc veiller à ne pas développer votre action énergétique à des fins de pouvoir personnel et éviter de l'imposer aux autres, ce qui ne ferait qu'aggraver votre karma natal.

JUPITER rétrograde

L'orientation spirituelle de votre projet consiste à vous interroger sur le sens de votre rôle à chaque instant en acceptant la rétribution qui vous reviendra selon votre utilité et vos mérites réels. Vous comprendrez ainsi que ceux qui ont la chance de figurer parmi les privilégiés du monde ont aussi pour tâche d'en être les modèles d'évolution et les enseignants.

Votre régent karmique, Jupiter, vous renvoie comme un boomerang les résultats des relations que vous avez développées dans d'autres existences. Leurs effets karmiques apparaissent directement dans les expériences affectives et sociales qui en découlent.

La logique de ce karma est simple : « Dis-moi qui tu fréquentes, avec qui tu t'engages, sur quel contrat tu fondes tes relations et je te dirai ce que tu étais autrefois, donc qui tu es. »

Vous aviez, de naissance, trop tendance à vous demander quelle place et quel rôle remarquables vous revenaient de droit plutôt que de jouer votre partition dans le concert social. Si les résultats se faisaient attendre, n'aviez-vous pas tendance à croire qu'il s'agissait d'une erreur de distribution, voire d'une erreur judiciaire ? L'enfant « royal », fils ou fille de Jupiter, que vous étiez de naissance ne pouvait se satisfaire de la place que vous occupiez dans votre foyer natal. Mais si la chance matérielle, ou sociale, vous a bien souri dans une autre vie (d'où votre comportement actuel), vous ne pouvez pas chercher à en renouveler, sans préjudice personnel, les avantages sociaux aussi bien que les formes de représentation.

Le temps des plaisirs mondains, de l'argent qui coule à flots et de la facilité quotidienne est révolu. La roue de la fortune n'est pas acquise de vie en vie et il vous appartient de vous détacher d'images fallacieuses de pouvoir qui ont perturbé votre évolution. C'est pourquoi les relations que vous développerez dans cette existence vous contraindront à vous interroger sur le rôle que vous voulez jouer auprès des autres et sur le sens de la véritable générosité. Vous pouvez mesurer ces résultats karmiques à la lumière des réponses de votre environnement : si les contestations extérieures de votre personnalité et de vos moyens d'action succèdent de façon croissante aux premières chances (parfois exceptionnelles) que la société vous a offertes, c'est que vous n'avez pas encore compris à quel point vos comportements avantageux et votre hauteur de vue nuisent à votre ascension sociale. Il n'est pas rare que le porteur d'un tel projet acquière, avec une assurance spectaculaire, une grande fortune à l'âge où d'autres sont encore sur les bancs des universités, pour finir sa course napoléonienne dans une faillite retentissante et l'exclusion de toute activité spéculative par les tribunaux de commerce.

Sans remise en cause personnelle, votre chute sociale s'accentuera d'année en année. C'est pourquoi il est important d'apprécier à chaque instant la validité des propositions qui vous sont faites plutôt que de miser sur un sort plus valorisant dans l'avenir. Cela vous éviterait d'investir dans les comportements antérieurs qui ont provoqué cette difficulté d'intégration : le jeu, le bluff, l'appétit exagéré des plaisirs physiques et du luxe, le non-respect des contrats verbaux ou écrits.

Vous n'avez vraisemblablement pas eu l'occasion de poursuivre des études prolongées ou vous n'avez pas su en tirer le meilleur parti. On trouve dans ce cas deux raisons particulièrement fréquentes :

– les revenus de la famille ne les favorisent pas et l'enfant, peu motivé par les bancs de l'école, doit construire par lui-même les conditions de son ascension sociale ;

– l'ignorance de la bonne gestion des héritages conduit à gaspiller ses chances ou à dilapider ses revenus jusqu'à disparition de ces derniers.

Le résultat final est le même dans les deux cas : confronté à l'instabilité matérielle résultant d'une incapacité à concrétiser dans la durée votre ambition personnelle, vous ne cesserez jamais de rechercher votre « vraie » place, si vous ne comprenez pas le sens des expériences qui vous sont proposées. Inutile de réclamer toujours plus d'avantages matériels ou de titres représentatifs : seule la qualité de vos interventions peut justifier à long terme le succès de vos entreprises.

Si vous acceptez ce choc en retour d'image, assez pénible à vivre pour un esprit orgueilleux, vous aurez certainement à cœur d'offrir de meilleures ouvertures sociales à vos enfants ou d'aider des enfants en mal d'insertion à prendre leur place dans le monde. Mais ne vous trompez pas d'objectif : l'argent ne peut faire l'affaire dans votre contrat jupitérien, même s'il doit être consacré en priorité à leur éducation et à leur bien-être. C'est votre personnalité qui est en cause dans cette retombée karmique, votre cœur et votre approche des autres doivent changer. Votre intérêt réel pour l'éducation quotidienne de vos enfants (et de ceux des autres) serait plus profitable à cette transformation que de vous ruiner en vain pour des enfants qui ressembleraient comme des frères à ce que vous étiez dans la vie qui a engendré cette difficulté. Si cette activité généreuse vous tente, sachez que nombre d'éducateurs sociaux ont développé leurs plus belles qualités humaines avec l'indice karmique dont vous êtes porteur.

Le projet visible de votre régent karmique se résume en quelques phrases :

– vivre n'importe quelle expérience sociale ou personnelle dans la probité et le respect de l'intérêt des autres ;

– ne jamais entreprendre de transactions sans contrat écrit vérifié par un avocat, vous êtes le spécialiste des clauses léonines ;

– respecter à la lettre n'importe quel engagement, même si autour de vous les autres en déforment l'esprit ou le trahissent ;

– donner sans espoir de retour et c'est certainement sur ce plan que vous avez le plus de travail à faire.

Un jour où l'autre, nous sommes appelés à revivre les situations antérieures pour rétablir notre équilibre énergétique. C'est une question d'équité. Vous rencontrez cette expérience aujourd'hui. C'est pourquoi il est important de tenir bien droite la balance de vos choix.

SATURNE rétrograde

Un comportement d'obstination dans la défense de vos certitudes oriente vos choix de vie vers des objectifs trop étroits. Vous avez tendance à vouloir imposer vos convictions, voire à les défendre envers et contre tous. Cette fermeture instinctive existait déjà dans vos motivations innées et vous avez choisi la lignée de votre père pour vous confronter aux expériences vous permettant de la remettre en cause.

Si vous avez rencontré des jugements sévères ou destructeurs, aussi bien dans votre famille que dans votre environnement social, il ne s'agit que d'un juste retour des choses. Vous avez de la même façon, dans le passé, imposé à d'autres personnes des convictions très affirmées sans mesurer la portée humaine de vos pensées, de vos paroles ou de vos actes. Il s'agit d'un résultat de l'ignorance dont les conséquences viennent à échéance dans cette vie. Ne vous accablez pas de culpabilité, même si ce choc en retour vous a fait douter de vous, mais utilisez au contraire ce doute pour vous interroger sur l'origine d'une réaction mentale susceptible d'accorder un tel crédit à vos opinions et donc à celles des autres.

L'émergence d'un sentiment de persécution, assez fréquent dans votre cas, ne ferait que renforcer une prédisposition innée à opposer vos convictions à celles des autres. Expliquer, convaincre, argumenter, vous protéger, tout cela ne sert à rien qu'à rendre encore et toujours affirmation pour affirmation et jugement pour jugement.

Il est nécessaire maintenant de mettre fin à ce qui peut prendre la forme d'une escalade absurde et qui nuit gravement à votre équilibre relationnel. En vous mettant à l'écoute de vos réactions et de vos pensées, plutôt que de vous laisser submerger par elles, vous découvrirez que vous n'êtes pas en reste dans l'image négative que les autres peuvent projeter sur vous. N'avez-vous pas tendance à vous défendre sous prétexte de dialoguer et à exclure abruptement les contradicteurs en ruminant longtemps votre colère ou votre désappointement ? Vous ne pardonnez pas facilement ce que vous considérez – à tort ou à raison – comme des offenses.

Votre régent rétrograde porte également à présenter aux autres une image assez rigide et plus impeccable que nature. Vous pensez certainement être un modèle de responsabilité mais votre propension à distribuer les obligations et les devoirs dans votre environnement provoque davantage de déboires que de sympathie. En agissant de cette façon, vous ne pouvez fixer auprès de vous que des personnes soumises au comportement effectivement irresponsable. Une personnalité autonome ou désireuse de le devenir ne peut que s'éloigner pour développer sa propre expérience ou sa propre éthique de vie. Il importe donc d'être moins absolutiste. Vous n'êtes pas la seule ou le seul à avoir raison, et chacun développe ses raisons selon son propre vécu. La juste mesure implique de partager les vôtres avec plus d'équité et de discernement. Un effort dans ce sens vous permettra de développer ce qui vous manque le plus – la confiance en vous-même et envers les autres, et l'on cessera de vous considérer comme une personne manquant de tact et trop abrupte dans ses opinions.

Vous aurez besoin de toute votre intelligence et de beaucoup de compassion pour y parvenir. Mais un jour, vous ne percevrez plus, dans cet effet karmique, que l'absurdité des modèles mentaux sur lesquels la plupart des individus basent leurs choix de vie. Vous apprendrez avec le temps à développer plus de patience pour les faiblesses humaines (et pour les vôtres) et à moins valoriser mentalement le résultat de vos expériences et de votre savoir. Tout ira alors bien mieux pour vous dans un monde plus souriant. Car Saturne rétrograde prédispose aux mêmes vertus que la planète directe : la discipline mentale, l'humour et la compassion.

Cela vous permettra de sortir de votre coquille et de vous reposer un peu, les autres prenant leur part de responsabilité et vous laissant le temps de penser à votre propre évolution. Adieu, la dépression !

URANUS rétrograde

Il existe dans vos tendances latentes un grand orgueil personnel et une très haute idée de votre valeur intellectuelle. Vous avez rencontré, autrefois, la nécessité de défendre votre indépendance physique ou de protéger votre intégrité d'esprit et il en demeure des traces plus ou moins importantes dans votre façon de dissimuler votre vraie personnalité derrière un mur d'affirmations idéologiques ou sociales.

Vous confondez secret et autonomie, et ne livrez la richesse de votre intériorité qu'à ceux qui répondent à vos très hauts critères de mérite personnel. Ce comportement instinctif de retrait peut faire l'impasse sur bien des bonheurs quotidiens et ne favorise ni connaissance de soi ni le dialogue avec les autres.

Les résidus de ces anciennes expériences pèsent lourdement sur la qualité de vos relations actuelles en induisant des comportements paradoxaux avec lesquels vous pouvez jouer pour dérouter votre environnement.

Cela appelle quelques questions.

❋ Vous vous déclarez indépendant(e), mais êtes-vous capable d'une réelle autonomie ? La solitude vous pèse et vous avez besoin d'amis proches, en petit nombre, pour trouver le courage de vous exprimer sans redouter ce rejet qui vous met immédiatement en rupture de ban.

❋ Avez-vous réellement confiance en vous ? N'êtes-vous pas persuadé(e) à l'avance que l'on ne vous écoutera pas et que vos idées sont trop originales pour être socialement acceptables ?

❋ Assumez-vous vraiment votre différence ou vous sert-elle de prétexte pour vous isoler parce que vous ne supportez pas longtemps la présence des autres ?

❋ Êtes-vous vraiment intéressé(e) par la mise en pratique de vos idéaux ou de votre esprit inventif au service des autres ? La curiosité intellectuelle n'est-elle pas le seul moteur de vos recherches ?

❋ Avez-vous l'envie et la patience nécessaires pour vous impliquer dans une contribution sociale durable sur la base de vos découvertes ?

Il importe de vous poser clairement ces questions, faute de quoi vous passerez votre vie à rechercher la reconnaissance des autres par des moyens fallacieux pour conclure inlassablement que le monde justifie vos comportements d'exclusion.

Il n'est pas déshonorant de se reconnaître dans le portrait du *Misanthrope* de Molière. C'est un archétype humain attachant et qui justifie par bien des aspects l'intérêt que l'on vous porte. Vous n'avez pas une personnalité banale, mais si vous voulez en tirer le meilleur parti possible, apprenez à vous exprimer plus clairement et à bon escient sans tourner les talons au moindre signal d'incompréhension. Laissez de côté, le cas échéant, les connaissances plus ou moins ésotériques derrière lesquelles vous dissimulez vos sentiments et essayez de parler simplement de vous, de vos besoins et de vos attentes. Bref, n'imposez plus aux autres vos comportements de transcendance. Ce qui est bien plus difficile que de briller seul(e) à une tribune ou de développer votre conception de l'univers sur les réseaux informatiques. Vous vous rendrez compte, alors, à quel point les idéaux sont relatifs à chaque individu, et vous cesserez de prendre l'adhésion des autres, toujours partielle et partiale, pour un signal de reconnaissance, ou l'amitié que l'on vous porte pour une adhésion à vos propres concepts. Ce qui vous évitera bien des déceptions et bien des ruptures à l'avenir.

Un tel niveau d'interrogation implique un certain courage de votre part car votre naturel « sauvage » ne se prête pas à une remise en cause personnelle approfondie. Vos tendances portent davantage à dénoncer la bêtise du monde que vos propres comportements. Mais vous ne sortirez des impasses qui vous rejettent toujours dans l'isolement qu'en ayant testé et réinterprété vos concepts de liberté, sur le terrain, au milieu de vos semblables.

Vous ne risquez pas de vous perdre : vous ne pouvez être, en toute circonstance, autre chose que l'étendard vivant de vos propres intérêts. Essayez de vous en convaincre à la lumière de votre fonctionnement mental. Ce qui n'attise pas votre curiosité intellectuelle n'existe pas pour vous. D'où votre tendance à grappiller des activités sociales comme un éternel intérimaire redoutant d'être submergé par l'ennui de la continuité et de l'implication quotidiennes. Vous êtes pourtant capable d'investir des heures innombrables dans vos recherches personnelles. Pour évoluer, il suffirait de réaliser que ces dernières n'intéressent les autres que dans la mesure où elles leur sont utiles. Ce qui implique de les transposer au niveau de vos interlocuteurs pour retenir leur attention et non pas d'exiger une réponse inconditionnelle. Ce sera à vous de tenir ensuite vos engagements même si l'ennui vous menace à chaque fois que vous mobilisez votre énergie dans un projet de longue durée. N'en laissez pas le bénéfice matériel ou social aux autres pour mieux dénoncer ensuite l'ingratitude du monde.

Si vous avez déjà compris cela, vous savez que votre esprit d'indépendance ne supporte pas longtemps les obligations conventionnelles qui peuvent résulter d'une mise en valeur personnelle. Vous vous perdez de vue dans les compromis qu'elles impliquent et n'avez jamais l'impression qu'on vous reconnaît pour vous-même.

Il est important, bien sûr, de protéger votre sentiment d'existence, mais vous pouvez le faire sans rejeter le groupe social ou vous retrancher derrière vos exigences dès lors qu'il est question de participation. Personne n'attente à votre liberté intérieure et tout dépend de vos choix de vie que vous devez objectiver : vous vous sentirez plus juste dans un contexte faisant appel à vos qualités intellectuelles et librement acceptées, qu'en vous pliant à des obligations de routine comme un enfant qui n'ose pas déplaire en s'affirmant, de peur d'être rejeté.

Rien ne vous empêche de rechercher le milieu professionnel sous réserve de mettre en œuvre vos propositions. Vous y parviendrez en mesurant l'investissement social réel que vous êtes prêt(e) à envisager et le niveau d'autonomie qui vous est nécessaire pour demeurer efficace dans une activité donnée. Votre esprit peut trouver satisfaction dans des postes impliquant des initiatives et une liberté suffisantes pour que votre motivation puisse s'épanouir dans les domaines qui vous intéresse.

Prenez conscience également que vous ne supportez pas d'intermédiaires entre vous et le sommet de la hiérarchie. Ne vous mettez pas en position de subordonner vos décisions à une autorité que vous ne reconnaissez pas, et vous n'aurez plus à vous battre contre le monde.

Uranus représente la quête d'unité personnelle. C'est à vous d'établir la juste mesure des priorités entre vos différents besoins : reconnaissance, sécurité matérielle, épanouissement affectif et temps personnel pour grandir dans la solitude qui vous est absolument nécessaire.

C'est ainsi que vous deviendrez un être humain à part entière, autonome, personnalisé, écouté, éventuellement admiré et satisfait de l'être lorsque cela favorise le développement de vos projets. Vous cesserez d'opposer vos paradoxes aux autres, et vous pourrez grandir spirituellement dans la dimension de l'adulte que vous avez toujours désiré être sans toujours savoir comment vous y prendre.

NEPTUNE rétrograde

Dans d'autres existences, la vie religieuse ou les conventions sociales avaient pour vous beaucoup d'importance, mais vous en avez retenu davantage la forme que le fond. C'est pourquoi, malgré l'intérêt que vous pensiez porter aux autres, vous avez construit votre esprit sur la base de dogmes et de comportements stéréotypés plutôt que sur de réelles valeurs humanistes.

Ces anciennes croyances demeurent dans vos tendances latentes et peuvent rejaillir sous force de négation de vos besoins personnels et d'évitement systématique des conflits aussi longtemps qu'elles n'ont pas été objectivées comme la source réelle de vos problèmes relationnels.

Vous voudriez habiter un monde blanc et plan où tout le monde vivrait selon des idéaux d'amour dont vous pensez détenir le secret. Tout peut se passer comme si, n'ayant pas compris les raisons de vos déceptions, échecs et malheurs antérieurs, résultant essentiellement de votre façon de penser, vous aviez décidé d'en rajouter dans l'oubli de soi. Ainsi, ce que vous prenez pour une nécessité spirituelle peut n'être qu'un solide culte de la souffrance établi dans les tréfonds de votre inconscient. Vous pouvez en tester l'existence à la lumière des trois comportements névrotiques de serviabilité les plus caractéristiques de cette rétrogradation planétaire : l'obligation que vous vous donnez de privilégier l'aide aux autres au détriment de votre emploi du temps, de vos centres d'intérêt ou de vos engagements personnels et professionnels. Il ne s'agit pas ici des qualités spontanées d'abnégation qui découleraient de la réalisation spirituelle. Le plus souvent ce genre de comportement est à sens unique, et vous donnez ce que vous aimeriez recevoir. Essayez de répondre clairement « non », une fois, sans explications et en contenant vos réactions prévisibles de culpabilité. Vous verrez si l'amitié ou l'amour de cette personne vous demeure acquise, mais ne redoutez-vous pas les conséquences d'une telle vérification ?

Ce comportement est nuisible à votre évolution si vous vous précipitez pour vous rendre utile sans attendre qu'on vous le demande et sans mesurer le besoin réel de l'autre ou sa capacité de prendre en charge par lui-même ce que vous considérez comme un problème. Ne vous étonnez pas, dans ce cas, que des personnalités plus mûres redoutent de faire appel à vos services ou vous rejettent. En dehors des périodes d'avalanches, très peu de gens ont besoin d'un saint-bernard.

Votre tendance à offrir de menus cadeaux en préalable à toute relation, comme si vous aviez peur d'arriver les mains vides et de prendre le temps d'établir le dialogue sans la présence transactionnelle d'un objet qui vous servira éventuellement de justification ou d'entrée en matière au cas où « vous dérangeriez ». Vos qualités personnelles ne sont-elles pas suffisantes pour justifier l'accueil que l'on peut vous réserver ?

On ne fait jamais appel en vain à votre compassion silencieuse pour la détresse permanente d'autrui. De tels comportements, altruistes selon votre propre définition, autorisent bien entendu l'exigence de contreparties que vous avez tendance à imposer aux autres. Trouvez-vous vraiment normal de tester inlassablement la patience des autres à votre égard, sans jamais vous interroger sur vos motivations. Votre permanence de comportement, reproches et plaintes incluses, est telle qu'on peut se demander s'il ne s'agit pas d'une manipulation sociale dans lequel vous jouez au perdant pour capter l'attention.

Vous êtes-vous jamais demandé les véritables raisons pour lesquelles :

❋ vous arrivez à vos rendez-vous soit très en retard, soit très en avance ? Avez-vous une montre ?

❋ vous semblez entretenir l'imprécision et l'indécision dans vos choix de vie ? Vous avez *peut-être* – c'est votre locution favorite – des problèmes d'attention ou de définition personnelle, mais est-ce la seule raison ?

❋ vous découvrez quelque chose d'important à dire ou une question importante à poser, mais à la dernière minute ? Doit-on vous rendre – avec supplément – le temps que vous dispensez si généreusement aux autres ?

❋ vous pensez que les gens doivent deviner vos attentes ? Quel est l'avantage de ne rien demander directement ?

C'est par ces comportements, tellement répétitifs chez les neptuniens rétrogrades qu'ils ressemblent à une caricature collective, que vous perdez tout contact avec votre intériorité et engendrez un sentiment d'inexistence à l'origine de votre plus grande souffrance. Il n'y a rien, dans tout cela, qui ne puisse s'arranger avec une psychothérapie visant à conjurer vos débordements émotionnels, sous réserve que vous ne reproduisiez pas avec votre praticien ces scénarios antirejets que vous avez mis en place avec votre mère dans votre enfance pour capter toute son attention et ne pas vous sentir abandonné(e).

Il importe donc, dans votre cas, de grandir psychologiquement en cessant d'occulter les motivations qui portent à vous oublier au profit de votre environnement affectif ou social. Vous le ferez plus aisément en comprenant que les gens, dans leur ensemble, n'apprécient guère d'être redevables en matière de sentiments ou de recevoir des leçons de morale quand ils n'ont pas été « gentils » avec vous autant que vous le souhaitez. Ce qui revient, globalement, à éviter de vous faire de la peine et à ne jamais vous décevoir, donc à ne pas vous fournir la moindre matière de remise en cause personnelle. Vous possédez d'ailleurs l'art de dissuader, par vos regards, vos crises de larmes et de frustrations, vos reproches sur l'ingratitude et la méchanceté des autres, toute expression directe du sentiment d'autrui. Cela entretient le flou dans lequel vous vivez et votre certitude de faire partie, définitivement, du seul clan qui vous intéresse : celui des gentils incompris.

Vous avez certainement recueilli ces critères de gentillesse ou de méchanceté dans votre milieu natal auquel vous vous efforciez sans cesse de complaire. Ils sont essentiellement affectifs ou culturels et peuvent se projeter dans la recherche d'un milieu social ou politique qui les conforte. Ainsi aviez-vous tendance, dans le passé, à adhérer à l'opinion du plus grand nombre, et à privilégier les comportements de soumission et d'effacement plutôt que ceux de l'affirmation personnelle.

Mieux vaudrait vous méfier d'une telle attitude mentale. Elle est particulièrement recherchée par les mouvements sectaires, philosophiques, spiritualistes aussi bien que politiques, qui basent leur recrutement sur la misère morale des individus, leur demande de prise en charge et leur désir de rétablissement du « bien ». Si vous avez tendance à punir les « méchants », comme le font certains neptuniens rétrogrades (y compris par l'envoi de lettres anonymes d'anathèmes), il est urgent de vous interroger sur ce que vous incluez dans cette définition. Car durant le siècle qui s'achève, un nombre incalculable de « méchants » ont été éliminés par des « gentils » de tous bords, qui marchaient au pas derrière des manipulateurs de souffrance, aptes à leur promettre les consolations attendues.

C'est pourquoi nous ne pouvons évoquer, pour cette planète rétrograde, un quelconque potentiel spirituel avant que les corrections karmiques n'aient été opérées. L'état d'amour transpersonnel que vous pourriez rechercher s'accompagne trop souvent de crises délirantes pour vous en conseiller l'accession sans une constante supervision thérapeutique. Il est douteux, par ailleurs, que vous supportiez la discipline proposée par un maître spirituel si ce dernier s'avérait plus soucieux de connaissance de soi que de satisfaire vos besoins affectifs. Un thérapeute vous aidera, en revanche, à contrôler les habitudes réactionnelles qui conduisent à « faire plaisir » en entretenant des comportements de malveillance vis-à-vis de soi-même. Vous découvrirez ainsi ce que vous investissiez dans n'importe quelle relation d'aide et reviendrez à des échanges plus équitables, même s'ils ne paraissent pas – au départ – aussi gratifiants.

Cette planète de compassion a donc une double face particulièrement vénéneuse, dans laquelle on évitera de sombrer en se rappelant que toutes les motivations humaines se résument en une demande d'amour et que nul n'est à l'abri des déviations de cette dernière.

Il faut parfois une existence entière pour découvrir comment alterner le respect de ses propres demandes et l'ouverture réelle aux besoins des autres. De toute façon, vous y viendrez quand votre régent sera direct. Pourquoi ne pas commencer maintenant ?

Si vous voulez réaliser votre projet de transformation, essayez d'entrer en contact avec vos sentiments en acceptant que ces derniers soient dualistes (il n'y a pas d'amour sans haine, de joie sans tristesse, de colère sans demande inconsciente, etc.). Cela vous permettra de ne plus déverser votre trop-plein émotionnel à tout propos et de présenter aux autres une image plus vraisemblable, donc plus acceptable. Le respect envers vous-même qui en découlera, suscitera en retour la considération que vous avez toujours recherchée et vous permettra d'arrêter de vous détruire (l'alcool est le fléau de votre régent rétrograde), ou de vous protéger de façon excessive du monde extérieur au détriment de votre santé physique ou mentale.

Certaines professions, particulièrement valorisées par l'expression de cette rétrogradation, favorisent la transformation que vous avez programmée pour cette vie. On voit, par exemple, beaucoup de personnes qui en sont porteuses œuvrer dans les domaines de l'assistance sociale, de la psychothérapie, des fonctions d'accueil et d'écoute ou, sur le plan médical, dans l'homéopathie, les médecines douces ou la recherche sur la fécondité. Leur métier leur apprend à respecter la vie, à l'aimer, donc à se respecter elles-mêmes. Votre régent ne vous invite pas à autre chose et la « mission » que vous pouvez développer vis-à-vis de votre propre équilibre vous apportera davantage de bonheur que votre investissement démesuré sur le monde extérieur.

PLUTON rétrograde

Dans d'autres existences, vous avez très largement tiré parti des chances sociales qui vous étaient offertes et avez développé une tendance accentuée à considérer le monde extérieur sous l'angle exclusif du plaisir et du pouvoir personnels. Cette situation induit dans cette vie ses propres revers : vous risquez de provoquer, par votre inconscience ou votre certitude d'être invincible, des situations dommageables aussi bien contre votre personne que contre vos possessions matérielles.

Les renonciations auxquelles vous pouvez être confronté(e), en matière d'héritages, de pertes de richesses, de deuils ou de ruptures de liens affectifs, vous obligent à faire face à la relativité de votre pouvoir sur la vie ou sur les autres. Il vous appartient de développer plus de prudence dans vos recherches de séduction, de prestige ou de réussite sociale et de cesser de confondre vos rêves et la réalité du monde dans lequel vous avez choisi de vivre.

Ce karma concerne également l'équilibre mental et les domaines de l'inconnu (parapsychologie, pouvoirs occultes, etc.). Le mieux serait de vous abstenir de toute intervention dans ces domaines et d'éviter la fréquentation des personnes qui les mettent en pratique. Ainsi ne serez-vous pas tenté(e) de vous ruiner pour des résultats bien peu satisfaisants.

Vous risquez également de prendre des risques démesurés dans le désir de vivre une existence exaltante, hors du commun. Méfiez-vous surtout des projets financiers qui suscitent votre enthousiasme et qui ne seraient pas étayés par un compte en banque solide (le vôtre) et par des contrats soigneusement établis. Le comportement passionnel qui vous semble nécessaire pour exprimer votre vitalité est trop souvent synonyme d'autodestruction ou de tendances dépressives, pour ne pas faire l'objet, *a priori*, d'une sérieuse mise en garde.

7

LES MAISONS D'APPLICATION DES RÉGENTS

Les régents interviennent comme des compléments d'action directe du projet de vie dans leurs maisons respectives. Leur tendance est de susciter des prises de conscience évolutives aussi bien par l'intermédiaire des personnages qu'ils représentent que les situations qu'ils attirent. D'où le sentiment de nécessité vitale ou d'obligation que ressentent les personnes dans le domaine concerné. La maison du régent Nord est donc par excellence le lieu de la réalisation personnelle puisqu'elle offre un terrain concret d'application au désir fondamental qui a conditionné les circonstances de la naissance.

On ne peut en conclure pour autant que les expériences rencontrées produiront obligatoirement des fruits de libération karmique. Tout dépend du niveau de réflexion de la personne et des objectifs qui sous-tendent le projet de vie. S'il s'agissait d'éviter la répétition de situations considérées autrefois comme trop contraignantes ou trop douloureuses (cas d'un régent Sud rétrograde), la maison du régent Nord peut constituer pendant des années une zone d'évasion sans grand bénéfice pour la construction de la personnalité.

Le karma inscrit dans la maison du régent Sud est, en revanche, trop souvent vécu comme un jeu de la fatalité et du hasard pour ne pas axer son attention sur les répétitions qu'il induit. Il est réel que nous n'avons aucune prise sur ses résultats karmiques qui semblent faire irruption dans notre vie à notre corps défendant, pour le meilleur et le pire. Mais axer uniquement son existence sur ce que nous avons l'impression de maîtriser et de comprendre (la zone Nord, le plus souvent), en occultant les conséquences de nos anciens comportements n'est pas la meilleure façon d'établir son équilibre vital. Les prises en compte de la partie Sud du thème dans l'origine de nos choix de vie (affectifs, sociaux, psychologiques, etc.) permet, au contraire, d'établir nos choix sur des bases unifiées, dans lesquelles les constantes personnelles du Sud et les opportunités du Nord sont traitées avec suffisamment d'égalité pour que d'éventuels regrets ne viennent contrarier les résultats obtenus. N'oublions pas que la tête du dragon consigne des rêves à réaliser et que le passage des attentes à la réalité peut se révéler très décevant. Ainsi, en cas de sentiment d'échec dans le déroulement du projet de vie, le risque est grand pour les personnes inconscientes que le passage sur l'axe vers la zone Sud apparaisse comme la seule issue souhaitable. Le jeu de bascule en égal et opposé devient inéluctable. C'est ainsi que l'on peut tourner en rond pendant plusieurs existences entre deux aspirations contradictoires sans jamais découvrir que l'issue se trouve en nous-mêmes.

On vérifiera donc, avant toute interprétation, si une grande part de l'énergie investie dans la maison du régent Nord n'est pas destinée à conjurer les fantômes du passé, même si le sentiment de nécessité porte à rechercher les situations favorables au développement du projet actuel. L'intérêt du sujet est, dans tous les cas, de considérer les maisons des régents comme des domaines différents d'expression dont les situations n'ont pas toujours de raisons de s'exclure l'une l'autre, sauf si c'est son désir assumé. Préférer le vécu au Nord à celui du Sud relève alors d'une adhésion consciente à son projet de vie, même si la préférence engendre tout autant de karma que de subir les choses sans les comprendre et sans se les approprier.

On gardera ainsi une certaine prudence dans la lecture karmique des régents en considérant que rien n'est joué d'avance dans leurs domaines d'expérimentations. Nos croyances aussi bien que notre volonté influent suffisamment sur la qualité de nos actes pour que nous transformions les maisons des régents en autoroute de réalisation ou en marécage. C'est pourquoi aucune analyse karmique sérieuse ne peut se faire sans la participation active et confiante du client.

Maison I

Cette maison concerne les bases de la personnalité et les images du moi rapportées des vies antérieures. Vous vous voyez ainsi et agissez en fonction de ce que vous croyez être sans vous poser de questions. Le régent situé en maison I représente donc une identification dominante qui, sans distanciation suffisante, induit la plupart de vos choix de vie.

Régent Nord direct

Vous définissez votre existence en fonction des images dégagées par votre régent Nord. Quand on vous demande qui vous êtes, vous répondez instinctivement : une femme (Vénus), un homme (Mars), un père, une mère, etc.

Les questions que vous vous êtes posées autrefois sur la véritable nature de vos identifications trouvent des prolongements aujourd'hui. Les qualités particulières de votre régent se manifestent spontanément dans votre personnalité. Vous ne doutez pas de vous et vous vous reconnaissez clairement tel(le) que vous êtes et agissez en conséquence.

Ce sentiment inné d'unité qui vous habite évolue naturellement dans le sens de l'épanouissement personnel. Il vous porte à conduire votre existence dans la ligne droite de vos motivations conscientes ou inconscientes et à rejeter sans regret les expériences qui ne seraient pas favorables à votre projet de vie. Vous avez pris cette décision lors d'une de vos vies antérieures et vous pouvez l'utiliser comme un véritable instrument de connaissance de soi. Elle constitue, en effet, un point de départ solide pour explorer les modes de représentation affective et sociale que vous manifestez avec tant d'évidence.

Vous ne pouvez pas vous tromper sur la nature psychologique ou spirituelle de l'action de votre régent. Il suffit d'observer ce que vous êtes pour la connaître. Vous comprendrez donc facilement, dans cette vie, comment cette unité d'expression peut servir à votre évolution.

Régents rétrogrades

Vous avez trop tendance à vous définir par des identifications ou des comportements, aussi bien que par des images projetées sur vous dans votre enfance. Vous croyez être ou vous pensez être quelqu'un de particulier, mais vous n'avez guère de prédisposition à la connaissance de soi. Il vous faudra, dans cette vie, sortir de ces identifications trop négatives, ou trop restrictives si vous voulez développer une véritable personnalité.

Quelque chose vous a fait douter de vous-même, de votre réalité ou de votre ressenti, ce qui peut induire un comportement défensif ou agressif qui vous isole de votre environnement. Si vous voulez vous dégager d'une fixité néfaste à votre évolution, dites-vous que beaucoup de vos problèmes relationnels proviennent de ces images résurgentes et de la protection mise en place pour les maintenir. Vous découvrirez ainsi que ce que vous êtes, en tant qu'être humain, n'est pas forcément limité aux définitions que vous prenez pour les bases d'une identité.

Nul individu n'est semblable à un autre et vous avancerez plus rapidement en cessant de vous comparer à qui que ce soit et particulièrement à un modèle idéal de référence qui vous empêcherait de vivre dans la spontanéité du présent.

Si vous n'aviez pas déjà pris conscience de tout cela, votre régent karmique ne serait pas rétrograde. Il s'agit donc d'un des projets majeurs dans la vie actuelle. C'est pourquoi les difficultés engendrées par cette fixité de la personnalité ne devraient pas être insurmontables.

Maison II

Cette maison concerne les certitudes et les racines de comportement inscrites dans la mémoire des vies antérieures. Elle parle d'attachements inconscients à des idées, des valeurs, des modes de pensée que vous n'avez pas tendance à remettre en cause.

Régent Nord direct

Vous disposez d'une belle conviction pour défendre ce que vous considérez comme important. Cela vous dote de toute la détermination nécessaire pour valoriser les dons éventuels inscrits dans l'énergie de réalisation de votre régent Nord.

Vos aptitudes trouvent leur origine dans la façon que les personnages dont vous portez l'héritage ont interprété l'univers dans d'autres existences. Vous les affirmez avec force sans toujours tenir compte de la réalité extérieure ou des réponses de votre environnement. Rappelez-vous l'adage populaire : « Il n'est pire sourd que celui qui ne veut pas entendre. » Vous ressemblez parfois à un taureau qui fonce sur des obstacles, et si vous vous faites plaies et bosses, vous ne devez vous en prendre qu'à vous. Une telle obstination peut vous conduire à réaliser avec succès des projets considérés comme impensables ou impossibles par les autres, aussi bien que nuire à la qualité de vos relations et de diminuer votre potentiel de réussite. Évitez, si vous le pouvez, de vous braquer sur vos positions ou vos idées. Vous tirerez ainsi mieux parti des talents que vous possédez.

Cette position du régent Nord favorise la résurgence dans cette vie de dons et de grands projets développés dans les existences antérieures. Ces potentiels, parfois brillants, sont fortement chargés d'impressions du passé, et vous auriez intérêt à les adapter aux circonstances de cette existence pour que votre façon de faire ou de penser ne les transforme pas en handicaps. Ils connaissent fréquemment un développement précoce, sur le plan personnel ou professionnel, et il vous appartient de les laisser s'épanouir dans les diverses formes qu'ils peuvent adopter aujourd'hui. Si vous ne désirez pas (ou ne pouvez pas dans les circonstances de votre projet) en faire un métier, faites-en au moins un violon d'Ingres dont vous ferez partager le plaisir à votre entourage.

Régents rétrogrades

Vous avez tendance à rejeter les influences contradictoires provenant du monde extérieur comme si elles risquaient de troubler la sécurité intellectuelle et matérielle que vous recherchez par-dessus tout.

Des réactions aussi figées peuvent éloigner de vous les opportunités que la vie pourrait vous offrir. Vous possédez pourtant des dons réels mais vous les utilisez mal, faute de savoir les adapter aux propositions qui vous sont faites. Comme s'il n'existait qu'un seul mode de pensée ou d'action, vous rejetez aisément les informations ou les contraintes qui impliqueraient une remise en cause de vos certitudes et de vos croyances. En prenant conscience de ce qui constitue le véritable blocage à votre évolution, vous découvrirez comment vos résistances s'opposent à tout ce qui peut troubler ce sentiment de sécurité que vous défendez souvent contre des dangers imaginaires ou nettement exagérés.

Il faut beaucoup de temps pour sortir d'un tel comportement, basé sur la peur du changement, et beaucoup de courage pour réaliser jusqu'où vous pouvez engendrer vous-même les blocages que vous dénoncez. Le retour au sens de l'initiative et l'accès à la réussite matérielle que vous recherchez en dépendent.

Si vous pouvez accepter cela comme un constat et mettre en œuvre des moyens d'action plus souples, le monde acceptera plus volontiers vos propositions et vous permettra de mettre en valeur des dons et des qualités que nul ne songera plus à contester.

Maison III

Cette maison concerne les formes d'expression de votre personnalité et la qualité de votre communication. C'est votre mode d'expression qui est en cause ici, plus que les concepts philosophiques qui peuvent varier de vie en vie.

Régent Nord direct

Vous avez tendance à vous exprimer directement et simplement, et à affirmer vos idéaux aussi bien qu'à partager ouvertement vos centres d'intérêt. Cette clarté intellectuelle attire vers vous des personnes qui vous reconnaissent pour ce que vous êtes. On peut dire que vous êtes le modèle de communication de votre régent Nord, dont l'énergie s'applique spontanément dans vos choix de vie. Il s'agit d'un atout important, qui favorise notamment la création personnelle et l'autorité que vous pouvez développer dans les domaines des écrits ou de la parole.

Cette position concerne également les relations avec vos collatéraux (frères et sœurs, oncles et tantes, neveux et nièces). L'un d'entre eux, au moins, sera particulièrement important pour vous dans cette existence. Vous pouvez recevoir de sa part un héritage matériel ou intellectuel aussi bien qu'être appelé à l'aider. Dans les deux cas, cette intervention vous apportera de nouveaux matériaux très évolutifs sur le plan de la connaissance de soi

Régents rétrogrades

Tout enfant, vous aviez déjà tendance à vous sentir exclu(e) de votre famille et avez certainement mal vécu l'arrivée éventuelle de vos frères et sœurs cadets. Il existe en vous une prédisposition innée à vous sentir nié(e) et rejeté(e) dès lors que vous n'êtes pas le seul objet de l'attention de votre entourage.

La transformation de votre régent est nécessaire pour développer avec plus de vérité et de spontanéité votre communication aux autres : dans ce domaine, ni la dispersion intellectuelle ni les affirmations idéologiques, qui font partie de votre bagage karmique, ne peuvent faire l'affaire. Vous vous prenez trop pour ce que vous pensez, et les prétextes qui justifient et entretiennent vos difficultés relationnelles ne permettent pas de découvrir le comportement juste conduisant à la connaissance de soi. Il était donc urgent d'introduire un doute dans votre esprit sur la validité de ces anciennes tendances. D'où les éventuelles difficultés de communication que vous avez rencontrées dans votre enfance. Ces dernières ne doivent donc pas être considérées comme un handicap insurmontable mais comme une invitation à établir un meilleur contact avec votre ressenti pour assouplir ou renouveler vos moyens d'expression.

Si vous acceptez de réviser votre leçon de communication, vous éviterez que les « malheurs » de votre enfance ne se projettent indéfiniment dans vos relations d'adulte, vous privant du bénéfice intellectuel ou social des rencontres inspirantes que vous avez tendance à rechercher.

Vous détenez sûrement un don inné sur le plan de la parole, des écrits ou d'un art graphique et rien ne vous empêche de l'utiliser dans le cadre de votre projet de vie. Cependant, pour produire les satisfactions personnelles que vous recherchez, votre talent devra être appliqué à des réalisations concrètes et utiles (un enseignement ou un travail avec des enfants, par exemple). À défaut de quoi, les résultats de vos ambitions intellectuelles peuvent se révéler bien décevants. Évitez, si vous le pouvez, d'alterner des affirmations de supériorité (en public) et des comportements d'infériorité (en privé), face aux jugements de vos semblables. Ce ne sont jamais que les opinions des autres et vous y seriez moins sensible si vous n'attachiez pas une telle importance aux vôtres. Vos frères et sœurs étaient d'ailleurs là pour vous permettre d'apprécier la valeur de vos moyens de communication à leur juste mesure. Ils vous ont connu(e) enfant et n'attendent pas de vous que vous fassiez la preuve de vos mérites intellectuels, même si vous êtes persuadé(e) du contraire.

Vous devrez faire un effort pour vous rendre accessible aux autres en leur faisant davantage confiance. Ce n'est pas un projet bien difficile : il s'agit simplement d'appliquer votre intelligence à des objectifs simples et quotidiens. Ces derniers vous apporteront plus de satisfactions que de briller par des moyens fallacieux ou de dérouter vos proches par votre tournure d'esprit.

C'est à cette seule condition que vous pourrez développer cette joie de vivre à laquelle vous aspirez mais que vous détruisez en ruminant sans cesse ce que vous considérez comme les échecs du passé.

Maison IV

Les conditions de vie dans votre foyer natal et la façon dont vous y avez été accueilli(e) sont une reproduction à l'identique d'une situation déjà rencontrée dans un foyer antérieur. La leçon de famille

que vous avez choisie pour développer la conscience de votre régent est le meilleur moyen pour comprendre comment se forment les identifications et d'en changer ou de les éliminer si elles vous déplaisent.
Cette position du régent est particulièrement importante car elle permet d'ancrer les directions fondamentales du projet de vie pratiquement dès l'heure de la naissance.

Régent Nord direct

Vous avez choisi de naître dans cette famille autant que dans ce milieu pour réfléchir au fonctionnement des identifications dans la construction d'une personnalité. Il existe entre vos racines karmiques et celles de votre foyer natal de fortes convergences, que l'on peut assimiler à une forme d'hérédité. Ses modèles vous sont familiers et vous les avez certainement adoptés avec facilité car vous les estimiez d'emblée favorables à votre évolution personnelle. C'est pourquoi vos représentations affectives et sociales suivent le courant naturel de l'éducation que vous avez reçue.

Vous pourrez constater, avec la perspective du temps, une grande similitude entre votre propre vécu et celui d'un des membres de votre foyer natal. Cela peut concerner aussi bien des attirances et des comportements communs que des « coïncidences » étranges dans le déroulement de vos histoires respectives. Un tel projet permet de mieux comprendre en quoi vous êtes semblable à cette personne, mais également de quelle façon vous pouvez affirmer votre différence.

Pour évoluer, il est important de ne pas vous tromper de projet : il ne s'agit pas d'adopter ou de rejeter aveuglément les modèles dominants de votre famille, comme vous avez tendance à le faire, mais de réfléchir à ce qui engendre une continuité des lois mentales telle qu'elle conditionne dans la même direction les réactions fondamentales des membres d'un groupe. Étudiez votre arbre généalogique, si vous disposez d'informations suffisantes. Il est vraisemblable que vous découvrirez, dans un passé plus ou moins proche, un modèle d'ancêtre dont le comportement ou le projet de vie ressemblait au vôtre comme un frère jumeau. Si vous pouvez vous en convaincre, vous comprendrez que le hasard n'est pas la seule cause de votre naissance dans cette famille et qu'elle constituait le terrain idéal de mise en place de votre projet de vie.

En bonus, vous êtes certainement l'héritier, ou l'héritière, prioritaire des tendances ou de talents particuliers de ce groupe. N'hésitez pas à en tirer le meilleur parti tant sur le plan affectif que social. Vous y avez droit et rien ne vous empêche de partager avec les vôtres le bonheur que suscite votre régent Nord.

Cette quête peut se révéler très positive. Elle vous permettra de vous affirmer et de vous connaître sans erreur de parcours. De même, le foyer que vous avez tendance à créer constitue un révélateur important de votre personnalité. Il est vraisemblable d'ailleurs qu'un de vos propres héritiers possède ou possédera un projet similaire à celui de votre ascendance karmique. Il maintiendra donc la continuité votre histoire – en semblable ou opposé – et vous apportera la matière de réflexion nécessaire, pour approfondir votre travail sur le régent Nord.

Régents rétrogrades

L'analyse de votre vécu dans votre foyer natal mérite toute votre attention, même si, pour vous, il ne représente que souffrance, négation ou rejet. Vous y avez retrouvé « en direct », les règles, les lois, les comportements que vous aviez tendance à imposer aux autres dans vos foyers antérieurs. Le type de personnage représenté par le régent signale également quel rôle vous jouiez vous-même dans cet ancien contexte et qui a incarné ce rôle ou cette situation dans le foyer actuel.

Ainsi, les personnages dont vous pourriez avoir à vous plaindre (ceux de votre enfance ou ceux qui entrent dans le foyer que vous avez tendance à créer), vous invitent à réfléchir sur la nature d'une vraie famille, où chacun se sente à sa place et participe au bonheur des autres, dans la prise en considération mutuelle que ses membres peuvent en attendre.

Cette position du régent rétrograde suscite des répétitions karmiques basées sur la puissance des identifications développées dans des foyers antérieurs. Ces dernières peuvent porter aussi bien sur les devoirs ou images attachés par la tradition à chaque membre de la famille, que sur les conditions sociale, politique ou philosophique du milieu. Le lieu de votre naissance lui-même (pays, région) ou les expériences particulières qui ont marqué votre enfance sont significatifs des transformations à accomplir. Même si vous rejetez cette idée, vos pensées se sont forgées en fonction de ce milieu qui vous a offert le terrain nécessaire à la mise en place de vos objectifs karmiques.

Pour comprendre le sens de votre expérience, il est important de cesser de vous identifier aussi étroitement à l'histoire de ce milieu.

Vous trouverez la distance nécessaire en comprenant la signification de votre régent rétrograde – Sud ou Nord, cela n'a pas d'importance. Cela vous permettra de vous réapproprier l'origine de ces difficultés en analysant votre vécu d'enfance sous l'angle des tendances latentes.

Si vous avez tendance à éviter ce questionnement, il y aura toujours un « coupable » dans votre existence. Pour fuir ce sentiment douloureux ou contraignant, vous risquez de bâtir votre existence sur la base de compensations successives en évitant les prises de conscience sur les racines personnelles qui induisent la construction d'une personnalité.

La seule issue est de vous interroger en profondeur sur la signification vitale d'une naissance dans ce contexte même si vous l'estimez contraignant ou peu valorisant. Rien n'interdit, en outre, de prolonger ce questionnement en axant votre attention sur la validité intrinsèque des modèles qui se reproduisent de génération en génération et sur le besoin très humain, mais non évolutif, de les entretenir.

Armez-vous de courage, car les indices karmiques à décoder sont particulièrement difficiles à repérer puis à éliminer. Vous devrez cesser tout combat pour être une chose ou son contraire et vous poser en profondeur des questions sur l'origine de vos réactions émotionnelles. Dans la mesure où votre foyer natal était le lieu d'élection de votre projet de vie, vous finirez bien par comprendre que les racines qui vous rattachaient à lui n'avaient pas grand-chose à voir à la petite histoire que l'on s'y racontait. Vous pourrez alors jouer si vous le désirez au jeu de la similitude et de la différence mais sur des bases plus spirituelles que celle de l'acceptation ou du rejet d'un modèle.

Avec le temps, vous comprendrez mieux à quel point ces modèles familiaux étaient nécessaires pour vous inciter à construire des relations émotionnelles plus ouvertes et plus satisfaisantes. Vous arrêterez d'exiger des autres qu'ils se calquent sur vos attentes ou qu'ils se plient inconditionnellement à vos exigences. La sécurité intérieure qui en résultera vous ouvrira à une philosophie de la vie plus souriante, voire plus aimante.

L'évolution de ce régent s'étend souvent sur trois générations, et c'est à travers vos petits-enfants (ou les enfants dont vous aurez l'occasion de vous occuper si vous n'en avez pas eu vous-même), que vous avez le plus de chance de recueillir les fruits heureux des efforts de compréhension que vous aurez accomplis dans cette vie.

Maison V

La position de votre régent en maison concerne les images de soi conservées dans la mémoire des vies antérieures. Le domaine de cette maison est très vaste : il peut aussi bien vous interpeller sur votre niveau de conscience et vos qualités d'éveil sensoriel, que sur les modèles de vie transmis par vos parents, vos rapports aux enfants, ou votre approche de l'amour et du plaisir.

Régent Nord direct

Votre régent indique une vision positive de votre vécu d'enfance. Vous disposez d'un tempérament inné de gagnant, qui vous permet de développer spontanément la confiance en vos propres capacités. Les enfants sont également vos meilleurs compagnons de projet karmique. Ils sont venus ou viendront dans votre foyer, pour faire appel à vos remarquables aptitudes éducatives.

Solide et fiable dans vos affections et vos engagements dans vos vies antérieures, vous recevrez en retour, dans cette existence, l'amour et la considération de vos proches, qui découvrent ou découvriront en vous un modèle de sagesse innée dans le secteur couvert par votre planète régente.

Régents rétrogrades

Votre maître de vie signale un intérêt évident pour les choses de l'éducation ou de la formation, mais sur des bases souvent trop intéressées ou trop rigides pour porter leurs fruits sans une correction de comportement. Vous avez trop tendance à approcher les autres avec des objectifs égocentriques sans tenir compte de leur vraie personnalité ou de leurs besoins réels.

Que vos images personnelles soient trop négatives ou trop gratifiantes, vous rencontrez dans les deux cas le résultat du même empêchement karmique : vous étiez, de naissance, en recherche perpétuelle d'amour et de reconnaissance et capable de mobiliser toutes sortes de moyens pour les obtenir. Vous avez tendance à vous définir en fonction de ce vécu idéal qui ressemble à un rêve relationnel. Cela vous donne le sentiment d'exister vraiment. Méfiez-vous, c'est une course sans fin et vous pouvez vous ruiner sans jamais détenir la preuve absolue qui vous permettrait d'approcher les autres avec un peu moins de passion.

Il existe dans votre esprit une confusion entre le fonctionnement de l'ego et la conscience de soi. En lisant ces lignes, et à moins d'avoir accompli un travail approfondi de méditation, vous ne comprendrez sans doute pas la différence. Vous pouvez ainsi affirmer savoir qui vous êtes, défendre votre point de vue avec aplomb, sans remettre en cause le support purement mental de votre réflexion. C'est pourquoi les enfants, qui décodent si facilement les fausses notes, sont vos meilleurs éducateurs. Ils vous apprendront qu'une jeune âme exige autre chose que des soins ou des présents matériels pour grandir et s'épanouir. Un parent admirable ne leur convient pas plus qu'un parent démissionnaire, et l'image qu'ils vous renvoient est très significative des transformations que vous devez opérer pour développer avec les autres des relations plus altruistes et plus conscientes. C'est donc avec eux, en priorité, que vous apprendrez à simplifier et à enrichir vos rapports affectifs, ce qui vous permettra de mieux tirer parti des vraies opportunités que la vie peut vous offrir.

Le plus souvent, ce karma est associé à la nécessité d'aider des jeunes personnalités à trouver leur place dans le monde, en favorisant leur accession aux moyens d'éducation qui leur conviennent. Ne leur imposez pas vos idéaux et ne leur demandez pas de satisfaire vos images personnelles. Essayez plutôt de mettre vos principes en application pour devenir, à leurs yeux, un modèle crédible de réalisation. C'est vous qui devez changer et, par l'intérêt ouvert et lucide que vous porterez aux autres, les inciter à s'épanouir dans la confiance en leur propre destin.

La présence d'un régent rétrograde dans la maison V attire également votre attention sur les lésions dégénératives possibles affectant l'une des composantes du système sensoriel. Si vous rencontrez des défaillances auditives ou visuelles, ces dernières proviennent certainement d'un refus de voir ou d'entendre quelque chose qui remettrait trop en cause vos certitudes ou vos images personnelles. Ne négligez jamais ces symptômes d'alerte qui peuvent évoluer jusqu'au handicap et contre lesquels, le plus souvent, la médecine ne pourra rien. La rémission éventuelle ne peut survenir qu'en remettant en cause la fermeture comportementale qui les entretient.

Maison VI

La position de votre régent vous invite à développer vos meilleures ressources sociales dans des activités de service et de soins pour lesquelles vous disposez d'aptitudes naturelles. Cette maison qui fonctionne en quitte ou double vous offre le choix entre l'épanouissement dans le sentiment d'être utile et la maladie. Mais vous n'avez pas le choix des armes.

Régent Nord direct

Vous disposez, à travers votre régent, d'un mérite issu des qualités que vous avez su développer au service des autres dans vos vies antérieures. Ce bénéfice karmique trouve naturellement ses voies d'accomplissement par les centres d'intérêt spontanés et les dons manifestes qui orientent, dès l'enfance, son titulaire vers sa profession idéale. Vous pouvez, en conséquence, envisager avec succès une carrière dans le domaine paramédical, commercial ou artisanal. Même sans ambition particulière, vous atteindrez un niveau d'excellence dans l'un des domaines d'expression de votre régent Nord et obtiendrez en retour les avantages produits par une maison VI harmonique : un solide sentiment d'utilité et des résultats matériels suffisants pour vous assurer une vie confortable.

Ce régent très dynamique possède cependant des contreparties : votre réussite sociale est conditionnée par l'application de vos connaissances à des objectifs concrets qui ne favorisent pas, le plus souvent, l'évolution vers une carrière spectaculaire. Il est possible cependant de mettre en valeur vos dons et qualités (artistiques, notamment) dans un enseignement qui permettra à d'autres personnes d'atteindre leur plein épanouissement.

Toute planète en maison VI est également significative de problèmes de santé, le plus souvent non handicapants, mais qui vous rappellent à l'ordre sur le plan du respect dû à votre corps et d'une bonne harmonie corps-esprit. Vous apprendrez vite comment un bon équilibre social représente, pour vous, un facteur important de santé physique et psychologique. Vous connaissez d'ailleurs d'instinct l'art de respecter une hygiène de vie adaptée.

Il arrive pourtant que des problèmes de santé surgissent, même avec ce régent direct. L'expérience que vous pourrez en tirer en utilisant vos ressources internes de guérison vous permettra, si vous le désirez, de développer cette aptitude innée au service des autres.

Régents rétrogrades

Pour des raisons relatives à la nature de votre régent, vous avez autrefois porté atteinte à votre corps en vivant sans tenir compte de vos besoins physiologiques et/ou de votre équilibre mental. En astrologie karmique, le mental appartient au corps physique, il n'y a donc pas de différence au niveau de l'interprétation. C'est pourquoi vous êtes soumis(e), dans cette vie, à l'une des formes les plus contraignantes de karma rétributif : l'obligation en matière de santé et de service.

Sa réalisation peut se manifester aussi bien durant l'enfance qu'à l'âge adulte. Votre régent rétrograde exprime en maison VI la nécessité d'intégrer le sens quotidien de la responsabilité et de l'implication dans la continuité qui vous faisaient défaut autrefois. Ainsi, quels que soient vos dons personnels, votre projet de vie pose une limite absolue à l'évolution de vos ambitions sociales. On pourrait traduire cette dernière par : « Pas de service réel, pas de résultats. »

Le type de service que vous devrez développer est fonction de la nature de votre régent. Il peut être concentré sur une personne particulière (mère, père, enfant, le plus souvent). Vous êtes dans ce cas libre d'obligations dans les autres domaines de votre vie mais sous réserve du respect de ce contrat. Votre marge de liberté personnelle est obligatoirement réduite par la nécessité d'inclure cette situation dans vos options sociales ou professionnelles. Il s'agit d'un juste retour des choses qui vous incite à comprendre, à travers l'exemple d'autrui, jusqu'où pourrait vous conduire le refus de responsabilité personnelle ou l'incompréhension du sens du service. Cela devrait vous permettre de redresser la barre en temps voulu. Cette relation n'induit ainsi aucune gratification personnelle. Votre niveau de sécurité matérielle lui-même dépend, dans cette existence, de la justesse du sentiment d'obligation que vous pouvez développer en de telles circonstances.

La seconde indication est celle d'une fragilité de votre terrain de santé qui peut dégénérer en maladie plus ou moins handicapante si vous refusez d'entrer dans la compréhension du comportement de service. Sur ce plan, vous en êtes au stade de l'apprentissage : ne rêvez pas à des résultats spectaculaires et ne croyez pas qu'il suffise de vivre dans l'obligation ou la soumission au destin pour en être quitte. Il est question dans ce projet de restaurer votre image sociale, très dégradée par des comportements antérieurs d'inertie ou d'exclusion et de devenir un participant à part entière, satisfait, sinon heureux, des contacts qu'il peut établir, par ce biais, avec d'autres personnes ou d'autres milieux sociaux.

C'est à vous d'agir dans la direction de votre projet de vie pour ne pas développer des somatisations aggravantes, pouvant évoluer jusqu'au handicap. Tout refus, conscient ou inconscient du projet indiqué par votre régent rétrograde, peut en effet déclencher les symptômes chroniques inscrits dans votre karma physique.

Les signaux cliniques indiqués ci-dessous se déduisent de la position du régent en signe.

BÉLIER : les problèmes visuels, les migraines, les chocs ou accidents à la tête.

TAUREAU : les vertèbres cervicales, l'arthrose du cou, les dysfonctionnements de la thyroïde (donc de la régulation hormonale), les problèmes d'obésité, d'ORL et les troubles de l'audition.

GÉMEAUX : les problèmes respiratoires, les lésions des cordes vocales, les atteintes des membres supérieurs, le déséquilibre neurovégétatif.

CANCER : les lésions de l'estomac ou des organes digestifs supérieurs, les intolérances alimentaires, les allergies d'ordre psychosomatique, les déséquilibres du système parasympathique.

LION : le déséquilibre du fonctionnement pancréatique, diabète ou cholestérol (corriger les images de soi), l'hérédité cardiovasculaire, les handicaps plus ou moins graves liés au dysfonctionnement d'un organe sensoriel (vue, audition, parole), les accidents aux vertèbres dorsales.

VIERGE : les colopathies, les troubles digestifs, les maladies amibiennes. Méfiez-vous également de l'hypocondrie qui ne peut qu'accroître les problèmes somatiques d'origine nerveuse.

BALANCE : les problèmes lombaires et rénaux, ceux affectant la beauté et la qualité de la peau, les carences immunitaires.

SCORPION : les problèmes hormonaux, gynécologiques et sexuels, les maladies sexuellement transmissibles, l'équilibre mental dans son ensemble.

SAGITTAIRE : les maladies du foie, les handicaps de la marche, les maladies affectant les poumons, notamment l'asthme (pas de place...) et la tuberculose.

CAPRICORNE: les troubles de la minéralisation, la qualité de la peau, les accidents aux genoux (mauvaise gestion de l'autorité), l'arthrite des membres inférieurs.

VERSEAU : les varices, les atteintes coronariennes, les fractures des chevilles (sentiment d'absence de liberté, perte d'image de soi).

POISSONS : les déformations vertébrales liées à la statique plantaire, la sensibilité aux épidémies, les colopathies, les somatisations respiratoires (manque d'autonomie).

Le choix vous appartient : vivre dans la difficulté sociale avec des malaises répétitifs ou assumer volontairement une part de responsabilité collective nettement plus sécurisante. Si vous optez pour cette dernière, vos nouvelles ressources de volonté s'appliqueront également à améliorer votre état de santé. Et vous pourrez enfin « aller bien », en découvrant que votre projet de vie ne manquait pas d'intérêt, même s'il semblait aller à rebours de vos ambitions initiales.

Maison VII

La position de votre régent dans cette maison concerne la façon dont vous envisagez le mariage ou des relations durables avec les partenaires de vie que vous choisissez, à l'exclusion de ceux de votre foyer natal. Cette position tend à reproduire à l'identique des situations déjà rencontrées dans le passé et à renouer spontanément le même type de relations.

Régent Nord direct

Vous recueillez aujourd'hui le bénéfice des bonnes relations que vous avez su nouer dans une existence antérieure. Vos anciens comportements vous portent à valoriser l'adéquation harmonieuse entre les personnes qui vous attirent et vos objectifs affectifs, culturels ou sociaux.

La rencontre avec les autres représente pour vous un atout de poids. Vous savez vous entourer des bons partenaires quel que soit le mode de relations que vous nouez avec eux. Vos amis aussi bien que vos proches savent apprécier à leur juste valeur les qualités naturelles qui procèdent de la nature de votre régent. C'est pourquoi votre projet de vie suscite spontanément leur confiance et leur intérêt. Vous pouvez donc compter sur eux d'autant que vous n'êtes pas en reste dans la générosité relationnelle.

Vous comprendrez avec le temps comment n'importe laquelle de ces relations vous ramenait à la réalisation de votre projet de vie, et comment votre projet attirait vers vous les rencontres favorables à ses propres finalités.

Cette alchimie positive entre vos objectifs intérieurs et l'adhésion spontanée que le monde leur renvoie appelle pourtant un surcroît de vigilance dans votre vécu relationnel car trop de facilités en ce domaine n'éveille pas nécessairement à la connaissance de soi. Évitez de vous installer dans la sécurité affective ou matérielle d'un régent qui peut faire l'impasse sur des questionnements plus essentiels.

Si le régent en question représente une personne particulière, tout se passe comme si vous l'attendiez pour accomplir, envers elle ou avec elle, une forme de mission personnelle qui comblera votre sentiment d'épanouissement. Cette planète peut représenter aussi bien une personne adulte avec laquelle s'établira un lien profond, qu'un enfant qui deviendra le partenaire de toute votre existence. L'amour n'est pas nécessairement en cause dans ce projet, à moins que votre régent Nord ne soit Mars (si vous êtes une femme) ou Vénus (si vous êtes un homme). La planète indique simplement dans quelles circonstances ou avec quel type de personne vous aurez l'occasion d'élargir notablement votre univers affectif.

Même si amours et amitiés éclosent avec facilité dans votre existence, méfiez-vous également des conclusions hâtives en matière de réincarnation. Le régent Nord suscite très rarement le retour des affections antérieures. Il réalise, pour le service de votre projet de vie, des aspirations ou des rêves du passé, et vous n'avez donc vraisemblablement jamais rencontré auparavant les partenaires qui vous attirent aujourd'hui.

Régents rétrogrades

Vous rencontrez dans cette vie la nécessité de réviser en profondeur la façon dont vous établissiez vos relations dans les vies antérieures. Les difficultés que vous pouvez rencontrer dans vos couples successifs (car vous aurez certainement plus d'une expérience à faire pour changer votre façon d'agir) proviennent d'une inclination inconsciente à valoriser en priorité vos intérêts personnels dans vos choix relationnels. Cette ignorance des besoins de l'autre peut s'exprimer aussi bien dans le mariage qu'envers tous les partenaires avec lesquels vous avez tendance à vous lier. Vous avez souhaité sincèrement dans le passé réparer les résultats de ce vous considériez comme des erreurs comportementales. Il fallait pour cela changer votre approche affective : le couple et les relations vous serviront dans cette existence de terrain d'exercice. C'est pourquoi vous rencontrerez sans cesse les mêmes situations d'échec que celles que vous avez engendrées autrefois, et qu'elles se retourneront contre vous aussi longtemps que vous n'aurez pas compris et réalisé la transformation indiquée par votre régent. Œil pour œil, dent pour dent, vous devez déjà en savoir quelque chose.

Il existe dans votre inconscient un sentiment d'obligation vis-à-vis d'un tiers même si vous n'en connaissez pas l'origine. La première démarche, dans ce retour sur les liens du passé, est d'éviter de vous culpabiliser de cette difficulté. Ce ne serait pas une bonne solution car, même si vous avez conservé dans votre mémoire le sentiment de devoir quelque chose à d'anciens partenaires, ce ne sont pas les mêmes personnes que celles qui entrent dans votre vie actuelle. Seules les situations se renouvellent à l'identique puis à l'opposé. Cela veut dire que vous avez fait à un autre ce qu'une nouvelle personne vous fait aujourd'hui, et que vous le rendrez, si vous n'y prenez pas garde, à un comparse différent, un jour ou l'autre. Vous pouvez poursuivre cet enchaînement à bascule – un jour moi, un jour toi – aussi longtemps que vous maintiendrez des relations colorées, selon la nature de votre régent, de pouvoir, de culpabilité ou d'objectifs intéressés. C'est une question d'attirance mutuelle et non pas de punition immanente.

Ce résultat karmique (se regarder dans le miroir souvent peu flatteur que présentent nos proches) est sans doute difficile à vivre. Il vous permettra, cependant, de comprendre comment vous projetez vos difficultés sur les autres, en inversant les rôles et les situations selon les âges de votre vie. Rien ne sert, dans cette situation karmique, d'essayer une chose et son contraire. Vous l'aborderez de front en vous disant qu'elle ne peut pas, d'une façon aussi répétitive, vous être imposée par un destin qui vous en voudrait particulièrement.

En développant une meilleure compréhension de l'origine personnelle de vos scénarios affectifs perturbants, vous prendrez mieux conscience de la différence des autres. Vous admettrez qu'ils ont choisi librement de partager une expérience avec vous, et qu'un bon équilibre relationnel ne s'établit pas sur la base de « dettes » ou de compromissions.

Pourtant, votre projet de vie est bien de découvrir le bonheur dans une meilleure image du couple et des relations. Si vous en êtes persuadé(e), vous devez y parvenir. Vous avez donc toute une vie pour apprendre à vous aimer et à aimer les autres tels qu'ils sont et pour ce qu'ils sont.

Maison VIII

Cette maison indique presque toujours un karma de détachement et la nécessité de sortir des images de pouvoir et de toute-puissance personnelle développées dans d'autres vies. L'objectif spirituel de cette position du régent karmique est, dans tous les cas, de revenir à la réalité des choses telles qu'elles sont.

Régent Nord direct

Votre régent Nord signale un important courant de chances aussi bien sur le plan des héritages matériels que des opportunités de pouvoir et de réussite. Si vous possédez, en outre, un don ou un talent particuliers associés à la nature de votre régent, vous détenez la clé du succès. Mais saurez-vous ouvrir la bonne porte ? Vous avez intérêt à utiliser avec beaucoup de discernement ce « cadeau du ciel » qui vient à échéance et attire vers vous les conditions favorables à un certain niveau de renommée.

Cette élévation de (bonne) fortune peut être reliée à votre intérêt évident pour le monde occulte et les dons (parfois héréditaires) dont vous disposez dans ce domaine.

Vous ne pouvez, cependant, avoir accès à un tel destin sans certaines contreparties.

❋ Méfiez-vous de votre tendance à conserver vos rêves de gloire ou de bonheur à l'état d'attentes irréalistes. Un beau rêve ne vaut pas une bonne réalité. Agissez pour que votre projet atteigne son plein potentiel dans cette vie et n'escomptez pas trop de choses sur ce qui se passera « après ».

❋ Les chances contenues dans ce projet peuvent ne se révéler qu'après une obligation de détachement bouleversant totalement vos options affectives ou matérielles. Votre projet inclut de reconnaître et d'accepter la réalité de l'impermanence. Vous rencontrerez donc les limites de votre capacité de lâcher prise et d'opérer les deuils nécessaires à toute évolution.

❋ Exprimez vos sentiments mais ne partez pas en croisade. Méfiez-vous de la rigidité des certitudes qui vous habitent et n'incitez pas les autres à entrer dans vos déceptions ou votre colère. Il vous faudra certainement du temps pour comprendre en quoi cette crise vitale était favorable à votre réalisation.

Quand vous serez capable d'accepter la réalité telle qu'elle est, votre changement d'angle de vision libérera une quantité importante d'énergie. Ainsi se manifestent ce qu'on appelle, traditionnellement, les pouvoirs subtils (clairaudience, clairvoyance, guérison, etc.) dont la forme d'expression dépend de votre régent Nord. Si cela survient, veillez à les utiliser avec discernement, dans l'intérêt des personnes qui feront appel à vos services. Vous pouvez en tirer un profit matériel mais ce dernier doit être mesuré à la réalité de vos interventions. Cette vigilance vous permettra de conserver votre sang-froid face aux gratifications égocentriques qui peuvent en dériver, car il existe toujours dans la maison VIII un risque de recherche de pouvoir qui se retournerait fatalement contre vous. Une ambition mal gérée porte, dans ce cas, à perdre le sens des limites personnelles, au détriment de l'équilibre psychologique et mental.

Régents rétrogrades

Ce karma conditionne particulièrement votre vie sexuelle et la possibilité, parfois refusée par la vie, d'avoir des enfants. Il engendre également des chances accidentées de réussite qui vous obligent à revoir la façon dont vous essayez, en toute circonstance, de forcer les choses à se plier à votre volonté. De tels comportements peuvent susciter dans votre environnement des peurs et des résistances. Elles devraient vous conduire à réviser votre vision des choses, vos images personnelles et celles que vous projetez sur les autres, et vous renvoyer à plus de mesure face à la réalité des situations que vous attirez.

Reportez-vous au paragraphe précédent, consacré au régent Nord direct. Il vous concerne également. Mais votre obstination ou votre irréalisme peuvent vous empêcher de laisser les chances évoquées parvenir jusqu'à vous. Vous les rejetez lorsqu'elles se présentent, ou vous ne savez pas les entretenir. Y croyez-vous vraiment ? Vous les avez déjà rencontrées dans d'autres vies et vous avez conservé la certitude qu'elles pouvaient mettre votre équilibre personnel ou votre vie en danger.

Contre quoi vous battez-vous ? Pensez-vous encore que la réalité quotidienne doive s'effacer devant vos rêves ou vos affirmations ? Préférez-vous la dépression à une réussite passagère, certainement moins éclatante que vous ne l'envisagez ? Vous pouvez redouter cette dernière, comme si vous vous saviez incapable d'accepter les variations de la fortune, de prendre ce qui vous est offert et de laisser se détacher ce qui ne vous est plus nécessaire.

Vous pouvez ressentir également de l'attirance pour le monde de l'occulte (de la magie réelle et supposée, dans votre cas), aussi bien qu'éprouver de la répulsion à l'idée d'y pénétrer. Nul ne vous y force, mais évitez dans ce cas la fréquentation des personnes qui pourraient vous y introduire. Votre discernement est relativement faible en la matière, et pour peu que votre régent rétrograde soit associé à des images de pouvoir et d'argent, vous avez toutes les chances de rencontrer les « bons » interlocuteurs : ceux qui mettent en œuvre les mêmes pratiques que celles qui se sont retournées contre vous autrefois.

Cette position est, en revanche, remarquable pour accéder à la connaissance du Karma, prendre conscience des enchaînements de causes et d'effets dans vos comportements aussi bien que dans votre environnement. Vous comprendrez ainsi comment l'ignorance, volontaire ou non, de la réalité, la recherche de pouvoir pour le pouvoir et la négation de l'impermanence engendrent leurs propres revers. Il n'y a rien d'occulte là-dedans, et si vous voulez en sortir, un psychanalyste serait un meilleur interlocuteur que les mages que vous recherchez. Il vous aiderait à voir comment ces tendances latentes ont été réveillées par un deuil non assumé (dans votre enfance, le plus souvent), et à reprendre confiance dans vos propres moyens pour aller au-devant de la vie plutôt que de vous battre inutilement contre la certitude de la mort.

Maison IX

Toute recherche philosophique ou religieuse, aussi bien que toute quête d'élargissement de votre dimension intérieure participent à la réalisation de votre projet de vie. Vous trouverez largement matière à réflexion, sur ce plan, dans l'héritage culturel de votre branche familiale paternelle.

Régent Nord direct

Animé(e) d'une foi inébranlable dans ce qui constitue la ligne directrice de votre vie, vous avez pour objectif de développer votre niveau de conscience selon la nature de votre régent. Il ne manque pas de grandes traditions auxquelles vous pouvez vous rattacher pour découvrir le maître qui guidera vos pas sur le sentier de la connaissance. Votre instinct vous porte à le rechercher et vous ne pouvez pas vous tromper : vous savez d'instinct ce qui vous convient car ce n'est pas la première fois que vous faites ce parcours.

Il importe cependant de garder la tête froide et d'éviter de vous croire titulaire d'une quelconque mission : le mérite intellectuel ou spirituel développé dans d'autres vies vient à échéance aujourd'hui et entraîne dans son sillage des conditions de vie favorables à son développement. N'entamez pas ce mérite en vous gratifiant de ses résultats.

Dans cette vie, les voyages ou les rencontres avec des personnes étrangères favorisent largement votre ouverture d'esprit et le développement de vos projets affectifs, sociaux, ou spirituels. Tout dépend des moyens de réalisation dérivant de votre régent.

Cette quête d'intériorité vous permettra de mieux comprendre comment gérer des attachements qui pourraient encore freiner votre évolution. Il ne s'agit pas, dans votre cas, de rompre des liens qui vous tiennent à cœur sous prétexte de découvrir une liberté bien illusoire, mais de vivre des relations qui vous renvoient sans cesse à la connaissance de vous-même, sans vous river à elles ou les accuser de constituer des handicaps dans votre démarche. Devenez un « passant », dans le bon sens du terme : quelqu'un qui ayant respecté à la lettre et dans l'esprit le contrat qui le liait à une personne ou une situation donnée, n'essaie pas d'en prolonger les bénéfices et suit sa propre route à travers toutes les expériences rencontrées.

Votre projet inclut également un essai de transmission qui peut épouser la forme d'un enseignement. Que vous en soyez titulaire (par voie universitaire ou par désignation de la part de votre maître), ou qu'il relève de votre propre création, sa nature est toujours en correspondance avec le sens de votre régent. Essayez dans toute la mesure du possible de ne pas vous identifier à ce beau rôle. Vos critères en la matière sont simples : la joie et l'intérêt pour ce que vous faites doivent présider à tous vos choix. Lorsque vous sentirez que seul l'intérêt matériel, ou la gratification intellectuelle du titre ou de la position sociale vous incitent à prolonger une situation qui, dans votre esprit, s'est vidée de son sens, lâchez. La vie vous offrira bien d'autres matières à explorer, car l'important est de vous connaître et non pas de vous complaire dans l'entretien de concepts existentiels.

L'obstination dans les idéaux constituent, en effet, l'un des attachements mentaux les plus tenaces dans le courant des vies successives, particulièrement lorsqu'ils ont permis d'accéder à une certaine renommée personnelle. Si Jupiter est rétrograde dans votre thème natal, c'est que vous avez déjà rencontré ce piège autrefois et n'avez pas su l'éviter. L'idéal serait d'apprendre à demeurer conscient(e) de vous-même dans la notoriété éventuelle comme dans la solitude et à établir avec tous ceux qui vous approchent des rapports fondés sur des échanges fraternels plutôt que sur la domination intellectuelle.

Vous conduirez cette expérience avec plus de sagesse en considérant qu'elle est essentiellement destinée à éliminer ce que votre mental pouvait encore contenir de concepts non passés au crible de l'expérience intérieure. Il ne s'agit pas d'autre chose. Vous tromper n'a donc pas d'importance aussi longtemps que vous ne vous attacherez pas à des certitudes ou à la reproduction de modèles. N'imitez jamais. Gardez votre libre arbitre et votre droiture : c'est la seule façon de ne pas vous perdre sur ce chemin personnel, et de devenir, peut-être, l'un de ces justes dont les traditions ont gardé la mémoire.

Cette recherche de la justice et de la justesse en toute chose peut d'ailleurs faire l'objet d'un développement professionnel aussi bien que vous orienter sur le sens des lois qui gouvernent le processus d'incarnation. Ainsi développerez-vous, quelle que soit votre tradition d'appartenance, la voie du *dharma*, enseignée par le Bouddha.

Régents rétrogrades

Vous avez décidé de franchir une étape importante en remettant en cause la valeur excessive que vous accordez à vos concepts philosophiques et vos vérités personnelles. Vous avez atteint une dimension de conscience suffisante pour tenter l'expérience. Ne vous trompez pas de cible : il s'agit de vous, et non pas des combats que vous pouvez mener au nom de ce que vous considérez comme juste ou injuste, à tort ou à raison.

Vous rencontrez dans cette vie les conséquences d'anciennes croyances qui conditionnent inconsciemment vos choix relationnels. Ces tendances latentes peuvent fausser votre vision du monde et vous portent à jouer vos divers rôles sociaux sur le mode des conflits idéologiques. Il en résulte une sensibilité excessive envers le dogmatisme et les jugements d'autrui. C'est pourquoi il était temps de vous poser la question de votre innocence en la matière, sur la base de l'expérience rétributive inscrite dans la nature de votre régent.

Cet indice karmique provoque souvent une naissance dans un milieu considéré comme « étranger » par l'environnement social ou favorise des méthodes d'éducation confrontant la personne soumise à cette expérience aux excès du dogmatisme, de la religion mal comprise ou des règles appliquées au pied de la lettre.

Il n'existe que deux réponses face à la sévérité de ce choc en retour : la révolte et/ou la culpabilité. Ce sont des réactions naturelles chez un enfant obligé de subir ce genre de situation, mais qu'il serait inadéquat de prolonger indéfiniment. Elles ne feraient qu'entretenir les ressources agressives ou défensives que vous avez mises en place dans le passé pour vous protéger contre les jugements d'autrui.

Votre objectif est d'accéder à la compassion envers tous les êtres humains. Vous y parviendrez en comprenant comment la fermeture mentale s'entretient d'elle-même, toujours dans les mêmes directions, jusqu'à la perte totale de conscience de soi-même et des autres. Le constat de l'universalité de ce comportement vous empêchera de marcher au pas dans les légions de l'ignorance de quelque bord qu'elles soient. Vous aurez dès lors compris ce qu'est le Karma. Vos nouvelles ouvertures vous permettront de travailler en profondeur sur le mécanisme qui entretient les croyances. Vous comprendrez comment elles utilisent l'inertie naturelle du mental pour entretenir leur pérennité. Vous cesserez de dénoncer les certitudes des autres et vous adonnerez à la tâche, autrement motivante, d'éradiquer celles qui peuplent encore votre inconscient. Un conseil : essayez l'humour, c'est la seule façon de leur ôter tout crédit.

Si vous voulez bien vous interroger sur cette leçon karmique et en accepter les conséquences (votre transformation ne changera pas nécessairement le monde), vous comprendrez pourquoi il était nécessaire de vous confronter, dans cette vie, aux résultats de vos anciennes formes-pensées. Vous parviendrez un jour à la certitude que chacun rencontre les expériences qui lui sont nécessaires pour sortir de l'ignorance mais que nul ne peut contraindre autrui à en comprendre le sens contre son gré. Ainsi développerez-vous la neutralité d'un esprit qui sait percevoir la réalité des êtres au-delà des apparences. Vous verrez alors le Karma à l'œuvre de part et d'autre et cesserez de vous ériger en juge du destin.

Un régent rétrograde en maison IX suscite souvent la résurgence à l'identique d'une quête spirituelle commencée dans d'autres existences. Si vous cédez à cette tentation, n'en tirez pas parti pour vous isoler comme si vous ne pouviez rencontrer qu'incompréhension et rejet dans votre environnement. Votre travail d'évolution implique que vous restiez en contact avec le monde. Vous pouvez certainement développer ces tendances dans le rôle d'enseignant qui trouve sa voie d'expression naturelle dans la maison IX. Évitez cependant de vous livrer à un prosélytisme hâtif et le plus souvent déplacé : vous avez trop hâte de « savoir » et peu de prédispositions pour passer vos connaissances au crible de l'expérience intérieure. Donnez à qui vous demande vraiment mais prenez garde à ne transmettre que ce que vous avez réellement compris et intégré dans votre personnalité. Une mauvaise utilisation de votre rôle de transmetteur ne peut que se retourner contre vous car vous recevrez, dans ce cas, des réponses directement accordées sur votre niveau de propositions et de discernement. Vous pourrez donc tester vos résultats à la qualité croissante et à la fidélité de vos auditeurs. Quand eux-mêmes vous remercieront de votre ouverture d'esprit et de vos conseils avisés, vous saurez que vous avez passé avec succès l'un des tests majeurs de croissance spirituelle.

Maison X

Dans le courant des existences, cette étape constitue un pont vers la véritable dimension spirituelle. Elle s'appuie sur le monde visible comme terrain d'exercice pour développer en profondeur les qualités mentales nécessaires à l'accomplissement de votre régent.

Régent direct

Votre réussite matérielle dépend de votre capacité à exprimer la nature de votre régent dans le monde du travail. C'est dans ce milieu spécifique qu'il vous invite à puiser la matière d'une réflexion évolutive sur vos identifications. Ainsi, même si l'univers professionnel ne vous semble pas un lieu idéal d'épanouissement, vous avez quelque chose à lui offrir (la réalisation de votre régent comme force de transformation et d'action), il a une réponse à vous apporter.

Vous ne pouvez pas vous tromper dans ce choix : la nature de votre régent représente une nécessité vitale qui s'inscrit d'elle-même dans les opportunités sociales qui vous sont offertes. Elle indique la dimension professionnelle à laquelle vous pouvez accéder aussi bien que les moyens d'action à utiliser. On ne vous proposera certainement pas autre chose et, dans le cas contraire, vous redresserez automatiquement la barre dans la direction de votre projet. Ainsi, même si vous vous êtes laissé influencer dans votre premier choix professionnel ou si vos tendances innées contenaient des options différentes, vous ne pouviez dépasser l'âge de trente ans sans que les événements ne vous ramènent sur le terrain d'exercice le plus favorable à votre évolution personnelle. Tout se passe comme s'il était impossible de réaliser votre projet de vie sans assumer en toute responsabilité personnelle une expérience réussie d'engagement social. Vous avez tout intérêt à suivre cette voie naturelle qui vous garantit un niveau d'abondance enviable mais dont il serait dommage de vous contenter. Vous vous exercez dans cette vie à l'animation d'échanges sociaux de plus en plus vastes qui doivent aboutir un jour à une maîtrise suffisante pour participer à l'évolution de votre collectivité d'appartenance. Votre projet aura produit ses pleins effets personnels quand vous aurez compris que votre présence dans le monde était destinée à éveiller le désir de cette expérience.

Régents rétrogrades

Si vous voulez réussir professionnellement, il est nécessaire de réviser la façon dont vous envisagiez autrefois votre participation au monde extérieur.

Si le régent figurant dans la maison X est le régent Sud, rien ne vous y contraindra et vos chances sociales de réussite seront de toute façon amoindries par des comportements inadaptés divers : refus, dispersion, exigences sans contrepartie de votre part ou irresponsabilité. Dans ce cas, vous risquez de réaliser les projets de votre régent Nord sur la base d'une compensation de votre refus social. Vous n'y trouveriez pas votre équilibre personnel et cela vous ramènera un jour ou l'autre aux difficultés comportementales indiquées dans la maison X. Vous avez donc intérêt à corriger votre vision négative du monde ou votre sentiment d'échec social, même si vos centres d'intérêt vitaux s'orientent dans d'autres directions.

Si le régent figurant dans la maison X est le régent Nord, vous ne pouvez éviter la confrontation directe avec les résultats de vos anciens comportements sociaux. Le monde ne vous renverra que la contrepartie de ce que vous êtes capable de lui offrir et si vous occultez ses messages, vous irez d'échec en échec sans, le plus souvent, en comprendre les raisons.

Ainsi, avant d'exiger que le monde ne se plie dans l'idéal à vos conditions d'insertion sociale, demandez-vous ce que vous pouvez proposer pour répondre aux besoins réels de votre communauté. Ne rêvez pas, vous trouverez ou vous créerez votre travail dans votre rue, votre ville (à l'exception des collectivités locales) ou dans votre région. Même si devez fuir au bout du monde pour éviter cette situation, vous reviendrez.

Vos choix ne sont pas forcément limités et rien ne vous interdit de gagner correctement votre vie, selon le barème de vos vraies capacités professionnelles mise en action dans la vie quotidienne.

L'énergie du régent rétrograde en maison X permet parfois de passer outre à cette obligation d'éthique sociale en favorisant l'expression d'une ambition sans mesure (cas d'un Jupiter ou d'un Pluton rétrogrades). Cependant, la sanction sociale finit toujours par tomber, ramène celui qui avait cru pouvoir défier le sort ou le monde à la juste mesure de ses limites et à la nécessité de réviser votre comportement.

Que vous vous positionniez en détracteur ou en conservateur des lois ou des règles sociales, que votre rôle soit brillant ou obscur, l'obligation reste la même. Vous pouvez donc juger de la qualité de vos prestations par les résultats obtenus. Cependant, vous comprendrez mieux à quelles obligations ou contraintes vous essayez d'échapper en révisant vos leçons d'enfance. Le milieu social de votre père vous a indiqué la voie à suivre, en égal ou opposé. L'expérience devait vous inciter à réfléchir à ce que représente une proposition sociale concrète et utile.

Nul ne vous oblige à vivre cette transformation de façon statique ou comme une punition pour des manquements indéfinis. Il ne s'agit pas de développer le sentiment d'échec déjà inclus dans votre régent rétrograde, mais de comprendre comment le monde physique sert d'ancrage à des projets d'évolution de plus haut niveau. Spirituellement, cela revient à utiliser les résultats quotidiens de vos actes et de vos choix pour corriger votre vision du monde et approfondir la connaissance de soi sur un terrain qui n'a aucune raison de vous complaire et vous renvoie en direct les images de votre réalité personnelle.

Si vous acceptez de le faire, vous remettrez en cause le refus d'obligation qui bloque vos initiatives et vous vous adapterez aux situations extérieures au jour le jour, au mieux de vos intérêts bien compris. Vous n'aurez pas dans ce cas à vous plaindre des bénéfices qui vous reviendront.

Avant tout essai de transformation, demandez-vous si vous avez vraiment envie de travailler ou si la nécessité vous y contraint ? Dans ce dernier cas, qu'êtes-vous capable de sacrifier dans vos attentes ou vos images personnelles pour cadrer avec les propositions qui vous sont faites ? Qu'est-ce qui, dans vos certitudes ou dans vos peurs, vous empêche de réaliser une expérience qui ne peut que révéler, à son plus haut niveau actuel, votre potentiel social et humain ? Toute autre réflexion n'irait pas dans la direction de votre projet de vie.

Maison XI

La vie collective dans son ensemble est le terrain dans lequel vous tentez dans cette vie toutes sortes d'expériences de communication et de restitution. Votre niveau d'intervention dépend du degré d'ambition inscrit dans votre régent et de votre apport personnel mais, si vous voulez bien suivre cette impulsion, l'amitié et la fraternité vous seront offertes en complément des résultats de votre projet.

Régent direct

Vous pouvez choisir librement votre environnement social et si vos idéaux sont suffisamment vastes pour intéresser les autres, vous parviendrez sans doute à une certaine notoriété personnelle. Votre projet inclut, en effet, un test de contact avec le grand public destiné à élargir votre communication au plus grand nombre.

La qualité de votre transmission et l'accueil qu'elle peut recevoir ne sont pas définis à l'avance, même si la chance peut vous sourire dans ce domaine. N'oubliez pas cependant que votre régent est destiné à opérer dans votre personnalité les transformations nécessaires pour vous conduire au détachement de tout idéal au profit d'une révélation de votre être profond. Vous devrez donc veiller à ce que votre message soit aussi éclairant pour vous que pour vos interlocuteurs si vous voulez développer ce bénéfice spirituel.

Le niveau d'évolution sociale susceptible d'être atteint dépend de la nature de votre régent : Lune ou Pluton régents en maison XI, par exemple, favorisent mieux la notoriété que Saturne ou Uranus. Une planète lente garantit davantage un intérêt pour le bien public que les planètes rapides directes. Ces dernières, par progression, s'orientent plutôt vers le développement personnel après leur passage obligé dans la représentation sociale. Dans ce cas, le projet à vocation collective du régent ne dépasse pas le temps d'une lunaison (trente ans), à moins que la personne ne découvre, par son action sociale assumée, les ressources d'une vocation humaniste universelle. En résumé : sans contribution réelle à votre collectivité d'appartenance, les manifestations de ce régent Nord peuvent tourner rapidement à vide et vous faire perdre de vue tout sens de la réalité au profit d'une excroissance égocentrique illimitée.

Votre réussite sociale dépend donc de la part d'investissement personnel que vous désirez sincèrement consacrer à vos semblables. Certains thèmes de naissance s'y prêtent globalement mieux que d'autres qui impliquent de travailler parallèlement sur les empêchements personnels à l'épanouissement d'un tel projet. Vous lirez ces indications particulières dans les dissonances en aspect (notamment les sesqui-carrés) ou les rétrogradations inscrites dans le thème natal. Il est possible dans ce cas de se reporter aux conseils inclus dans la partie de ce livre consacré au jeu des transformations.

Vous devrez faire un effort particulier de compréhension, sur ce plan, car les planètes en question ne sont pas soumises au même type d'obligations que les planètes régentes.

Même si les associations de toute nature sont souvent favorisées par ce projet, mieux vaut éviter de vous réfugier derrière une autre personne ou un groupe, sans assumer directement la responsabilité publique de vos actes et de leurs résultats. Un tel comportement irait à rebours de votre croissance personnelle qui implique que vous acceptiez, dans cette vie, avec le courage et la droiture propres à un être humain conscient, toutes les conséquences de votre karma. Si vous ne vous sentez pas inspiré(e) par des propositions innovantes dans le cadre de l'ordre établi, vous avez la possibilité de vous inscrire à contre-courant mais sous réserve d'assumer le suivi pratique de vos propres initiatives. Dans le cas contraire, vous manqueriez des bases d'expérience nécessaires à votre croissance intérieure.

Vous en êtes donc à l'heure du deuil des motivations sociales égocentriques dans le cadre de la restitution collective. Ce test vous permettra de rencontrer concrètement les limites de votre conscience sociale et d'élargir cette dernière, si vous le désirez, jusqu'à la dimension universelle.

La probabilité que la même expérience vous soit présentée de nouveau avec le courant de chance actuel est relativement réduite. Un peu de courage : prenez le risque et choisissez de réussir !

Régents rétrogrades

Vous rencontrez aujourd'hui les résultats d'une vie antérieure au cours de laquelle vous avez rejeté toute idée de participation active à la collectivité. Ce refus demeure à l'état latent dans votre personnalité actuelle. Il résulte aussi bien de peurs qui ont pris racine dans une expérience sociale traumatisante que de comportements outrés d'indépendance ou d'affirmations idéologiques dont la rigidité n'a pas été remise en cause à la lumière des chocs en retour qu'elles ont suscités. Vous ne pouviez pas ou vous ne vouliez pas, à cette époque, comprendre en quoi votre propre comportement avait attiré les résultats que vous dénonciez.

Le bien-fondé de votre ancien projet n'est pas en cause, il avait ses raisons d'être et nul ne peut en juger. Cependant, votre thème natal porte l'indice de conclusions erronées réduisant votre aptitude à participer aux œuvres du monde ou qui vous font douter de l'adhésion que vos propositions peuvent recevoir. Votre ancienne façon de penser induit donc la négation de votre potentiel d'évolution sociale – définie selon vos anciennes croyances – et un positionnement instinctif « en marge ». Vous projetez certainement trop les circonstances du passé sur les groupes dans lesquels vous avez l'occasion de vous insérer pour trouver les moyens d'y participer et d'en tirer matière à une représentation personnelle. Nous ne naissons pourtant pas par hasard dans un type de société à une époque donnée. Vous avez quelque chose à voir avec celle dans laquelle vous vivez et il est vraisemblable que vous avez œuvré dans le passé à son avènement. Si vous en rejetez aujourd'hui les conséquences, visibles dans le monde extérieur, tout se passe comme si vous refusiez de vérifier le bien-fondé de vos anciennes conclusions. Vous avez peur que le monde sanctionne vos moyens d'action ou vos convictions personnelles et vous n'en prenez plus le risque.

Une thérapie comportementale de groupe vous montrerait à quel point vous n'êtes pas en reste dans les jugements collectifs que vous supposez se liguer contre vous. Cela vous permettra de vous libérer des croyances qui handicapent l'établissement de relations sociales plus épanouissantes. Évitez, en revanche, la thérapie ou la psychanalyse individuelle qui ne vous pas sortirait d'affaire. Vous avez, en effet, tendance à rechercher, pour affirmer votre différence, l'adhésion amicale d'un seul individu opposée à l'image terrifiante d'une « masse » indifférenciée, comme si le groupe n'était pas, lui aussi, constitué d'individus susceptibles de vous apprécier et de vous juger comme ils l'entendent.

Ne vous trompez pas de projet. Votre but n'est vraisemblablement pas de devenir préfet ou député, ni de faire des conférences internationales, mais de vous affirmer suffisamment pour demeurer ce que vous êtes dans la réussite comme dans l'obscurité, et dans la solitude comme dans la reconnaissance de vos semblables.

Votre régent vous incite ainsi à passer vos objectifs sociaux au crible de l'expérience concrète avec la patience nécessaire pour les laisser s'épanouir. À défaut de quoi, vous risquez de remettre, encore une fois, à plus tard les conclusions nécessaires pour avancer résolument sur le chemin de la Libération.

Bien entendu, rien ne vous empêche de rejeter cet investissement dans le « service civil ». Dans ce cas, vous ne pourrez vous en prendre qu'à vous-même de la relative obscurité, et même de l'exclusion sociale, dans laquelle vous conduirait votre refus de participation. Si vos ambitions sont limitées, vous pouvez trouver dans la routine des administrations votre meilleur territoire de non-implication. Un jour ou l'autre, vous vous demanderez pourquoi vous avez fait ce choix d'ennui et d'immobilisme auquel personne ne vous forçait. Et cela vous ramènera à la pratique de votre régent.

Vous gagnerez du temps et vous épargnerez votre énergie en prenant la décision de participer au monde quelles que soient vos difficultés en la matière. Il ne manque pas de groupes qui vous accueilleront avec sympathie si vous n'y jouez pas les contre-pouvoirs ou les spectateurs muets.

Votre projet se résume donc à saisir les chances quand elles passent sans en hypothéquer à l'avance les résultats par votre façon d'imposer vos conditions (trop sécuritaires ou trop exclusives) ou vos objectifs (trop irréalistes). Accueillez si possible les réponses que suscitent vos initiatives et vos idées et acceptez de les réviser si nécessaire, sans vous retrancher immédiatement dans un sentiment de rejet.

En allant dans cette direction, vous vous rendrez compte à quel point vous supposiez à l'avance la contestation ou le refus et vous vous habituerez à partager vos réflexions, à écouter celles des autres, à en tirer vos propres conclusions, bref à valoriser le territoire d'action de votre régent comme une ressource essentielle pour votre évolution personnelle. Vous apprendrez ainsi à tenir compte du terrain social dans lequel vous opérez, sans perdre pour autant de vue vos propres objectifs.

Maison XII

La position de votre régent porte à multiplier toutes sortes d'expériences au service de la santé publique, aussi bien dans des tâches obscures que dans la réussite professionnelle. Cette obligation absolue peut intervenir, dans votre cas, comme préalable à toute possibilité d'insertion sociale. Vous découvrirez le sentiment d'avoir pleinement accompli votre destinée en orientant clairement votre action vers les soins physiques et l'aide que vous pouvez dispenser aux autres.

Régent Nord direct

Vous avez tendance à réaliser d'instinct la position de votre régent du fait des circonstances et des obligations suscitées par ses développements sociaux. Ainsi, vous pouvez ressentir le besoin de soigner ou d'assister sur une longue durée une personne qui vous est proche, représentée par le régent en maison XII. La même voie peut se réaliser, sans qu'un terme de l'obligation exclue l'autre, à travers un problème personnel de santé détectable à la naissance ou ne se révélant qu'en cours de vie. La nature du handicap ou de la lésion physique est reliée à l'interprétation du régent Nord. Ce dernier étant direct, l'expérience ne doit pas entraîner, en ce qui vous concerne, d'invalidité ou d'incapacité sociale irréversible dans la mesure où vous comprendrez le sens de l'expérience et réorienterez vos choix dans la direction juste de votre projet.

Les lieux naturels d'exercice de la maison XII sont aussi bien les hôpitaux que les laboratoires ou les prisons. Une pratique dans les domaines de la santé vous est donc accessible et si vous en êtes à l'heure d'un choix professionnel, n'hésitez pas à envisager des études de médecine ou de chercheur (biologie en particulier). La passion qui vous animera dans l'exercice de votre profession vous évitera de vivre à contretemps du reste du monde sans disposer de la contrepartie positive de votre projet de vie, faute d'une motivation humaniste suffisante.

Les spécialités médicales dans lesquelles vous pouvez exceller et qui vous permettront d'unifier les diverses composantes de votre projet dépendent de votre régent Nord.

❋ SOLEIL : cardiologie ou médecin généraliste.

❋ LUNE : endocrinologie, obstétrique, anesthésie, psychologie, pharmacie, biologie et toute profession d'aide ou de soins en milieu médical.

❋ MERCURE : pédiatrie, neurologie, neuropsychiatrie (associé à Pluton et Saturne), microchirurgie (en association avec Uranus), kinésithérapie (associé à Saturne), podologie, acupuncture.

❋ VÉNUS : endocrinologie, dermatologie, phlébologie, chirurgie esthétique (associée à Uranus ou Pluton), traitement des maladies vénériennes.

❋ MARS : gynécologie, urologie, sexologie, hématologie (spécialisation en leucémie en association avec Neptune), traitement des maladies cardio-vasculaires.

❋ JUPITER : vous êtes chef de... clinique, service, laboratoire, etc. Votre spécialité dépend des planètes associées. Exemple : Jupiter-Lune en conjonction en maison XII : infirmière en chef. Jupiter indique également la possibilité d'enseigner votre spécialité en milieu hospitalier.

❋ SATURNE: chirurgie dentaire et toutes les professions paramédicales associées, rhumatologie, kinésithérapie, rééducation fonctionnelle.

❋ Uranus : chirurgie, traumatologie, médecine d'urgence, recherche médicale. En pis-aller : représentation médicale.
❋ Neptune : médecine généraliste, homéopathie, ostéopathie (en association avec Neptune), toute intervention vétérinaire, pharmacie.
❋ Pluton : cancérologie, gynécologie, urologie, radiologie (interventions dans les domaines utilisant le laser ou la radiothérapie). Psychanalyse, psychiatrie. Dans les professions parallèles : guérisseur, magnétiseur.

Si l'ensemble des autres indications de votre projet de vie n'évolue pas dans cette direction, cette existence vous permettra d'opérer un recentrage propice à votre développement personnel. Dans tous les cas, la nature des applications sociales ou humanitaires qui vous intéressent porte moins à conséquences évolutives que l'ouverture du cœur et de l'esprit que vous pourrez développer en consacrant votre temps à comprendre et aider vos semblables.

Régents rétrogrades

Votre régent figure dans une maison de karma rétributif, fortement marquée par l'hérédité personnelle (karmique) ou familiale. Il vous appelle à rencontrer les résultats physiques des vies antérieures. Vous le ferez soit en reproduisant les scénarios médicaux d'exclusion de votre groupe de naissance, soit en acceptant de vous mettre totalement au service d'un monde qui ne vous offrira guère d'occasions de briller.

Votre régent est parvenu à la fin d'un cycle planétaire. Pour qu'il puisse renaître dans d'autres directions, il fallait d'abord le libérer de ses anciennes orientations. Vous rencontrez donc dans cette vie une remise en cause fondamentale des comportements et des moyens d'action relevant de votre régent rétrograde. La décision de la mutation qu'il implique vous appartient, rien ne vous obligera à changer de voie, si vous ne le désirez pas. Cependant, si vous y parvenez, la maîtrise intérieure à laquelle vous pouvez accéder vous transformera en modèle vivant pour les personnes enfermées dans les mêmes impasses que celles avec lesquelles vous êtes né(e). Vous pourrez les soigner, les aider ou les guider dans la mesure où vous n'en tirerez aucun bénéfice, tant sur le plan de l'enrichissement que de la représentation personnelle.

De la même façon, la collectivité ne fera appel à vous que dans la mesure où vous prouverez votre utilité dans les conditions qu'elle vous offrira. C'est à vous de savoir tirer parti de cette ultime chance d'intégration sociale pour remettre en cause vos comportements d'exclusion. Il vous faudra du courage, de la persévérance et de l'implication pour réaliser ce projet assez aride dans laquelle une existence (visible) se résume, le plus souvent, à la répétition des actes quotidiens.

Vous êtes le client idéal des médecins qui disposent du même régent – direct – en maison XII. Mieux vaut, cependant, vivre dans ce cadre étroit que de plonger dans la maladie ou l'exclusion. Plutôt que de chercher un refuge qui risque de vous y conduire, essayez de vous traiter comme vous aimeriez que les autres le fassent : avec plus d'amitié et de compassion. Cela vous permettra de comprendre comment une existence calme, sereine, basée sur de simples échanges, valait mieux qu'un choix destructeur et sans issue.

La vie vous proposera les expériences qui vous sont nécessaires. Vous aurez toujours la possibilité d'agir ou de refuser. Nul ne vous y contraindra. Cependant, votre joie de vivre, votre possibilité de demeurer un acteur dans le monde ou l'enfermement dans l'incapacité dépendent uniquement de votre choix.

Votre projet est difficile, mais il se révèle souvent très évolutif. Ce karma de lâcher-prise et d'acceptation des lois de l'univers est destiné à vous réinscrire dans le courant de la vie et à reconstruire une énergie viable pour des projets plus constructifs.

TROISIÈME PARTIE

L'ÉVEIL DU PROJET DE VIE

8

L'EXPÉRIENCE DES NŒUDS LUNAIRES

Comme pour les planètes, les nœuds lunaires ont leur cycle propre, accordé sur leur rythme de progression. L'axe des nœuds parcourt le zodiaque au rythme de 15 jours par degré, 1 an 1/2 par signe et 18 ans en moyenne pour la totalité du thème natal. Planètes et maisons sont donc aspectées, par phase de 9 ans, alternativement par le nœud Sud et le nœud Nord.

L'expérience personnelle

À chacune de ces périodes, les transits des nœuds lunaires sur les planètes révèlent au grand jour les tendances latentes qu'elles contiennent et qui participent aux prises de conscience du cycle en cours.

Le nœud Sud réactive les forces du passé, mettant en évidence les modes de pensée et les réactions découlant des conclusions du passé. Nous considérerons comme appartenant au passé toute situation ayant émergé avant la date du transit, qu'elle relève de la mémoire des vies antérieures ou des réactions ayant surgi lors des premiers transits des nœuds lunaires sur les points concernés.

Dans tous les cas, le transit Sud accentue le côté égal de la répétition. Nous sommes donc amenés à prendre conscience « en direct », ce qui maintient l'inertie de comportement dans notre personnalité. Il est fréquent, durant cette période, que la personne aille d'elle-même à la rencontre de situations imprévisibles ou cède à une pulsion incontrôlable : faire un reportage sur une région et « tomber » sur un fratricide qui a eu lieu deux siècles auparavant (transit nœud Sud sur Mars rétrograde en maison III), ou rencontrer un enfant des rues au cours d'un voyage professionnel au Mexique et l'adopter (nœud Sud sur Mercure rétrograde en maison XI). L'assassin revient sur le lieu du crime dans le premier cas, et dans le second, la réparation personnelle permet d'adoucir la souffrance d'abandon demeurée vivace dans le comportement actuel.

Le nœud Nord active à la fois les tendances de l'acquis et les choix de transformation inscrits dans la planète. Son effet peut s'exercer en égal et/ou en opposé selon le niveau de conscience de la personne. Cette dernière est confrontée, le plus souvent par la pression événementielle, au contenu de son inconscient. Surgit alors un sentiment de nécessité, propre à l'action du nœud Nord, qui porte à choisir des issues dans la direction du projet de vie. Les tendances latentes (effet égal), même si elles se manifestent, ne sont pas ressenties comme inéluctables : la personne les reconnaît et peut s'en libérer par un choix actif et responsable. Elle a conscience de faire une expérience personnelle, sans obligation de subir ou d'adhérer à la situation extérieure. Elle peut donc, à cet instant, procéder à la libération karmique d'anciens attachements contenus dans la planète en changeant simplement de réponse. L'effet caractéristique d'un transit Nord réussi révélera lors des prochains transits sur le même point les nouvelles inscriptions karmiques ancrées dans la mémoire et qui répondront à la place des anciennes.

Cas des transits sur les planètes rétrogrades

Le passage des nœuds lunaires sur ces planètes natales révèle le plus souvent des réactions répulsives figées par les certitudes du passé. Pour comprendre cet effet karmique, nous ne devons pas oublier que la rétrogradation est fréquemment associée à des refus, des peurs ou des réactions excessives qui ont signé la stagnation de l'énergie planétaire.

Le transit du nœud Sud active particulièrement le karma rétributif par l'émergence de situations égales (en intensité et en mesure de temps), à celles qui ont été induites par les personnalités antérieures. D'où le sentiment de punition ou d'obligations sans fondement que ressent fréquemment la personne lorsque ces planètes sont activées. Elle peut s'estimer d'autant plus lésée par ce qu'elle considère comme une « correction » injustifiée, qu'elle pense avoir fait tous les efforts nécessaires pour ne pas… mentir, nuire à autrui, s'emparer de ce qui ne lui revient pas, ou pour assumer au contraire ses responsabilités, bien jouer son rôle, etc.

Si telle est sa conclusion, c'est qu'elle ignore comme opère l'action du Karma. Bien se conduire n'exclut pas les résultats des actes passés et d'autres facteurs interviennent dans la création karmique. Nous pouvons être, par exemple, attachés à des pensées qui ont surgi autrefois dans des situations d'impuissance et la réaction procède du refus de renouveler la sensation déplaisante. Le contenu de la planète rétrograde rejette alors les circonstances éveillées par le transit du nœud Sud, même si ces dernières auraient pu rencontrer maintenant une issue plus favorable.

On signalera au client que des ressorts cachés fondateurs de la personnalité se révèlent au grand jour sous l'effet du transit et que c'est, pour lui, l'occasion de les analyser et de les maîtriser. Cependant, nul ne peut l'obliger à faire face à l'expérience intérieure s'il veut l'éviter et l'action karmique se poursuivra dans la même direction.

Le transit du nœud Nord sur les planètes rétrogrades provoque le même type de réactions émotionnelles mais leur gestion est facilitée par le fait que la personne prend, le plus souvent, conscience du hiatus existant entre ses sentiments et la réalité. Elle établit facilement la différence de situations, ce qui la conduit à s'interroger sur une réponse plus adéquate. Elle a l'impression d'avoir le choix, mais peut hésiter à prendre le risque, car le mental exprime toujours une appréhension face à une nouvelle expérience sur laquelle il ne dispose pas de références inscrites dans les tendances latentes. Il importe pourtant de prendre position car le sentiment de libre arbitre qui peut en résulter représente un bénéfice considérable sur le plan de l'évolution personnelle. Ce dernier permettra à la personne d'aborder de nouvelles expériences avec des réactions autres que la peur de la sanction et l'impuissance. Il peut, en outre, se produire des mutations de comportement induisant une réaction en chaîne dans l'ensemble des composantes rétrogrades du thème natal.

Transits en carrés

Outre les effets remarquables des transits directs des nœuds lunaires, on s'attachera aux tournants évolutifs que représentent leurs aspects en carrés aux planètes natales. Il se produit, à leur passage, un important sentiment de blocage contraignant la personne à opter entre la continuité du passé et d'autres choix plus évolutifs.

Lorsqu'ils concernent une planète régente, ces aspects induisent une réponse implicite. La personne rencontre l'une des directions qui animent le projet de vie, et accepte souvent les événements qui surviennent comme allant de soi dans le contexte de son existence.

Lorsque la planète en jeu n'est pas régente, le sentiment d'obligation peut se traduire par une projection sur l'environnement, particulièrement si l'astre représente un personnage de la vie quotidienne. Ainsi, c'est l'autre, la situation extérieure, ses exigences et ses besoins qui nous empêchent de prendre des décisions différentes. Il n'est, bien sûr, pas très évolutif de s'attacher à quelqu'un, comme à un otage, pour éviter la rencontre de ses propres difficultés. On rassurera le client en lui signalant que l'objet du conflit intérieur est de lutter contre l'inertie et que rien de bien dommageable ne peut en résulter.

L'expérience universelle

Selon la tradition bouddhiste, le cycle de dix-neuf années environ des nœuds lunaires rythme des étapes de croissance psychique communes à tous les individus. On peut appeler ces phases les grands âges de la vie : prise de conscience de l'environnement, choix d'une vie affective et sociale, implication dans la collectivité, maturité personnelle, synthèse et restitution.

Durant le premier cycle de 19 ans, la personne fait l'expérience de son milieu natal, de son ambiance et de son histoire, le plus souvent cohérents avec les nécessités de son projet de vie. L'activation des planètes et des maisons par les transits des nœuds suscitent les premières réactions karmiques qui participent à l'élaboration du scénario personnel. Elle prend ainsi contact avec les divers rôles qu'elle est appelée à jouer et les territoires d'expériences qui lui sont ouverts par le projet. Cette période fixe les bases de l'identité actuelle.

Nous ne sommes pas encore capables, à cette étape, de tirer des conclusions sur notre projet de vie, ni de prendre des décisions conscientes dans la mesure où nous ignorons que ces expériences correspondent à une répétition à l'identique des tendances latentes.

Quand le nœud Nord revient sur sa position natale, la personne éprouve le besoin de changer ses conditions de vie pour entrer dans d'autres domaines d'expériences. La rapidité de mise en place des nouvelles directions du projet dépend essentiellement de la présence de planètes à proximité de la tête du dragon. C'est pourquoi les astres, même non régents, en conjonction au nœud Nord orientent si fortement la dominante de chaque période. Lorsqu'il s'agit d'un régent, le projet de vie se déroule comme sur des rails, avec une telle évidence que la personne semble disposer d'un guide interne qui la conduit de gare et gare jusqu'au terme de son itinéraire.

De 19 à 37 ans : les potentialités karmiques s'établissent dans leurs formes physiques et psychiques actuelles. C'est la phase de socialisation du projet. La personne expérimente son karma à travers ses propres engagements et définit les rapports qu'elle veut établir avec les autres. Elle va ainsi tester, dans le monde, ses anciennes valeurs affectives, intellectuelles et sociales, et prendre la mesure de ce qu'elle est capable de donner et de recevoir. C'est également durant cette période que se manifeste la pulsion de donner la vie ou de ne pas avoir d'enfants si l'expérience actuelle n'y prédispose pas.

De 37 à 54 ans : durant cette étape, le travail porte surtout sur l'image de soi, telle qu'on la perçoit et telle qu'on essaie de l'imposer aux autres. Les acquis de cette vie se stabilisent et la personne connaît maintenant la portée de son *Dharma*, c'est-à-dire du rôle qu'elle est susceptible de jouer et des expériences nécessaires pour réaliser son programme personnel. Si sa voie la conduit vers l'extraversion et l'implication sociale, elle entre dans une phase de participation active. Si ses tendances latentes l'orientent plutôt vers l'introversion ou la quête personnelle, elle peut choisir une position plus en retrait. Dans les deux cas, il y a consolidation des acquis issus des expériences des deux premiers tours de piste du nœud Nord.

De 54 à 72 ans : pour la plupart d'entre nous, c'est le dernier cycle complet des nœuds lunaires. La tradition le définit comme l'âge de la restitution, chacun donnant ce qu'il a été capable de comprendre durant les trois premiers cycles. Cette transmission était autrefois assurée oralement par les personnes âgées. Elle ne peut exister que lorsqu'on a assimilé intérieurement le sens des expériences vécues. Il est bien évident que les générations suivantes n'auraient rien à apprendre d'un aîné aigri qui ne leur proposerait pas l'aide nécessaire pour aller à la rencontre de leurs propres projets. On ne peut communiquer en héritage que ce que l'on porte en soi.

De 72 à 90 ans : c'est traditionnellement, l'âge de la transition et de la préparation au passage. À cette époque, la personne n'a plus guère d'activités extérieures et il lui appartient de tirer la leçon de philosophie de son existence. Les personnes qui ont la chance de vivre ce cinquième cycle sans être marquées par la sénescence (une vie dynamique et active sur le plan de l'esprit entretient longtemps la jeunesse), ont ainsi la possibilité d'apurer une grande partie de leur karma en éliminant les rêves et les attentes qu'elles n'estiment pas dignes d'être conservés. Dans la perspective de la continuité de nos attachements de vie en vie, on peut comprendre tout l'intérêt de finir son existence dans le sourire du cœur.

Si on devait accorder des maîtrises planétaires à ces cycles, je proposerais volontiers :

- Cycle 1 : Lune, Soleil, Mercure (être vital).
- Cycle 2 : Vénus, Mars, Jupiter (être social).
- Cycle 3 : Saturne, Uranus (engagement, participation).
- Cycle 4 : Uranus (restitution, synthèse).
- Cycle 5 : Neptune et Pluton (détachement, transformation).

L'agenda du projet de vie

Le transit du nœud Nord sur une planète évoque suffisamment un carrefour de la destinée pour dresser un « agenda » de ses futurs passages et préparer le client à les rencontrer. On considérera que l'activation de toute expérience karmique se produit dans les quinze jours précédant le transit direct (donc dans le degré de la conjonction appliquante), et jusqu'à ce que celui-ci soit accompli. Au-delà de cette période, on constate une série de réactions qui relèvent du domaine des retombées psychologiques. L'individu se trouve alors confronté à un choix : relancer le karma dans la même direction en adhérant aveuglément à l'expérience ou en la rejetant (dans les deux cas, premier niveau physique et mental), ou entreprendre une réflexion approfondie sur ses réactions pour objectiver les circonstances qui les ont suscitées (deuxième niveau, intégration psychologique de l'expérience). Dans ce dernier cas, il participera activement à la création d'une nouvelle ligne karmique de comportements en manifestant sa part de libre arbitre dans la conduite de son projet. Les résultats de ces décisions seront sanctionnés, à leur tour, lors du prochain transit du nœud Sud (confirmation des nouvelles réactions inscrites dans la mémoire karmique), et Nord (sélection personnelle d'expériences différentes dans l'environnement).

Transits sur le Soleil

Nœud Nord

Le transit révèle la véritable dimension de votre personnalité comme si quelque chose vous dépouillait de vos différents personnages sociaux et vous mettait en face d'un « miroir de vérité ». Durant ces quelques jours, vous sentirez naître en vous un désir de plus grande authenticité et d'affirmation personnelle. Ce qui implique d'accepter la part de responsabilité qui vous revient dans vos difficultés et vos échecs. La prise de conscience en sera facilitée, au point qu'il vous paraîtra naturel de le faire.

Le phénomène est particulièrement spectaculaire lorsqu'on en observe la manifestation sur une personnalité perturbée ou vivant dans la négation de soi. Cette dernière exprime alors sa véritable nature solaire et ses qualités humaines dépouillées des revêtements sociaux qui les perturbent habituellement. Le Soleil étant neutre dans ses effets, ce transit n'induira de transformations que si la personne décide de donner une suite cohérente à ce qui relève d'un pur moment de perception.

Nœud Sud

Le même phénomène de « phare » met l'accent sur les ressorts de l'ego en révélant les fonctionnements de l'inconscient, les images de soi refoulées ou niées. Vous pouvez ainsi vous voir en train de penser et d'agir, comme si un témoin neutre observait votre comportement. Vous prendrez alors conscience de la façon dont vos histoires s'organisent pour se donner à elles-mêmes une continuité et vous comprendrez mieux comment l'image que vous présentez aux autres attire parfois des réponses qui vous déplaisent.

Ce transit est susceptible de bouleverser une existence d'adulte, dans la mesure où il favorise, sans faux-semblants, l'acceptation de son propre vécu. Il faut un certain courage pour accueillir cet éclairage révélateur, parfaitement neutre, et qui nous renvoie à la réalité de nos objectifs et des relations qui en découlent. Vous constaterez pourtant à quel point le fait d'avoir « vu » est plus efficace pour votre évolution que celui d'analyser et de comprendre vos motivations.

Transits sur la Lune

Nœud Nord

Durant ce transit, vous percevez mieux la réalité de vos demandes et les perturbations émotionnelles qui les sous-tendent. C'est donc l'heure de parler à cœur ouvert de vos attentes dans votre foyer natal et de préciser, sans préjuger des réponses de vos proches, les bases sur lesquelles reposent vos relations quotidiennes. N'hésitez pas à définir avec eux le climat psychologique qui vous est nécessaire pour exprimer votre besoin d'intimité. Vous serez surpris(e) de la simplicité avec laquelle il est possible d'exprimer ces confidences dans un pur moment de douceur partagée.

La prise de conscience, lorsqu'elle n'est pas rejetée au nom du sentiment de séparation ou de la tristesse qui en découle, conduit à s'interroger sur l'origine des comportements et choix affectifs résultant des relations établies avec la mère durant l'enfance. Ainsi, quelque chose peut susciter l'occasion d'une rencontre avec elle et s'il existe entre vous de vieux contentieux, cette journée est particulièrement favorable pour les régler. C'est à vous d'y mettre un terme et d'entrer dans une relation plus adulte avec l'éternel objet de vos demandes d'amour. Remplacer des explications, toujours subjectives de part et d'autre, par un simple élan du cœur ne peut que favoriser de meilleures relations à l'avenir.

Cette dynamisation de l'image de la mère évolue fréquemment, chez une femme, en désir de maternité dans de bonnes conditions psychologiques, dès lors que les opportunités existent dans le cadre du projet de vie (Lune en maisons IV et V en particulier). Il n'est pas possible, en revanche, de préciser si l'aspect signale la date de conception ou celle de la naissance de l'enfant (réalisation visible du projet). Les deux événements coexistent à parts égales dans les effets événementiels du transit.

Ce dernier provoque fréquemment l'ouverture d'une démarche thérapeutique visant à explorer les méandres émotionnels qui handicapent notre potentiel de réalisation. Il convient, dans ce cas, de persister dans l'intention première, car une fois l'activation psychologique retombée, la routine des anciens comportements reprend facilement le dessus. Il est également fréquent, lorsque la Lune figure dans les maisons VIII à XII, terrains d'expression de l'ego vers le monde, que la libération de son contenu réoriente les motivations professionnelles vers la relation d'aide.

Nœud Sud

Ce transit réveille les impressions psychiques du passé, reliées à la mère biologique, aussi bien que le désir de retourner sur les lieux de l'enfance. Ses conséquences sont très variables et relèvent surtout de l'aptitude à l'analyse de la personne concernée : détresse psychologique sans origine extérieure apparente, crise de larmes vite oubliée, aussi bien que distanciation de ces impressions pénibles et désir de se rapprocher de ceux qui nous offrent leur tendresse pour mieux renoncer aux rêves que rien n'est venu combler.

Il peut se produire également, chez les personnes les plus sensibles, une réactivation des traces émotionnelles traumatiques des vies antérieures. Ces dernières se manifestent sous forme d'un bouleversement incontrôlable qui entraîne des décisions abruptes, qu'aucune analyse sérieuse de la situation ne peut justifier. Ainsi, en cas de grossesse durant cette période, une femme réagit fréquemment selon ses anciens scénarios de maternité. Lorsque ces derniers sont entachés d'impressions négatives (pauvreté, mort en couches, etc.), il n'est pas rare qu'elle refuse de mener son enfant à terme, quels que soient le soutien de l'environnement familial, l'évocation des grands progrès de la médecine ou l'aide sociale qu'elle peut recevoir dans ce domaine.

On constate particulièrement ce refus de la grossesse, associé aux images de l'enfance, lorsque les projets de vie portent au développement personnel ou professionnel dans un contexte d'autonomie accentué. Si l'âge de la personne le permet, mieux vaut attendre un transit plus favorable pour tenter de nouveau l'expérience : celui du nœud Nord sur un Mercure en maison V, par exemple, serait nettement plus porteur pour accepter la venue de l'enfant.

Transits sur Mercure

Nœud Nord

Il se produit une dynamisation intellectuelle qui tend à rejeter les activités routinières et à orienter l'esprit vers des modes d'expression plus souples et plus créatifs. Cette phase est importante dans la mesure où elle incite à vivre dans le mouvement, la spontanéité, et à prêter plus d'attention aux intuitions jusqu'alors négligées. C'est donc l'heure de prendre des décisions favorisant le développement de vos dons mercuriens (écriture, parole, talents manuels), encore inexploités.

Lorsque Mercure est régent Nord, ou relié par aspect à la tête du dragon, le désir d'avoir un enfant surgit, avec la certitude que cette naissance participera à nos choix vitaux et représentera une grande joie dans notre existence.

L'interrogation d'une personne plus âgée portera tout autant sur son vécu avec ses enfants (la nouvelle créativité pouvant être reliée à leur capacité de fonder leur propre famille), que sur ses relations avec ses frères et sœurs si la planète transitée figure en maison III.

L'aspect évoque également la part d'enfance qui anime encore notre comportement et nos choix de vie. Dans ce cas, il n'est pas rare qu'un événement survienne qui incite à réviser les moyens habituels de communication pour s'affirmer dans un discours plus personnel, ici et maintenant. Par ailleurs, lorsque le contenu karmique de Mercure natal s'y prête, une œuvre produite à la suite de cette « crise de vérité personnelle » peut atteindre un vaste public par son authenticité et sa liberté de ton. Beau succès en perspective.

Nœud Sud

Les souvenirs de la petite enfance remontent à la surface et avec eux les tristesses ou les joies oubliées. Si Mercure était rétrograde dans votre thème natal, le transit peut dévoiler l'origine des faux-semblants, non-dits ou mensonges qui ont marqué votre naissance. Vous comprendrez mieux ainsi les silences de votre milieu ou les peurs (abandon, crainte de ne pas être reconnu) qui ont participé à l'élaboration de vos choix relationnels.

L'enfant qui vient au monde à la suite de ce transit est relié d'une façon ou d'autre au passé de l'entité. Il réveille les souvenirs d'une histoire qui porte à renouveler les mêmes choix mais également à réviser à travers l'enfant ses anciens comportements parentaux. Pilule de vérité ou incitation à revenir à des relations plus simples et plus authentiques, l'enfant peut agir comme un révélateur de ce qui a été vécu autrefois en tant qu'enfant et avec des enfants, dans les vies antérieures.

On rencontre également à cette étape la conséquence de paroles inconsidérées, formulées dans n'importe quel contexte. Le choc en retour peut provenir des écrits ou des prises de position publiques dont les causes n'ont pas nécessairement été engendrées dans la vie actuelle. Il est également fréquent, lorsque Mercure était rétrograde dans le thème natal, que la personne apprenne, à cette date précise, l'existence de calomnies la concernant ou de distorsion de ses messages par des tiers.

Cette expérience peut susciter un sentiment d'inadéquation entre ce que vous pensiez investir dans vos paroles et la réponse de l'environnement. Elle vous obligera donc à réviser des vérités bien relatives contenues dans les certitudes sur lesquelles vous basez vos jugements. Les doutes personnels induits par le transit constituent le prélude à une remise en cause très évolutive de vos fonctionnements mentaux. Mieux vaut donc accepter cette révision drastique que de dénoncer l'injustice de la situation et d'en démultiplier les conséquences par des réactions infantiles inadéquates.

Pour comprendre le côté implacable de ce transit, on se rappellera que les échéances karmiques sont non seulement activées par les actes (de la nature de Mars), mais également par les pensées (Vénus) et les paroles (Mercure). La liberté intérieure et l'émergence de nouveaux modes d'expression plus réels et mieux maîtrisés sont assez souvent associés à cette période pour penser que la découverte de la vérité intérieure est à ce prix.

Transits sur Vénus

Nœud Nord

Un rayonnement particulier illumine la personnalité et attire les propositions d'amour ou d'amitié. Les relations deviennent plus spontanées, plus joyeuses, et se dynamisent dans les échanges quotidiens. Ainsi, si vous êtes dans une phase de solitude, c'est une étape importante pour forger de nouveaux liens affectifs, détachés des attentes du passé. Mais ne rêvez pas trop : ce petit miracle qui attire vers vous les cœurs et l'affection peut demeurer à l'état de bonheur fugace. Mieux vaut ne pas croire prématurément au coup de foudre ou au grand amour, car nombre de ces propositions sont simplement suscitées par votre désir de plaire et la plus grande facilité avec laquelle vous l'exprimez.

En ce qui concerne votre capacité à conduire à bien ces relations, reportez-vous à votre thème natal. Les effets de ce transit n'évolueront vers une expérience affective durable que si Vénus figure dans une maison qui la favorise (V, VII, VIII pour la grande passion). En outre, cette planète évoque l'image du sexe féminin et le transit en maison V peut tout autant signifier la naissance d'une petite fille que l'entrée dans votre vie d'une belle-fille avec laquelle vous connaîtrez des échanges particulièrement harmonieux.

L'étape conduit également à prendre conscience de ses valeurs morales et relationnelles, ou de la réalité des dons inscrits dans le thème natal. En la matière, la période se révèle particulièrement favorable à ceux travaillant dans les domaines d'expression de

Vénus : beauté, formes et couleurs, danse, chant, photo, vidéo, le transit suscitant un renouveau de créativité annonciateur de succès (maisons concernées : III, V, VIII, X, XI).

Nœud Sud

Vos sentiments s'expriment soudain avec plus d'exigence et d'authenticité. Cela vous conduit à repositionner vos attentes affectives dans le présent afin d'établir des relations plus adultes avec ceux qui vous sont chers. Ainsi, toute relation établie sur des conventions ou ne reposant que sur l'intérêt personnel se trouve sérieusement remise en cause durant cette période et des événements nous contraignent souvent à y renoncer.

Il est possible également de faire des rencontres insolites qui ont le goût de déjà vu. La personne croisée « par hasard » évoque, dans ce cas, le souvenir d'un amour ancien dont l'image est restée gravée dans la mémoire. Attention de ne pas projeter un rêve inaccessible sur l'ami(e) de passage, car de telles situations donnent rarement naissance à une union durable. Tout au plus aurez-vous le sentiment d'avoir croisé un idéal d'amour et en garderez-vous un souvenir heureux.

Ce grand cycle de renouvellement vénusien est fondamental dans le courant d'une existence. Dès lors, même si la période n'est pas marquée par des événements extérieurs, elle porte à réviser nos images confrontées à celles que nous renvoie notre environnement. C'est pourquoi ce transit entraîne fréquemment une perte des illusions sur lesquelles sont fondées la plupart des relations. Ce qui implique un certain discernement pour ne pas passer de l'attachement à la rupture brutale (liée à une rencontre sans lendemain, le plus souvent), ou basculer dans le registre de sentiments opposés (amour/haine par exemple), en remettant en cause toute sécurité affective.

Transits sur Mars

Nœud Nord

C'est une phase importante de décisions et de mise en œuvre de projets concrets, particulièrement chez les personnes marquées par les signes de Feu et de Terre. Le tonus est excellent et les réactions plus rapides que d'habitude. Le plus souvent, ce surcroît d'énergie porte à dépasser ses limites mais se révèle surtout favorable aux exploits sportifs et aux décisions impliquant une réponse immédiate.

Les résultats dépendront de votre capacité à maîtriser vos pulsions et réactions, donc de la nature de Mars dans votre thème natal. C'est pourquoi, même si vous vous sentez capable, à cet instant, d'assumer les retombées karmiques de la situation, mieux vaut exprimer clairement vos désirs ou vos attentes (à la première personne) qu'opérer des passages aux actes définitifs. Si les opportunités que vous avez décelées existent vraiment, quelques jours de réflexion ne vous en feront pas perdre les avantages.

Si vous êtes une femme, ce transit évoque irrésistiblement vos relations avec les hommes et la qualité de votre vie sexuelle. Une rencontre masculine (pas nécessairement affective) peut impulser une nouvelle direction à votre existence et vous obligera à prendre des décisions claires et à vous y tenir.

Ces ouvertures martiennes impliquent de se renouveler dans le plan du désir et de l'action. Mieux vaut le savoir pour ne pas réagir à contresens de votre intérêt personnel car leurs retombées sont le plus souvent irréversibles.

Nœud Sud

Le transit provoque une résurgence karmique à l'identique qui se manifeste par une confrontation aux conséquences physiques des actes passés.

Dans le thème d'une femme, Mars représente l'univers masculin, donc son propre *animus*. C'est pourquoi le transit provoque souvent la rencontre d'un homme pour lequel elle éprouve une forte attirance spontanée (il répond à ses fantasmes) et, dans le même temps, une répulsion d'égale intensité (il lui révèle ses propres désirs secrets).

La même expérience, chez un homme, éveille fréquemment des comportements sexuels refoulés ou contrôlés jusqu'à présent, ainsi que des réactions inhabituelles qui peuvent effrayer par leur niveau d'agressivité. Dans toute la mesure du possible, il convient d'objectiver ces fantasmes ou ces pulsions comme une révélation du contenu de l'inconscient et prendre garde aux passages à l'acte.

Ce type de relation est essentiellement fondé sur des projections fantasmatiques qu'il est important de ne pas encourager. Un temps de recul est donc conseillé avant tout engagement. En fait, nul n'a intérêt à prolonger ce qui ressemble à une fascination dont les conséquences psychiques peuvent se révéler dommageables à long terme.

S'il s'agit d'un véritable choc en retour, le Karma trouvera ses propres voies d'expression dans une histoire qui, une fois les résultats accomplis, et même si Mars est régent Nord, n'a aucune raison de se prolonger à moins que la volonté personnelle ne l'entretienne.

Lorsque Mars natal est rétrograde, les séquelles de peurs ou de traumatismes physiques ou sexuels, dont les chocs en retour ont lieu le plus souvent durant le premier cycle des nœuds lunaires, resurgissent sous forme d'une appréhension croissante qui atteint son point culminant lors du transit. Quelque chose de dangereux va arriver, nous en sommes sûrs. Ces tendances latentes épousent la forme de cauchemars chez les jeunes enfants et de crises de panique chez des personnalités plus adultes. Il convient de ne pas ignorer le phénomène et d'en parler le plus rapidement possible à une personne compétente (un psychologue comportementaliste, de préférence) qui aidera à enrayer le processus avant que l'appréhension de sa répétition ne dégénère jusqu'à handicaper la liberté d'action dans la vie quotidienne.

Il est donc important, durant ces quelques jours, de demeurer très prudent (à bon ou mauvais escient) et de garder son calme dans toute la mesure du possible. On évitera ainsi de s'exposer à n'importe quel type d'agression physique et l'on veillera particulièrement sur la sécurité d'un enfant si le transit le concerne. Avec un Mars rétrograde en maison IX, par exemple, il n'est pas conseillé de se déplacer vers un pays où règne un climat d'insécurité ou de provoquer un conflit avec un homme d'origine étrangère.

De telles précautions éviteront de plonger dans des ondes de choc réactivant sans cesse les peurs antérieures et qui ne cesseront que lorsque nous aurons pris conscience de leur origine. Tout l'intérêt de ce transit révélateur est donc d'opérer la scission entre différents niveaux de réalité (actes passés et situations actuelles), et de ramener les choix de vie et l'expression du désir dans l'objectivité des circonstances du présent.

Transits sur Jupiter

Nœud Nord

Cet excellent aspect de valorisation personnelle implique de savoir exploiter patiemment et avec intelligence les propositions qui vous sont faites. Si l'on vous offre d'occuper un poste plus important, socialement ou matériellement, réfléchissez au rôle qui vous sera imparti et à la direction évolutive qu'il peut impulser dans votre vie. Pour que le résultat soit positif, votre acceptation doit être mesurée à l'aune de vos capacités et de vos ambitions réelles, sans les surestimer ni les sous-estimer.

Avant de vous laisser séduire par une belle carte de visite, demandez-vous si vous avez l'envergure d'assumer une ascension sociale ou une position de prestige qui mobilisera une grande partie de votre énergie. Cela vaut pourtant la peine d'essayer, car les nouvelles ouvertures sociales ne passent pas si souvent dans notre sillage qu'on puisse se permettre de les brader par panache aussi bien que par peur d'une mise en vue personnelle.

Si vous vivez votre troisième ou quatrième cycle des nœuds lunaires, vous serez certainement sollicité(e) à restituer votre savoir-faire à d'autres personnes. Il est intéressant de tenter cette expérience d'enseignement car elle vous permettra, en intégrant plus consciemment votre acquis actuel, de mieux comprendre le sens de votre destin.

Tout appel à la justice, durant cette période, sanctionne la justesse de votre comportement vis-à-vis de vos semblables. Avec Jupiter direct, nul doute que la décision sera équitable. Mais tout aussi équitable serait le jugement qui vous condamnerait à « rendre » ce que vous avez pris dans une autre existence, même si vous n'en gardez pas le souvenir (situation fréquente avec Jupiter rétrograde). Pliez-vous de bon cœur à cette obligation si vous voulez que ce test de probité ne se renouvelle pas.

Nœud Sud

Le transit vous invite à réviser, par l'expression directe de leurs conséquences, vos modes d'intervention sur le monde extérieur. Un événement peut ainsi vous confronter à des retours d'image peu valorisants aussi bien qu'aux conséquences d'un trop grand attachement aux titres et rôles que vous croyez posséder. Cette leçon de philosophie sur les vanités du monde vous permettra de centrer vos efforts sur des objectifs mieux définis, et de prendre les dispositions nécessaires pour adapter votre niveau d'ambition à la réalité de vos véritables potentiels sociaux.

Si Jupiter est rétrograde dans votre thème natal, ce n'est pas l'heure d'entamer une guerre juridique, même si vous vous estimez lésé(e) dans l'exécution d'un contrat. Contrôlez vos réactions d'orgueil blessé et tenez-vous en, si possible, à la sentence des tribunaux car la justice des hommes n'est pas vraiment concernée dans ce que l'on peut considérer comme le juste retour des choses. Mieux vaut, dans ce cas, décider d'être nettement plus prudent(e) dans vos futurs engagements professionnels ou financiers pour éviter le retour de tels déboires à l'avenir.

Transits sur Saturne

Nœud Nord

Précisons-le tout de suite : cet aspect n'a rien de maléfique et peut même être ressenti comme un recentrage bienvenu par toutes les personnes dont la planète transitée figure en dominante dans le thème natal.

Vous avez droit à quelques jours de réflexion, d'introversion ou de retrait du monde pour prendre une décision importante en matière de responsabilité. Profitez-en pour vous pencher sur votre passé, demander éventuellement conseil à votre père ou à un vieil ami, ou retourner prendre un bain de souvenirs sur la terre de vos ancêtres. Car rien de décisif sur le plan de votre destin ne peut advenir pendant cette période à moins que vous ne soyez un expert dans le domaine de la planète : ethnologue, conteur ou conteuse, spécialiste d'un domaine technique, historien, etc., bref tout ce qui fait appel aux traditions et au savoir-faire concret, quel que soit votre domaine d'élection. Si tel est votre cas, la reconnaissance de vos recherches par le monde extérieur représente un temps fort dans l'évolution de votre carrière.

Tout le monde, cependant, peut mettre le transit à profit pour s'interroger sur le réalisme de ses objectifs, l'objectivité de son comportement et la responsabilité parentale ou sociale qui lui est impartie.

Les forêts, la montagne, les terroirs chargés d'histoire sont particulièrement propices à cette méditation sur les ressorts du Karma au quotidien. Vous y trouverez le calme nécessaire pour poser de nouvelles bases d'éthique ou d'engagement que vous pourrez mettre en application dès la fin du transit.

Nœud Sud

Vous êtes confronté(e) aux croyances et certitudes sur lesquelles vous fondez votre existence. À moins que votre planète ne soit rétrograde, il n'y a rien de vraiment pénible en perspective, juste un face-à-face mental exigeant avec les résultats de votre façon de penser.

Il n'existe pas toujours d'événements dans le sens habituel du terme, mais il est intéressant de prêter attention à toute rencontre (y compris par le biais d'un livre ou d'un article de journal) avec une personne, ou une situation, qui soulignerait l'intérêt de vous pencher sur une science traditionnelle. Il est vraisemblable que cette dernière a profondément marqué votre évolution d'esprit dans le passé. Sans vous relancer dans des études ou vous fixer dans un pays qui vous semblerait familier (le transit implique la durée des choses), l'émergence de cette tendance peut ouvrir de nouvelles perspectives dans le champ de vos recherches ou centres d'intérêt.

Si Saturne était rétrograde ou dissonant dans votre thème natal, le transit peut provoquer un climat dépressif plus ou moins aggravé. Afin d'en pallier les effets, essayez de ne pas vous obstiner contre le sentiment de frein, de limite ou de jugements qui s'exacerbe durant ces quelques jours.

Il serait dangereux également de vous lancer dans une escalade d'explications ou de justifications même si quelqu'un essaie de vous entraîner dans un concours d'obstination. Les conséquences pourraient en être très dommageables dans les deux domaines que vous redoutez le plus : la perte de crédibilité et de sécurité matérielle.

Acceptez de lâcher prise si vous le pouvez (ce n'est pas si grave, et cela fait même du bien). En prenant de la distance (suivez la voie du transit direct), vous comprendrez mieux comment communiquer vos convictions avec un peu plus de patience et de tact.

Transits sur la planètes transpersonnelles

Au-delà de Saturne, commence l'action des planètes transpersonnelles. Ces dernières gèrent la vie des groupes, notamment lorsqu'elles sont associées entre elles par aspects. La dimension égocentrique tend alors à se transcender dans le cadre d'une réalisation collective associant les mêmes types de génération planétaire en signe. Rêve, idéal ou réalité ? Tout dépendra des configurations natales personnelles et des circonstances dans lesquelles l'entité est appelée à s'exprimer.

Une personne porteuse d'une telle dominante ne peut la vivre positivement qu'en confrontant son désir d'évolution sociale aux réponses de l'environnement. Nul n'est obligé de suivre ses conclusions mais un comportement bien adapté évitera le sentiment d'exclusion fréquemment associé au vécu de ces planètes.

Lorsque la planète transitée par les nœuds lunaires n'apparaît pas en dominante dans le thème natal (ou n'est pas régente secondaire), les événements ne concernent, le plus souvent, que la personnalité elle-même et son devenir dans le cadre de son groupe de naissance. On se rappellera, pour préciser si la réaction karmique concerne l'individu ou entre dans le cadre d'une rétribution collective, que ses effets se manifestent toujours dans la maison où la cause a été engendrée. Il est ainsi facile de séparer la part du karma personnel (maisons I à VII), de celle du karma social (maisons VIII à XI). La maison XII, rappelons-le, appartient au domaine de la santé physique ou mentale, et nous considérerons, sauf rarissime exception, que le karma indiqué relève toujours du vécu personnel.

Transits sur Uranus

Nœud Nord

L'action uranienne se manifeste, le plus souvent, de façon inattendue, abrupte et événementielle. Elle est de la nature de ce qui tranche et de l'accident dans le sens le plus large du terme.

Durant le transit du nœud Nord, on voit souvent émerger une crise d'identité temporaire. Cette dernière entraîne une remise en cause des modèles ou les appuis sur lesquels reposaient nos choix de vie jusqu'à présent. Les motivations personnelles l'emportent alors sur la sécurité des relations établies. L'impulsion du transit peut évoluer vers une plus grande autonomie de décision, dans la mesure où la personne se donne le droit de dégager ses propres ressources de réflexion et de créativité et de les transformer en pouvoir de proposition.

Chez les personnes dont le niveau d'attachement ou de sécurité l'emporte sur la nécessité temporaire du repli sur soi, il n'est pas rare que l'espace de réflexion ouvert par le transit relève d'un événement accidentel bénin mais salutaire pour engendrer la distanciation nécessaire. Peu importe qu'elles attribuent l'origine de cette période d'isolement au seul « hasard », ce qui revient à confondre la cause et l'effet, réaction très fréquente chez les personnes à dominante saturnienne ou neptunienne.

Le transit sur Uranus rétrograde démultiplie, pour sa part, les réactions abruptes de séparation et de fuite propres à la dissonance de la planète. Céder à cette impulsion serait un mauvais calcul dans la mesure où le transit porte, au contraire, à trouver la bonne distance de participation au monde sans s'y perdre (objectif de la planète directe). On encouragera donc la personne à innover dans la cohésion de groupe et l'engagement personnel différencié, plutôt que de céder à ses comportements isolationnistes habituels. Suggérez-lui (pas de il faut... on doit, avec un uranien !) de tirer parti de cette crise pour négocier des espaces de liberté personnelle mieux définis et surtout de mettre la main à la pâte pour concrétiser les changements relationnels qu'elle préconise.

Nœud Sud

Le processus est sensiblement le même que lors du transit Nord : il appelle à bien utiliser un sentiment de solitude qui s'exacerbe pour retrouver son identité et opérer des choix plus distanciés et plus respectueux de ses propres objectifs. On prendra notamment conscience qu'en confondant indépendance et autonomie, il ne peut exister de distance suffisante pour évoluer en adulte auprès d'autres personnes capables d'assumer leurs propres choix de vie.

En cas d'Uranus dissonant, la personne éprouve un soudain désir d'évincer les obstacles, supposés ou réels, à son unité intérieure. Elle peut, en conséquence, rejeter sur ses proches la responsabilité de liens qu'elle ressent comme insupportables. Ce sont eux qui veulent, l'empêchent, la sollicitent trop, etc. Ainsi, qu'elle se détache de ses liens affectifs ou sociaux sans raison apparente, ou que les autres la quittent ou la renvoient sans explication, le résultat est le même : elle a recouvré sa liberté. Elle se libérait de la même façon ; dans le passé, des attachements qui l'encombraient et les autres le lui rendent à cet instant.

Les conséquences d'anciennes tendances anarchistes ou libertaires, fréquemment contenues dans l'énergie d'Uranus rétrograde, peuvent également surgir sous forme d'un karma rétributif mis en œuvre par l'environnement. Il n'est pas rare, durant cette période, qu'une personne en dissidence sociale essaie d'entraîner le natif dans des aventures scabreuses, parfois à son corps défendant. J'ai vu une telle absence de discrimination sur le comportement des exclus sociaux qu'elle abritait, conduire une femme devant les tribunaux puis en prison de haute sécurité pour une affaire de recel de drogue dont elle semblait effectivement « innocente ».

Il ne s'agit pas ici de développer une peur rétrospective du gendarme, mais il est évident qu'en matière de Karma, la vigilance sur le choix de nos partenaires de vie ne peut pas s'exercer en dernier recours à l'approche d'un transit. Les causes dont on constate les effets lors du passage du nœud Sud sur n'importe quelle planète, ont le plus souvent été mises en place bien avant l'événement qui les révèle. Il n'est pas de grande utilité, dans ce cas, de s'exclamer, une fois le transit accompli : « Ce n'était pas mon désir, j'ai été trompé par les autres. » On attire toujours ceux qui, d'une façon ou d'une autre, nous ressemblent et il ne manque pas d'agents karmiques sur la Terre pour révéler les résultats de nos actes au grand jour.

Transits sur Neptune

Nœud Nord

Les voies de Neptune sont insondables comme les expériences proposées par la vie : nous n'avons pas l'impression de les solliciter ni qu'elles procèdent de notre volonté. Là encore, l'action transpersonnelle agit pour ouvrir le champs de la conscience. Vous pouvez donc ressentir une plus grande perméabilité aux besoins des autres et leur exprimer votre compassion par des gestes désintéressés. On a besoin de vous et vous répondez présent(e) sans vous poser plus de questions. Si la planète est dominante dans votre thème natal, vous connaissez déjà ce comportement psychologique ou social, même si vous ne le maîtrisez pas. Dans ce cas, le champ de vos interventions s'élargit simplement sous l'effet de propositions inattendues.

On m'a souvent signalé l'apparition de phénomènes troublants qui s'apparentent à de la télépathie ou à de la prémonition. Il n'y a rien d'extraordinaire là-dedans et la qualité du transit dépend surtout de la clarté mentale du sujet. Si cela vous arrive, ne vous en effrayez pas : lorsque l'expérience ne procède pas du projet de vie, elle peut apparaître et disparaître sans lendemain. Elle n'engendre aucune obligation de votre part. Vous éviterez de vous y attacher (avec tous les regrets que cela implique) en la considérant comme un simple instant de baignade cosmique ou de compassion élargie.

Cette belle expérience permet de comprendre ce qu'est la véritable compréhension sans jugement et sans idée préconçue. Elle prend toute sa signification à travers des résultats qui peuvent se révéler aussi inspirants que décevants, car tout le monde n'a pas l'âme d'un médiateur ou d'un saint. En revanche, si cet instant privilégié a fait naître en vous une vocation pour le bien de tous les êtres, cette dernière sera confortée par une formation psychologique vous permettant de réaliser ce projet sans déviations et sans frustrations.

Lorsque Neptune est rétrograde dans le thème natal, il importe d'être très vigilant sur l'accentuation des doutes sur soi accompagnés de tendances destructrices qui se compensent habituellement dans des consolations illusoires : drogue, alcool, boulimie, déviations sexuelles, etc. Évitez d'y plonger si vous le pouvez. Vous prendrez ainsi mieux conscience de l'intense sentiment d'abandon et du désir de dépendance qui résultent de vos existences antérieures et mesurerez les conséquences néfastes dans votre vie actuelle.

Il faut beaucoup de courage pour aborder ce déferlement de malveillance et de négation personnelle qui existent dans les tréfonds de l'intériorité chez pratiquement tous les êtres humains. D'où le sentiment de résurrection que l'on éprouve lorsqu'on a réussi à les détecter et à redresser la barre dans le sens de l'acceptation de soi. Vous avez l'occasion de le faire durant ce transit. Si nécessaire, n'hésitez pas à faire appel à un psychothérapeute pour vous aider à passer le cap.

Nœud Sud

Le transit éveille les souvenirs d'expériences sociales ou religieuses qui ont laissé leurs empreintes dans la personnalité. Vous avez soudain envie de trouver refuge dans une retraite mystique ou de rechercher l'endroit où vous pourrez enfin vivre sans conflits dans une communauté idéale. Votre projet de vie n'implique pas nécessairement d'abandonner le monde à son sort. N'hésitez pas cependant à tenter l'expérience pour vous débarrasser de regrets inconscients et dynamiser les choix de vie plus actifs de votre projet actuel.

Si la planète est rétrograde dans votre thème natal, vous pouvez vous trouver confronté(e) aux résultats de certains comportements démissionnaires : demandes de prise en charge excessive de votre part ou trop grande complaisance vis-à-vis de celles provenant de votre environnement. Il se produit alors un choc en retour des images négatives que suscite, dans l'esprit des autres, un dévouement inconditionnel assorti d'une revendication plus ou moins agressive sur l'esprit de sacrifice qu'il implique.

Cette pilule de vérité relationnelle est souvent amère mais vous permettra, si vous l'acceptez, de sortir d'un comportement misérabiliste et de prendre en charge vos propres besoins et demandes. Attention, cependant, au sentiment de déception qui tend à se manifester durant le transit ! Ce dernier vous détournerait d'une ouverture humaniste nettement plus sécurisante dans la mesure où elle attirerait vers vous des relations moins empreintes d'ingratitude et plus gratifiantes sur le plan affectif.

Transits sur Pluton

Nœud Nord

Des générations plutoniennes entières sont concernées par un même transit du nœud Nord en signe, sur une durée moyenne d'un an. Il est difficile d'en définir les effets, car les maisons nodales jouent leur rôle pour accentuer les résultats personnels ou collectifs dans l'esprit de la personne concernée. Nous devons considérer, en outre, que Pluton était rétrograde de naissance ou l'est devenu en cours de vie chez au moins 60 % des populations constituant un même groupe plutonien en signe, ce qui banalise le transit quand des événements extérieurs ne matérialisent pas l'émergence d'un karma collectif.

Ainsi, la crise économique a touché de plein fouet l'ensemble des natifs des années 1963-1970 (conjonction Uranus-Pluton en Vierge, puis en Balance), dont la devise collective semble être, d'un côté : « Il faut beaucoup d'argent (Pluton) pour être absolument libre (Uranus) » et de l'autre « N'abdique ta liberté dans les mains de personne. » Où se trouve l'effet, où se trouve la cause dans ce contexte ?

Le résultat du transit en Vierge durant les années 1997 et 1998 a été déterminant pour la majeure partie du groupe qui, en créant de nombreuses petites entreprises individuelles, a su harmoniser ses deux tendances apparemment inconciliables dans un monde où les pirates ne sont plus à l'honneur. Nombreux sont ceux qui n'ont pu, cependant, que chuter dans la marginalité sociale et entretiennent une amertume croissante vis-à-vis de collectivités incapables de leur offrir les conditions d'exclusion dorée qu'ils revendiquent.

Il ne peut donc exister d'effets généraux dans ce transit, chacun réagissant selon son niveau d'ambition, ses besoins de pouvoir et de mise en valeur personnelle. Certains le vivront comme la prise de conscience d'une évidence : l'autre ne nous appartient pas, le monde est mouvance, la mort reprend ses droits, le refus de vivre peut se révéler destructeur dans ses résultats, etc. D'autres personnes, plus investies dans la réussite sociale joueront gagnant (Pluton direct) ou perdant (Pluton rétrograde) au poker de la chance et de la fortune. Dans tous les cas, le transit cristallise le résultat d'objectifs personnels inscrits dans la planète, et provoque une relance des motivations secrètes de l'individu. La chance plutonienne étant capricieuse, mieux vaut mesurer nos attentes en la matière, avant qu'après son échéance.

Nœud Sud

Cette phase permet d'objectiver les bornes opposées par le monde (la société, la famille, l'État), à l'expression de nos pulsions personnelles.

On peut aussi bien rencontrer, durant cette période, une phase cruciale d'introversion analytique remettant en cause tous les concepts personnels (chez les personnes les plus évoluées) que des passages à l'acte imprévisibles chez les personnes manquant de secondarité. L'instinct l'emporte le plus souvent sur la prudence découlant des nécessités vitales et sociales.

On considérera, pour éviter des exégèses dramatisées, toujours mal reçues par le client, que ce dernier traverse une phase de résurgence des comportements de plein pouvoir de l'enfance. Le ramener à la relativité des choses et de son pouvoir sur les autres suffit parfois pour en désamorcer les effets destructeurs. On peut également lui signaler qu'il n'est pas obligé de bouleverser son existence pour des opportunités bien aléatoires.

Le transit sur Pluton rétrograde conduit souvent à côtoyer d'ambitieux personnages qui nous font miroiter une bonne fortune inespérée. La prudence implique de considérer cela comme un test sur les actes de pouvoir (et parfois de violence) du passé dont les conséquences peuvent se révéler dramatiques et incontrôlables sur le plan de la sécurité personnelle. Inutile de se ruiner ou de détruire tout ce que nous avons construit parce que la mémoire des vies antérieures nous présente, pendant quelques jours, les mirages ou la rançon du passé.

Thème natal : mercredi 05/04/1939, 2 heures (2 heures TU), 2E17-48N54, Le Havre

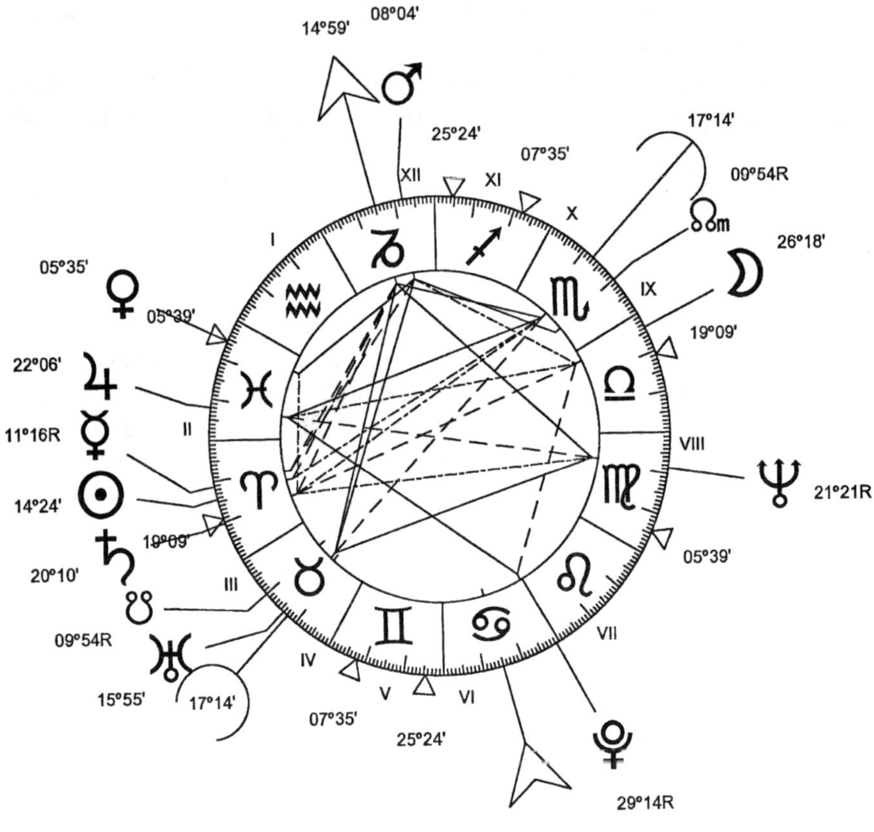

9

EXEMPLE D'APPLICATION

Nous avons choisi le thème d'une femme comportant un ensemble complet des informations karmiques détaillées dans cet ouvrage. Ce n'est pas toujours le cas, mais vous pouvez vous inspirer de cet exemple pour établir les bases de votre lecture karmique.

Le projet global

NN en Scorpion

Les certitudes antérieures (matérialisées par la très forte dominante saturnienne en conjonction au Soleil) doivent être remises en question par d'importantes expériences de transformation et de deuil. Ces dernières sont confirmées par l'amertume de Neptune R en maison VIII : la mort vous sépare de ceux que vous aimez.

Inversion de l'axe : cette existence est destinée à découvrir la réalité des choses telles qu'elles sont plutôt qu'à faire le vide autour de soi par un comportement d'indépendance excessive (Uranus conjoint NS). En matière de communication, les idéaux ne font plus l'affaire.

Convergence : l'expression dominante du mental (conjonction en maisons II et III) est rigoureuse, déductive mais trop basée sur la reproduction du modèle du père (Saturne). Nous avons affaire à une personne d'une grande intégrité morale et dont la parole constitue un véritable engagement.

NN en maison IX

Il en découle logiquement une interrogation sur la validité de valeurs et des concepts qui doivent évoluer, dans cette vie, vers une quête philosophique ou religieuse, propre à lui ouvrir les yeux sur la rigidité de son fonctionnement mental. Les voyages sont très favorables à son projet de transformation (cette femme est allée plusieurs fois au Tibet).

Les régents comme instruments de réalisation

Régent Nord : Mars en maison XII

Agir à bon escient, dans la profondeur de la réflexion (Capricorne) constitue l'essentiel de son projet de vie. La relation aux hommes (y compris à un fils éventuel) peut intervenir comme un important facteur de remise en cause personnelle.

Dans le thème, la relation de Mars à la maison III uranienne, désigne un frère aîné, malade ou mort. Elle affirme être fille unique mais avoir eu souvent l'impression que sa maman lui cachait quelque chose. Toute petite elle se sentait déjà coupable de sa tristesse. Coupable d'être la seule (Uranus en maison III) et de ne pas être obligée de partager l'affection de sa mère (la proximité du nœud Nord et de la Lune valorise beaucoup la relation à cette dernière).

L'aspect de la Lune en quintile à Mars en XII semble confirmer cette impression : Maman s'occupe d'un homme gravement malade. Mais peut-être s'agit-il d'un frère de sa mère, mort durant la dernière guerre mondiale. Elle n'en sait rien. La confirmation de cette information serait importante pour le vécu d'Uranus conjoint au NS ; car un homme est mort pour ses idées dans une autre vie, et elle porte en elle le même type de courage. Cela accentue les tendances masculines du projet.

Vie à l'origine du projet actuel

Vénus, régente Sud figure en Poissons. L'image évoque une femme silencieuse et soumise qui vit au bord de la mer. On dirait l'épouse d'un pêcheur (l'homme disparu ?), vivant dans l'attente et la solitude, et qui n'a pas d'autre destin que d'élever dignement son enfant. Vénus, 36° à Mercure, évoque un grand attachement, car l'enfant est sa seule valorisation. Le demi-carré entre Mercure et Saturne pose la question : comment faire pour assurer la sécurité de l'enfant ? C'est donc une vie d'abnégation, entièrement dévolue à la vie quotidienne, mais qui n'est pas dépourvue de fierté.

Le résultat est une grande rigueur de comportement mais également une certaine difficulté de communiquer avec les autres. La tendance latente féminine étant très peu valorisée, il est vraisemblable que, selon son vécu dans le foyer natal, cette femme s'est isolée dans le même comportement modeste et silencieux (égal), ce qu'elle confirme, avant de se lancer sur le territoire traditionnellement réservé aux hommes pour s'affirmer dans son projet.

Régent secondaire : Pluton rétrograde en maison VII

La planète dissonante ne valorise guère la maison des relations. Le comportement est trop empreint de pouvoir, comme si la relation à l'enfant avait autrefois dégénéré en une trop grande possessivité. On peut y voir l'effet de l'aspect de 36° à Mercure. Il en résulte des relations empreintes de jalousie et qui peuvent évoluer de façon très violente avec ses partenaires de vie actuels. La cliente reconnaît durant la consultation qu'elle redoute, depuis son divorce, de rencontrer, de nouveau, un homme possessif, à forte tendance paranoïaque. Elle a refusé une seconde demande en mariage, pour cause de déception renouvelée. Le Karma a joué dans le sens opposé, comme il est fréquent dans la maison VII. L'homme, fragile, malade et jaloux a été désigné comme le grand responsable. Le problème reste entier. Elle n'a pas eu d'enfants.

Aspects des régents aux nœuds lunaires

Vénus régente Sud sextile NS : origine.

Mars régent Nord sextile NN : résultat.

Le double sextile des régents aux nœuds lunaires converge vers la même interprétation. Jupiter gouverne l'aspect. La chance matérielle existe dans le thème mais est assortie d'une condition : jouer son rôle de la façon la plus ouverte et la plus généreuse possible, et participer à son tour à l'élévation sociale de ses semblables.

La confirmation se fait par la position de Jupiter en maison II trigone au Milieu du ciel. Les indices d'une solide ambition personnelle s'organisent donc autour d'un mérite karmique de réussite orienté vers le monde extérieur (dominante extravertie). La Lune de troisième cadran confirme la volonté de s'inscrire dans un modèle de participation relativement conformiste mais qui n'est pas dépourvu de grandeur. La présence de Jupiter en maison II confirme que ce projet a été fortement ancré dans les tendances latentes durant cette vie antérieure.

Le risque majeur de ce thème est donc le passage d'une énergie Sud timorée représentant sa propre image, à une volonté affirmée de réussite qui n'est pas soutenue par l'énergie des régents. Cela ressemble au rêve d'une personne isolée, vivant certainement dans la détresse sociale, et qui a fantasmé sur les riches héritiers ou héritières (Jupiter trigone à Pluton rétrograde), qu'elle voyait descendre d'un bateau. Le rêve s'est réalisé : elle est aujourd'hui chef d'entreprise et voyage autant qu'elle le désire, pour son travail ou pour son agrément.

Pluton rétrograde, aspect de 80° au NS : transformation en maison VII

Il s'agit maintenant de lâcher prise sur le comportement de pouvoir qui a déjà provoqué l'échec d'un premier couple. Personne n'appartient à personne, son mari lui en a fait prendre conscience. Elle a dû payer chèrement sa liberté retrouvée (il n'est rien resté des biens du couple). Mais n'a-t-elle pas conservé trop de certitudes sur le comportement des hommes « malades » et développé relativement peu d'interrogations sur les raisons pour lesquelles elle préfère y renoncer ?

Cohérence : Neptune rétrograde en maison VIII est analogique avec les indications de Pluton rétrograde en double novile au NS. La planète signale la possibilité d'interprétations psychologiques erronées devant l'obligation de lâcher prise.

Par ailleurs, l'aspect Jupiter-Pluton rétrograde évoque des difficultés avec la gestion de l'argent même si elles sont compensées par l'extrême prudence du groupe saturnien.

Mars en maison XII

Le régent en XII induit des chocs ou des traumatismes aux genoux. Les sports de type Capricorne (montagne, ski) requièrent de sa part une grande prudence. Il existe également une tendance arthritique inflammatoire qui la porte à ménager son énergie et à l'investir dans la connaissance en profondeur du résultat de ses actes. La cliente confirme l'existence d'une arthrose chronique, héréditaire (maison XII).

L'évolution possible

Même si cette femme est aussi généreuse avec ses employés qu'elle l'affirme (c'est possible), elle semble se remettre peu en cause et suit encore à cinquante-neuf ans les informations du thème natal de façon assez linéaire. La ruine de son couple l'a obligée à lâcher prise sur ses comportements de pouvoir mais la fierté de ses images n'en semble pas amoindrie. Elles lui servent autant de support dans la réalisation de son ancien rêve que de raisons de continuer toujours dans la même direction.

La consultation s'est déroulée avec la sérénité qu'on pouvait attendre de la conjonction Mercure-Soleil-Saturne (absence de passion), mais également beaucoup d'impasses et de glissades rapides sur les événements incitant à la transformation dans le thème natal. Elle expose avec lucidité les faits mais contrôle totalement ses réactions. La répulsion demeure dominante dans le comportement, ce qui ne prédispose guère à la connaissance de soi.

10

LA CONDUITE DE LA LECTURE KARMIQUE

N'importe quel projet vital évolue sur la base d'une nécessité mentale ou psychologique considérée comme la seule issue possible à une époque donnée. Le reconnaître est le meilleur moyen pour l'interprète karmique de s'ouvrir à l'écoute du client et de délivrer des conseils dans le droit fil des objectifs qui ont présidé à sa naissance. C'est pourquoi il n'existe pas de questions anodines dans ce type de consultation : tout parle de la personne, de ses attentes, de sa façon de créer son monde et d'y vivre avec plus ou moins de bonheur ou de difficultés.

La première étape d'une lecture karmique consiste à détecter comment les tendances du thème natal s'organisent logiquement autour des nœuds lunaires pour favoriser la réalisation du projet.

Il existe, dans chaque thème natal, un faisceau d'informations convergentes qui oriente l'attention de la personne vers un point d'orgue d'où une certaine conclusion devrait être tirée. Cette logique s'organise d'une façon évidente autour de l'Axe du dragon et de ses associés, les régents, comme s'ils représentaient les fils conducteurs d'une expérience à multiples ramifications convergeant vers la même finalité. Dans la mesure où la conclusion dépend en grande partie de l'interprétation qu'en tirera la personne elle-même, l'astrologue peut rarement la définir à l'avance, même s'il est possible d'en tracer les grandes directions. Il lui suffira de considérer les tendances latentes (planètes en signes et maisons) comme des composantes du comportement, du discours et des moyens d'action qui entrent dans le cadre d'un programme cohérent.

Certains projets sont extrêmement simples, au ras de la vie quotidienne. Ils s'organisent autour d'une ou de deux directions. D'autres, plus complexes, recèlent parfois des ressorts cachés mais dont les mystères s'éclairciront avec les événements effectivement rencontrés par le client. Il est bien évident que l'astrologue karmique n'a pas à deviner les circonstances, toujours particulières, qui ont suscité l'éveil des tendances latentes. Ainsi, son intervention ne sera pas d'un grand secours en face d'un client passif, qui attend de lui la révélation de son karma comme une condamnation ou qui lui demande de confirmer des espérances d'autant plus irréalistes qu'elles ne reposent sur aucun fait précis. Le projet de vie se développe dans la réalité quotidienne et l'astrologue, convaincu de l'existence du Karma, s'interdira d'encourager son client à développer d'autres réserves de rêves ou d'illusions.

Il arrive cependant que certaines tendances semblent ne pas être accordées sur le projet de vie dans la mesure où elles ne correspondent pas aux événements significatifs portés à notre connaissance. Il faut tenir compte du fait que le projet de vie concerne, littéralement, tout le déroulement d'une existence et que les expériences qui doivent en dévoiler le contenu ne sont pas nécessairement venues à échéance. Le scénario de vie n'est pas encore complet et certains projets peuvent évoluer jusqu'à un âge très avancé. Faut-il en parler ? Cela dépend du niveau de compréhension du client tout autant que de l'intuition de l'astrologue. Pour ma part, j'en prends le risque lorsque je connais très bien la personne qui se trouve en face de moi et que j'estime l'information nécessaire pour la préparer à des événements relativement proches (deux ou trois ans). Mais il m'arrive tout autant de taire l'information lorsque j'ai affaire à une personnalité immature ou qui rejetterait d'emblée l'information et les conseils qui en résultent parce qu'ils n'entrent pas dans le cadre de ses certitudes ou de son besoin de pouvoir.

Il se peut également que certains clients ignorent diverses circonstances de leur enfance qui apparaissent pourtant dans le thème natal. On invitera le client à les vérifier dans la mesure où certains comportements qui handicapent la liberté de leurs choix ne sembleraient pas avoir d'autre origine. Les résurgences karmiques, ne l'oublions pas, s'inscrivent dans le mental aussi bien à partir des perceptions sensorielles que des échanges verbaux ou des faits concrets.

La préparation du thème karmique

Avant toute consultation, l'astrologue analysera la carte du ciel sous l'angle des causes et des effets, en faisant le plus clairement possible la part du passé antérieur et celui des inscriptions de cette existence. La division entre Sud et Nord lui permettra de mieux distinguer les tendances résurgentes qui engendrent les répétitions (mentales ou événementielles) ou limitent les initiatives liées au projet actuel.

Il préparera également, pour préciser les situations en correspondance, le tableau de bord karmique des événements prévisibles signalés par les entrées et sorties de rétrogradation, le cycle des nœuds lunaires et les lunaisons dont les informations sont souvent complémentaires.

Il n'existe plus, à cette étape, qu'une seule question véritablement intéressante : « Comment cette personne s'arrangera-t-elle, de toutes façons, pour réaliser son projet ? » Et non pas « pourquoi subit-elle un tel destin ? ». Le reste est affaire de dialogue avec le client.

On se référera, pour constater l'adéquation des tendances du thème natal avec leur manifestation dans le visible, aux faits réels (réaction karmique) plutôt qu'à l'analyse, plus ou moins subjective, du client. Que la personne le reconnaisse ou qu'elle s'y oppose, c'est bien ce qu'elle vit ou a vécu. Même si cette dernière objecte qu'elle n'a pas eu le choix ou attribue aux seuls aléas de l'existence les situations réelles invoquées par l'astrologue, cela ne change rien aux résultats produits. Nous étudions, en lecture karmique, des chaînes réactionnelles et nous ne sommes pas là pour les juger ou essayer d'en détourner le cours. Nul n'est obligé d'accepter son karma, mais toute flèche lancée doit atteindre un jour son objectif et les tendances latentes du thème natal évolueront de la même façon jusqu'à leurs buts. On s'en consolera, si on le déplore, en constatant comment, dans les événements que la personne continue à attirer vers elle, les lignes conductrices du projet étaient la seule solution viable pour aboutir à un meilleur équilibre psychologique ou social.

On acceptera donc que la maturation progressive du projet ne permette pas plus d'en avancer les rendez-vous que de les différer. La seule réponse adaptée est de faire confiance à l'intelligence du projet qui nous guide avec sûreté sur nos propres rails. Un astrologue peut expliquer cela simplement à son client en dégageant les avantages d'une acceptation de la réalité et d'une prise de conscience des raisons d'être de ses recherches.

Le déroulement de la consultation

Cette dernière repose essentiellement sur un dialogue aussi ouvert que possible avec le client. L'écoute et le tact sont, bien entendu, nécessaires pour avancer des informations parfois difficiles à admettre. Il est également important de ne pas chercher à induire des transformations qui n'appartiendraient pas effectivement au projet de vie. Ces dernières surgiront d'elles-mêmes au moment des transits des nœuds lunaires qui font fréquemment l'objet de la demande de consultation. L'astrologue rencontrera ainsi un franc succès en soulignant simplement le sens des événements et les réponses implicites qui surgissent des tendances latentes révélées par l'aspect. Y a-t-il ou non répétition ? La personne a-t-elle tendance à basculer dans la réponse opposée ? Cette dernière est-elle déjà inscrite dans le thème natal (en opposition le plus souvent) ? Le client est-il assez conscient pour ne pas se précipiter dans le piège de ses tendances et peut-il se contenter de les objectiver sans réagir ou bien doit-il aller au-devant de l'expérience ? Il est bien rare, ces précisions étant données, que des messages ou des conseils d'évolution soient rejetés dès lors que l'astrologue a pris la peine de cerner, en début de consultation, les conditions de vie de son client.

On découvrira ainsi que la plupart des personnes connaissent les directions globales de leur projet de vie. Les adolescents en particulier y font appel instinctivement, que ce soit dans la sélection de leurs premières amours ou pour décider de leur orientation sociale. L'analyse du projet constitue d'ailleurs un excellent support pour détecter les dons ou les programmations qui déterminent les lignes conductrices d'une vie professionnelle et éviter de perdre du temps, avant d'évoluer de toute façon dans cette direction.

Il arrive, pourtant, que certaines consultations s'enlisent dans les contestations ou les refus du client. On peut voir clairement ce dernier tourner en rond autour des tendances contradictoires de l'axe des nœuds, sans parvenir à privilégier un choix plutôt qu'un autre. L'astrologue, dans ce cas, n'a pas à jouer les bons conseilleurs mais peut inviter le client à reconnaître ses aspirations dualistes avant de chercher à les résoudre. Cette intervention implique de sa part une adhésion à la réalité du désarroi de son vis-à-vis. Mais acceptation ne veut pas dire complaisance. Le mental joue son jeu de division et l'observation distanciée permet de percevoir avec beaucoup de clarté, à la lumière des tendances latentes inscrites dans le thème, comment un raisonnement immuable entretient systématiquement le retour des mêmes conflits ou des mêmes situations.

Un astrologue qui n'a pas fait cette démarche sur lui-même se trouvera fort démuni en face de certains clients qui font systématiquement appel, dans leurs demandes de prise en charge ou de conseils, à son propre besoin de pouvoir ou à la gratification de son image.

Comment, en effet, aider une personne qui sollicite qu'on l'entretienne dans ses illusions et ses conflits ? Comment lui faire comprendre que ses difficultés résultent de son comportement et de sa façon de penser lorsqu'elle ne veut pas, manifestement, prendre le risque de remettre en cause ses croyances au profit d'une plus grande liberté intérieure ?

On se souviendra que, quelles que soient ses « épreuves », et même si la personne semble en provoquer systématiquement la répétition, elle peut se les représenter comme inéluctables. Nul ne cultive volontairement la souffrance ou les comportements irrationnels (tout est affaire d'attachements aux sensations et aux croyances), mais il existe, en consultation karmique, des portes fermées que l'astrologue n'a aucun intérêt à forcer.

On devra se convaincre ainsi, pour réussir une lecture karmique, que le client a des raisons personnelles de maintenir en place les répétitions qu'il dénonce.

1. Il ne peut pas penser autrement. Les certitudes surimposent automatiquement les conclusions antérieures sur les circonstances actuelles, dans la mesure où ces dernières présentent une quelconque similitude avec des événements du passé. L'ego dispose de son propre système de protection pour empêcher, de toutes les façons possibles, que les traumatismes, les peurs, les regrets, les deuils consignés dans les tendances latentes trouvent des voies pour s'exprimer de nouveau. L'inertie mentale l'emporte le plus souvent dans les choix, même si les conclusions intellectuelles tendent vers d'autres directions. La patience est la seule solution : un jour d'impasse, la personne passera aux actes, mais ce ne sera jamais par l'effet d'une volonté extérieure.

2. L'expression de la personnalité repose sur des avantages subjectifs qui ont été définis lors de la formation de l'image de soi dans l'enfance : irresponsabilité, plein pouvoir, certitudes d'éternité. La personne peut donc croire, à juste titre, qu'il n'existe pas d'autres façons de s'affirmer.

3. L'ego défend son territoire comme il peut et n'envisage de

changer d'objectif que dans la mesure où il y trouve son intérêt. Un jour viendra où il sera plus intéressant d'aller dans le sens du projet de vie que de s'obstiner dans des conflits passéistes. Vous pouvez être l'auteur du miracle qui, à cet instant privilégié, pointe le doigt dans la direction du transit en cours. De toute façon, le client est venu pour se faire confirmer les « bonnes » décisions qu'il pressentait. Encouragez vivement. Vous n'avez aucun risque de vous tromper.

4. Certains thèmes de naissance signalent également des empreintes d'expériences de transcendance mal gérées dont les résultats psychiques s'opposent à tout retour dans cette direction. Leur action répulsive est particulièrement significative dans le cas de dominante saturnienne. Elles agissent comme des gardiens qui interdisent l'accès aux énergies subtiles en suscitant des peurs et des comportements de fuite dès lors que la personne essaie de s'en approcher. Ce n'est pas à l'astrologue de transcender l'interdit mental ni d'inciter la personne à dépasser ses résistances innées dans ce domaine. Certains clients insistent beaucoup, cependant, pour obtenir des conseils adaptés à leur difficulté, mais on peut se rendre compte aisément qu'ils n'en sont pas à leur première recherche de solution clé en main. Vous n'êtes qu'un expert de plus dans leur agenda. Une personne qui veut vraiment se connaître ne démultiplie pas les rencontres avec divers conseillers ou enseignants : elle fonce dans sa direction personnelle et découvre toujours le guide en correspondance avec son dharma.

Signalons en outre qu'un praticien karmique qui n'a pas exploré les registres subtils de l'inconscient devrait se garder d'y faire allusion : les personnes qui ont rencontré les mêmes états de conscience se reconnaissent d'emblée, comme des frères jumeaux. Mieux vaut le savoir pour ne pas disqualifier, en présence de l'un de ces oiscaux rarcs, l'ensemble de votre intervention dans l'esprit de votre client.

En fait, très peu de personnes posent de véritables questions spirituelles en cours de consultation. Il existe, sur ce plan, une grande confusion entre les croyances ou les connaissances intellectuelles à propos de la transcendance personnelle, et la réalisation d'une authentique expérience intérieure. Le plus souvent, votre intervention portera donc sur les mécanismes physiques et psychologiques du Karma. Cette dernière se révélera déjà très utile si vous parvenez à décoder un mécanisme de répétition dans la vie quotidienne et que votre client en tire profit.

Les écueils à la compréhension

L'une des causes majeures d'échec en matière de lecture astrologique est que le praticien et le client n'investissent pas de la même manière des concepts couramment admis : amour, fidélité, bonheur, sécurité, richesse, etc. Chacun parle sa langue comme chacun vit dans son propre monde. En la matière, le traducteur, c'est vous. Le client n'a pas à faire d'efforts particuliers pour entrer dans votre discours.

Pour lever cette difficulté, vous tiendrez compte de ces quelques conseils, issus de la PNL (programmation neurolinguistique, dérivée de la sémantique générale) et adaptés à l'astrologie.

Le niveau de compréhension de n'importe quel individu est accordé sur sa tendance élémentaire dominante. Un visuel se représente le monde en images, un auditif ne comprend que des exemples concrets et demande beaucoup d'explications, un kinesthésique sent les choses ou y demeure imperméable.

On se rappellera également que les tendances latentes donnant naissance à la personnalité d'aujourd'hui ont leur assise dans les maisons I, II et III. Ces tendances se manifestent dès l'enfance dans les réponses à l'environnement, et émettent ensuite leurs ramifications vers l'ensemble des autres composantes du thème natal. La présence de Saturne en maison II, par exemple, entraîne toutes les autres expériences programmées dans la recherche de certitudes mentales et de sécurité matérielle. La mémoire accumulative domine dans le comportement. Ce type de réaction de base peut freiner ou réduire à néant d'autres dispositions personnelles plus évolutives mais qui ne sont pas considérées comme prioritaires par l'ego. Tenir compte de ces facteurs comportementaux d'origine permettra de déterminer les voies d'accès à l'information au cas par cas.

Chaque signe dispose également, nous l'avons vu, d'une forme d'expression sensorielle qui lui est propre. Vous donnerez ainsi à voir à une Vénus en Bélier, à comprendre à un Mercure en Taureau et à sentir à une Lune en Vierge. Le registre peut changer avec chaque planète, ce qui incite le praticien à élargir ses moyens d'expression. Cette gymnastique intellectuelle n'implique pas un gros effort d'apprentissage et sera largement récompensée par l'ouverture du dialogue qui en résultera.

Vous parlerez, de la même façon, de tendresse et d'émotion à une personne disposant d'un nœud Nord en Cancer et vous éviterez, pour ne pas vous heurter à un mur (nœud Sud en Capricorne) de remettre en cause les identifications sur lesquelles reposent son équilibre personnel. N'oubliez pas que, sur cet axe, l'image de Papa et celle de Maman sont sacrées.

Chaque signe émane ainsi ses propres mots clés qui déterminent une façon de penser.

Pour conduire à bien une lecture karmique, mieux vaut être averti que :

❋ le Taureau affirme ses certitudes et vous demande seulement de les confirmer ;

❋ le natif des Gémeaux réagit négativement à la moindre évocation de séparation ;

❋ la Vierge exige que le contact et la confiance soient établis avant toute confidence ;

❋ le Sagittaire veut savoir ce qui va arriver (et s'il va y arriver) ;

❋ le Capricorne vient vous voir pour consolider ses assurances sur l'avenir.

On considérera ainsi que, même si le client n'en est pas conscient, ses véritables objectifs transparaissent dans son langage tant autant que dans les projets qu'il veut vous soumettre. Ignorer comment il signale, par ses questions, sa façon d'entretenir ses racines karmiques, revient à vouloir soulever sans levier un bloc reposant au fond de l'océan. Ce type d'indices se décode, avec un peu d'attention, dès le premier instant d'une consultation. Prenez le temps de le faire en posant une question anodine dont la réponse vous livrera immédiatement la dominante karmique de comportement. Vérifiez cette dernière dans le thème et vous saurez sur quel mode sensoriel vous pouvez entrer véritablement en contact avec votre client.

Faut-il faire des prévisions karmiques ?

Jusqu'à l'heure où les circonstances nécessaires à la réalisation du projet se manifestent dans le visible, la personne réagit instinctivement avec son acquis physique ou psychologique sur la base de ses certitudes antérieures. Aussi longtemps qu'elle n'en est pas consciente, elle ne retiendra que les solutions allant dans le sens de la répétition ou de la direction opposée sur l'axe nodal (planète en opposition le plus souvent).

On ne peut donc préjuger de l'évolution future des tendances latentes dont les transformations dépendent entièrement de l'orientation de sa volonté. L'astrologue, qui entre dans la prévision sans tenir compte de cet état de fait, soit prend les transits au pied de la lettre en ignorant la réalité de la personne, soit semble la condamner à projeter indéfiniment les résultats de ses actes antérieurs sur un futur qui ne sera jamais que la réplique du présent.

Il est plus intéressant d'attirer clairement son attention sur les répétitions prévisibles à court ou moyen termes (deux ou trois ans), liées aux cycles des planètes de la Lune à Saturne. Situations du passé à l'appui, elle comprendra mieux comment ses pensées conditionnent ses choix, mais également comment elle peut se libérer de cet esclavage mental si elle le désire vraiment. À défaut de jouer le démiurge pour tenter de réorienter un futur aussi peu aléatoire, l'astrologue qui pratique la lecture karmique aura au moins la satisfaction d'aider son client à mettre en œuvre des solutions constructives pour atténuer ses souffrances et ses conflits dans le présent.

On peut comprendre, dans ce contexte, qu'une personne accepte d'autant mieux une consultation karmique qu'elle ne se sent pas confrontée par l'interprète à faire des choix de transformation, sur le mode « Y'a qu'à..., il faut », sans en connaître les origines et les aboutissants.

L'astrologue, pour sa part, dirigera la consultation avec d'autant plus de sérénité qu'il sera persuadé que le client, en découvrant les liens qui l'enchaînent à la Roue de la vie, connaîtra une véritable évolution personnelle.

On signalera donc à la personne que nul ne l'a condamnée à s'investir dans cette direction de vie. Pour faciliter cette prise de conscience, on en reviendra toujours à la répétition inconsciente des événements qui ont émaillé son existence. On l'invitera également à mieux assumer la responsabilité de ses choix, en lui présentant comme naturels les conflits, les confrontations avec les autres et les désirs qui la motivent. Un tel discours peut induire des résultats bénéfiques dans une existence conduite jusqu'alors sur le mode de la culpabilité ou de la renonciation « obligatoire ». Beaucoup de personnes sont soulagées d'apprendre que leurs aspirations ou leurs rêves secrets ne sont pas aberrants et qu'elles ont intérêt à les réaliser, dans toute la mesure du possible, plutôt que d'en différer l'expérience. Vous constaterez, cependant, qu'une personne ne mobilise son énergie dans la recherche de résultats différents que lorsqu'elle est absolument convaincue des avantages personnels qu'elle peut en tirer. Elle le fera d'autant plus facilement qu'elle aura compris que la plupart de ses difficultés relevaient de la peur des sanctions et des jugements extérieurs. Et qu'elle cessera de se juger elle-même.

Ne rêvons pas, cependant ! Même lorsqu'on adhère à son karma, aucune solution différente ne peut être découverte aussi longtemps que nous n'avons pas exploré toutes les tendances latentes du thème natal. Et que nous ne sommes pas parvenus au point mort où il devient urgent de se renouveler. S'il était si facile de sortir du connu, Krishnamurti n'aurait pas passé des décennies à exhorter ses disciples à méditer sur le sujet.

De la même façon, l'astrologue karmique comprend vite par l'expérience qu'il n'a guère de pouvoir en la matière. La lecture karmique est d'abord un exercice de patience et de compréhension intérieure, qui le concerne au premier chef. Car, dans la mesure où la loi de l'attirance n'épargne personne, nos clients ne viennent certainement pas nous voir « par hasard ». Le résultat d'une consultation réussie est toujours plus ou moins interactif.

Toutes ces conditions favorables étant réunies, la lecture karmique trouvera ses propres développements, toujours personnalisés, comme un accompagnement à la découverte du sens des expériences quotidiennes. Ce qui implique un suivi régulier du client car les prises de conscience, pour s'ancrer dans la personnalité, nécessitent d'être répétées un certain nombre de fois. À défaut de quoi, elles se font très rapidement récupérer par l'inertie mentale et servent, à leur tour, de justification au maintien de la difficulté. On sait qu'on a un problème. On a bien compris comment on le crée, mais rien n'a changé.

Il est important, dans cette méditation sur soi qu'est la lecture karmique, que la personne intègre, au fur et à mesure des transits, chacune de ses tendances latentes comme lui appartenant et cesse de subir son thème natal. Même si c'est une œuvre personnelle de longue durée, rien n'est plus salvateur que d'objectiver son projet de vie dans la perspective d'une évolution psychologique et spirituelle consciente.

Dès lors qu'il n'existe plus de délimitation figée entre ce qui arrive dans le monde et ce que je vis ou ce que je veux, la révolution karmique personnelle est accomplie. Il n'y a plus d'égal ou d'opposé, plus de comparaison, juste un être humain qui grandit à son propre rythme en acceptant ce qu'il est.

Rien n'a vraiment changé et pourtant rien n'est plus pareil. Comme rien ne l'a jamais été. Cette forme unique de liberté intérieure devient cause et produit, à son tour, ses propres effets. La recherche du devenir s'efface peu à peu dans la compréhension du risque, si nous n'y prenons garde, de le recréer à notre image. Chaque expérience karmique devient une occasion de mieux se connaître et de vivre nos objectifs au présent. L'intelligence et l'humour se mettent rapidement de la partie, ce qui constitue la meilleure façon de se libérer de n'importe quel enchaînement.

TABLE

Introduction : Le sens des projets de vie dans le thème natal 7
L'axe du dragon 9
L'action des nœuds lunaires 11
Le sens des projets de vie 12
Y a-t-il quelque chose à payer dans le karma ? 14
Peut-on se libérer du karma ? 16

Première partie
LES LIGNES CONDUCTRICES DU PROJET DE VIE
19

1. Le nœud Nord en signe 21
Bélier 25
Taureau 28
Gémeaux 30
Cancer 34
Lion 37
Vierge 40
Balance 44
Scorpion 48
Sagittaire 53
Capricorne 59
Verseau 65
Poissons 71

2. Le nœud Nord en maison 77
Maison I 78
Maison II 82
Maison III 84
Maison IV 87
Maison V 91

Maison VI 93
Maison VII 96
Maison VIII 99
Maison IX 103
Maison X 106
Maison XI 108
Maison XII 112

Deuxième partie
L'ACTION DES RÉGENTS KARMIQUES
115

3. La nature des régents 117
La position Sud ou Nord des régents 117

4. La voie spirituelle du régent Nord 122
Soleil : la voie de la conscience 124
Lune : la voie de la méditation 125
Mercure : la voie de la vérité 128
Vénus : la voie du don 131
Mars : la voie de l'énergie 132
Jupiter : la voie du dharma 135
Saturne : la voie de la discipline 138
Uranus (Mars de Verseau) : le projet de connaissance de soi ... 141
Neptune (Saturne des Poissons) : la voie du lâcher-prise 144
Pluton (Mars de Scorpion) : la voie du tantra 147

5. Les projets secrets des régents 150
Conjonction des régents (Sud ou Nord) à 5°30' maximum des nœuds lunaires : la connaissance de la conscience 152
Régent (Sud ou Nord) entre 6° et 7°59' des nœuds lunaires : la quête de la maîtrise émotionnelle 154
Régent (Sud ou Nord) entre 8° et 8°59' des nœuds lunaires : l'apprentissage du don de soi 157
Conjonction des régents de 9° à 9°59' des nœuds lunaires : la discipline mentale 160
Régent de 10° à 10°59' des nœuds lunaires : le mérite de la fortune et la générosité 162
Angle de 13°30' aux nœuds lunaires (sans orbe) : la liberté mentale 164
Angle de 15° aux nœuds lunaires : l'éthique personnelle 167
Angle de 18° aux nœuds lunaires (orbe 0°30') : le développement de la créativité 168

Angle de 20°30' aux nœuds lunaires (orbe 0°10') : l'expérience du détachement 170
Semi-sextile aux nœuds lunaires (orbe 1°) : dépasser les certitudes 173
Décile (36°) aux nœuds lunaires (orbe 0°30') : l'expérience du pouvoir 176
Novile (40°) aux nœuds lunaires (orbe 0°30') : le mérite relationnel 179
Demi-carré (45°) aux nœuds lunaires (orbe 2°) : le karma d'obligation 181
Septile (51°30') aux nœuds lunaires (orbe 0°20') : la consience des identifications 183
Sextile aux nœuds lunaires (orbe 4°) : la conscience des images de soi 186
Quintile (72°) aux nœuds lunaires (orbe 1°) : l'obligation de service 188
Double novile (80°) aux nœuds lunaires (orbe 0°30') : abandonner la sécurité 190
Carré aux nœuds lunaires (orbe 6°) : la transformation 194

6. Le jeu de la transformation des régents 197
Mercure rétrograde 200
Vénus rétrograde 202
Mars rétrograde 203
Jupiter rétrograde 205
Saturne rétrograde 207
Uranus rétrograde 209
Neptune rétrograde 212
Pluton rétrograde 216

7. Les maisons d'application des régents 217
Maison I 218
Maison II 220
Maison III 222
Maison IV 223
Maison V 227
Maison VI 228
Maison VII 232
Maison VIII 234
Maison IX 237
Maison X 241
Maison XI 243
Maison XII 247

Troisième partie
L'ÉVEIL DU PROJET DE VIE
251

8. L'expérience des nœuds lunaires 253
L'expérience personnelle 253
L'expérience universelle 256
L'agenda du projet de vie 258
Transits sur le Soleil 259
Transits sur la Lune 259
Transits sur Mercure 261
Transits sur Vénus 263
Transits sur Mars 264
Transits sur Jupiter 266
Transits sur Saturne 268
Transits sur les planètes transpersonnelles 269
Transits sur le Uranus 270
Transits sur Neptune 272
Transits sur Pluton 274

9. Exemple d'application 277
Le projet global 277
Les régents comme instruments de réalisation 278
L'évolution possible 280

10. La conduite de la lecture karmique 282
La préparation du thème karmique 283
Le déroulement de la consultation 285
Les écueils à la compréhension 288
Faut-il faire des prévisions karmiques ? 289

DANS LA MÊME COLLECTION

Jacqueline AIMÉ, *La Lune noire. Un monde interdit*

Aimée ANDRÉ, *Astrologie spirituelle. Éthique et pratique*

Irène ANDRIEU, *Histoire des enfants de l'an 2000 – Lecture karmique du thème natal – Lecture karmique du zodiaque – Techniques de base de l'astrologie*

Stephen ARROYO, *Astrologie, karma et transformation – L'Astrologie, la psychologie et les quatre éléments – Pleins feux sur Jupiter – Pratique d'interprétation du thème astral. Comprendre son thème de naissance. Les principes directeurs de l'interprétation*

Stephen ARROYO, Liz GREENE, *Jupiter-Saturne. Nouvelles perspectives de l'astrologie moderne*

ATALANE, *Les Nœuds de la Lune. Les clés de l'interprétation astrologique*

Michael BAIGENT, Nicholas CAMPION, Charles HARVEY, *L'Astrologie mondiale*

Anne et André BARBAULT, *Astralités des femmes illustres*

André BARBAULT, *Astres royaux. Horoscopes de têtes couronnées*

Paul A. BERNARD-DECROZE, *Les Blasons astrologiques. L'histoire des hommes dessinée dans le ciel*

Marc BÉRIAULT, *La Lune noire, vers l'autonomie de l'Être*

Jany BESSIÈRE, *Les Éclipses, les lunaisons et vous*

Nadette CARION, *Vivre en transit planétaire*

Thérèse CASATI, *Manuel d'astrologie. Synthèse des connaissances essentielles*

Bernard CROZIER, *Cours d'astrologie 1, Les bases fondamentales – Cours d'astrologie 2, Méthodes et dictionnaire d'interprétation – Cours d'astrologie 3, Exercices pratiques*

Laetitia DEFRANOUX, *Rythmes de Lune*

Pierre DELMAS, *Nouvelles Approches des aspects astrologiques. Théorie et pratique*

Astrid FALLON, *Cycles et calculs astrologiques. Aide-mémoire pour l'étudiant et le praticien de l'astrologie – Éphémérides graphiques et prévisionnelles, 1920-2040*

Steven FORREST, *Astrologie, le ciel intérieur*

Patrick GIANI, *Les Trois Dimensions de votre thème astral*

Robert GOUIRAN, Francine MERCIER, *L'Astrologie des trajectoires de vie*

Robert et Francine GOUIRAN, *Des étoiles et des hommes*

Philippe GRANGER, *Le Zodiaque. Astrologie psychanalytique, séminaire 1 – La Lune noire et les destins de Vénus. Astrologie psychanalytique, séminaires 2 et 3*

Liz GREENE, *Planètes extérieures et cycles collectifs. La dimension collective de l'astrologie*

Liz GREENE, Howard SASPORTAS, *Astrologie : le développement de la personnalité. Séminaire d'astrologie psychologique 1 – Astrologie : les dynamiques de l'inconscient. Séminaire d'astrologie psychologique 2 – Astrologie : les luminaires. La psychologie du Soleil et de la Lune dans le thème natal. Séminaire d'astrologie psychologique 3 – Les Planètes intérieures. Les constituants de réalité personnelle. Séminaire d'astrologie psychologique 4*

François GUIRAUD, *Les Révolutions solaires et lunaires – Symbolisme et interprétation des nœuds lunaires. Les mystères du Dragon*

Roger HÉQUET, *Le temps sidéral vécu. Essai d'astrochronobiologie*

Marie-Louise HERBOULET, *Les Lois de la création de Wronski appliquées à l'astrologie – Théorie, technique et interprétation*

Germaine HOLLEY, *Astrologie : au-delà de la rencontre – Astrologie, dynamique de l'évolution – Comment comprendre votre horoscope*

Raphaël IBAÑEZ DE GARAYO, *Cours d'interprétation. Mise en scène du thème astral*

Richard IDEMON, *À travers le miroir : la quête de soi à travers la relation. Séminaire d'astrologie psychanalytique 5*

Denis LABOURÉ, *Les Origines de l'astrologie*

Solange de MAILLY-NESLE, *L'Interprétation du thème astral*

Théo MONTÉRA, *Le Traité pratique d'astrologie médicale*

Fauchon PRADALIER-ROY, *L'Univers de l'homme*

Dane RUDHYARD, Leyla RAEL, *Les Aspects astrologiques. Une approche basée sur le processus*

Alexander RUPERTI, *les Cycles du devenir*

Alexander RUPERTI, Marief CAVAIGNAC, *La Géométrie du ciel 1, Configurations planétaires – La Géométrie du ciel 2, Les dessins planétaires*